外国语言文学高被引学术丛书

U0745342

许余龙 ◎ 著

篇章回指的功能语用探索

—— 一项基于汉语民间故事和报刊语料的研究

上海外语教育出版社
外教社 SHANGHAI FOREIGN LANGUAGE EDUCATION PRESS

图书在版编目（CIP）数据

篇章回指的功能语用探索：一项基于汉语民间故事和
报刊语料的研究/许余龙著. —上海：上海外语教育
出版社,2021
（外国语言文学高被引学术丛书）
ISBN 978 - 7 - 5446 - 7013 - 5

Ⅰ.①篇… Ⅱ.①许… Ⅲ.①汉语—语用学—研究
Ⅳ.①H1

中国版本图书馆 CIP 数据核字（2021）第 225601 号

出版发行：上海外语教育出版社
（上海外国语大学内）　邮编：200083
电　　话： 021-65425300（总机）
电子邮箱： bookinfo@sflep.com.cn
网　　址： http://www.sflep.com
责任编辑： 许进兴

印　　刷： 上海华教印务有限公司
开　　本： 635×965　1/16　印张 22　字数 347千字
版　　次： 2022 年 2 月第 1 版　2022 年 2 月第 1 次印刷

书　　号： ISBN 978-7-5446-7013-5
定　　价： 69.00 元
本版图书如有印装质量问题，可向本社调换

质量服务热线：4008-213-263　电子邮箱：editorial@sflep.com

本书获上海市第八届哲学社会科学优秀成果著作类一等奖

谨以本书纪念我的母亲

出版说明

"外国语言文学高被引学术丛书"是基于"中文学术图书引文索引"（Chinese Book Citation Index，简称 CBKCI）数据库的入选书目，将入库的引用频次较高的外语研究学术专著，进行出版或者修订再版。

该数据库由中国图书评论学会和南京大学中国社会科学研究评价中心共同开发，涵盖人文社会科学的 11 个学科，以引用量为依据，遴选学术精品，客观地、科学地反映出优秀学术专著和出版机构的影响力。上海外语教育出版社有 32 种图书入选"中文学术图书引文索引"数据库，占外国语言文学学科类入选专著数量近 1/4（共 132 种入选），数量居该领域全国出版社首位。

本着"推广学术精品，推动学科建设"的宗旨，外教社整理再版这些高被引图书，将这些高质量、高水准的学术著作以新的面貌、新的方式展现给读者，这对于促进学者之间的思想交流，提高研究效率和研究质量，记录与传承我国学者在外国语言文学学科的优秀研究成果具有积极意义，同时也为广大语言学者提供了丰富的参考资源。

上海外语教育出版社
2018 年 9 月

前言

本书根据我在 1995 年完成的博士学位论文改写和扩充而成。

我开始这项研究并正式注册成为博士生是在 1991 年 10 月 1 日。当时，我在香港理工学院(后升格为香港理工大学)协助我的导师、中文与翻译系(后改名为"中文及双语学系")主任兼翻译研究中心主任张日昇教授从事两项研究：一项是香港各行业的翻译使用状况研究；另一项是国际教育成绩评鉴协会(The International Association for the Evaluation of Educational Achievement, 简称 IEA)主办的国际阅读能力研究香港地区项目——香港学生阅读能力研究。那时系里首次招收博士研究生，离截止申请还有一个星期。张先生要求我抓住这个机会，在一周内递交正式的研究计划与申请。我马上想到，最快捷的办法是在自己硕士论文的基础上做进一步的研究。

我的硕士论文是以 Halliday & Hasan (1976) 的粘连(cohesion, 又称"衔接")理论为分析框架，对英汉两种语言中的人称和指示照应系统作对比研究。我完成论文后觉得，虽然粘连理论系统分析了篇章中体现句与句之间联系的表层语言手段，揭示了粘连的篇章功能，但却并不能解释一个粘连项目(cohesive item)与其预设项目(presupposed item)之间的粘连关系是如何确定的。以具体的指称照应粘连来说，一个指称词语与其先行语构成粘连，分别构成这个粘连关系中的粘连项目和预设项目。但是，为什么一个指称词语会倾向于将同一篇章中的某个名词词语作为其先行语，而不是其他名词词语？其中有什么规律可循？从篇章理解的角度来说，这是一个更为有趣、更为重要的问题，即篇章回指理解的机制问题。我以前一直想在这方面作一些探索，这次有机会，自然而然将其选为博士论文研究的课题。

由于时间较紧，我决定用两天时间到图书馆查找资料，做书目；其余时间看一些重要的资料，写研究计划。当时，引起我最大注意的是 Ariel 在 1990 年出版的 *Accessing Noun-Phrase Antecedents* 一书。从书名可以看出，其目的是为指称词语确定先行语。该书提出的可及性理论认为，篇章中不同类型的指称词语(即回指语)标示了其指称对象(由先行语表达)的不同可及性(accessibility),因而从这一角度来说,回指语又可以称为"可及性标示语"。可及性标示语可以根据其形式和语义特征,大致分为高、中、低三大类,分别向听话者或读者表明,其指称对象可及性较高、居中或较低。而指称对象的可及性则可以根据间隔距离、竞争度、显著性和一致性这四个因素确定。这样,篇章回指理解的一般规律可表述为:高可及性标示语指称一个表达高可及性指称对象的先行语;中可及性标示语指称一个表达中可及性指称对象的先行语;而低可及性标示语指称一个表达低可及性指称对象的先行语。

Ariel 的主要贡献是将回指语看作可及性标示语,对此加以分类,并讨论了可及性在回指确认中的重要作用。然而,可及性标示语的分类只是对回指语作为指称词语的一种分类。虽然 Ariel 指出了影响指称对象可及性的四个因素,但并没有明确讨论指称对象如何加以确定。我觉得,既然回指是篇章中的两个指称词语(即回指语和先行语)之间的同指关系,那么回指确认的任务便是为每一个回指语确定一个先行语。我们可以进一步认为,指称词语在篇章中的语义和语用功能,为回指确认提供了最重要的基本信息。其中,与回指语相联系并由回指语表达的信息是指称对象的可及性。Ariel 的可及性理论为我们提供了分析这一信息的理论依据和方法。但是,仅仅只有这一信息还不足以具体确定篇章中哪个指称词语是这个回指语的先行语,我们还需要与先行语相联系并由先行语表达的可供回指确认的信息。我觉得,这就是先行语表达的主题性,篇章中指称对象的可及性也充分反映在篇章所谈及的篇章实体的主题性上。

顺着这一思路,我设想提出一个以可及性和主题性为理论基础的、具有可操作性的篇章回指确认机制,并建立一个小型语料库,通过对实际语料的分析,对此加以验证,并加以充实完善,力求在研究的理论和方法上有所创新。其基本原理是将主题定义为篇章中某一句子所谈论的实体,这一实体是读者在篇章理解过程中在头脑里建立起来的一个认知心理实体。视其信息状态的不同,在篇章理解的某一特定时刻,主题可以分为两大类:一类是目前正在谈论的当前主题(current topic),另一类是前面谈论过而已被取代的主题(displaced topic)。这样,篇章回指确认的基本原则与假设可表述为:

在篇章理解的某一刻:1)高可及性标示语的出现说明,其所指对象是篇章中的当前主题;2)中可及性标示语的出现说明,其所指对象是篇章中刚被取代的主题;3)低可及性标示语的出现说明,其所指对象是篇章中一个被取代已久的主题。

我的这一研究得以完成,首先要感谢我的导师张日昇教授。他早年师从周法高先生专攻中国传统语言学,特别是音韵学,后赴美攻读现代语言学,其博士论文"对汉语词序变化的研究比任何人都广泛得多"(屈承熹1993:149)。他广博的知识,深厚的英、汉语和语言学功底,使我在香港中文大学和香港理工大学学习期间获益匪浅。他学有专精而又博采众长,毫无门户之见。我论文中应用的功能主义语言观和分析方法,便是直接受益于他传授的 Halliday 的相关理论和其他功能主义理论。他刻苦勤奋、严谨治学的精神也一直激励着我不断努力学习。

我也要感谢论文答辩委员会主席、香港理工大学的麦萍施教授,以及两位校外答辩委员会成员——美国佛罗里达大学的屈承熹教授和香港城市大学的徐烈炯教授,感谢他们对论文提出的中肯意见与建议。屈承熹教授在答辩结束后,给了我满满六页用普通打字机打出的对我论文的纠误和评论,这种做事一丝不苟,关爱、扶掖后进的精神使我深受感动。他在近期的一部著作中(Chu 1998:284),将李樱(C. I. Li 1985)、陈平(Chen 1986)和我(Xu 1995)的博士论文列为汉语篇章回指研究领域从结构特点、回指使用和回指理解三个角度所进行的三项主要研究,并用专节作了简介和评论。他的鼓励是我决定将论文改为中文出版的主要动因。

论文部分语料取自香港理工大学翻译研究中心建立的中文报刊语料库,在使用语料库时,得到张日昇教授的批准和鼓励,并得到陈瑞端博士和刘锦明先生、许谦文先生的热情帮助。吴东英博士自告奋勇帮我审读了论文初稿,并提出了宝贵意见。在此一并表示感谢。

在将论文由英文改写为中文的过程中,我的博士生毛薇同学帮助我翻译了原论文第二章的初稿。英语语言学术语的汉译主要参考了沈家煊先生翻译的《现代语言学词典》(克里斯特尔 2000)一书。书稿完成后,两位功能语言学和语用学方面的专家——北京大学的姜望琪教授和上海外国语大学的何兆熊教授——审阅了全稿。姜望琪教授除了寄来对书稿总的鉴定意见之外,还另函指出了书稿中存在的一些具体错误和问题,提出了一些具体的改进意见和建议。我的博士生朱磊和段嫚娟同学也帮助我校阅了书稿。朱磊还承担了本书的责任编辑工作,他的学识和认真仔细的作风使本书减少了不少谬误和疏漏。在此,也一并向他们表示感谢。

本书的出版得到上海外国语大学学术专著出版基金的资助,特此
鸣谢。

许余龙

2003 年 10 月 8 日

目　录

第一章

绪　　论

1.1　回指的定义与分类

本书所要研究的是自然篇章理解中的一个关键问题,即篇章中的回指确认。

回指(anaphora)[1]是指如下的一种语言现象,即一个(往往是简略的)语言表达式用来指代同一篇章中(通常是上文已出现过的,但也不排除是下文中的)另一个语言表达式所表达的事物或意义。前一个语言表达式称为“回指语”(anaphor),后一个语言表达式称为“先行语”(antecedent)[2]。Crystal(1997)对回指所下的定义是:“语法描写中用来指一个语言单位从先前某个已表达的单位或意义(先行词)得出自身释义的过程或结果”(克里斯特尔 2000:19)。

语言中的回指语可以是名词性的,也可以是动词性的、副词性的或是形容词性的。例如,在下面 A 与 B 的对话中(根据克里斯特尔 2000:19 中的例子改写):

(1) A：John painted this picture in London.

　　　(约翰是在伦敦画这张画的。)

　　B：He did that there?

　　　(他在那里干的那个?)

B 所说的那句话里的每个词都是回指语,回指 A 所说的那句话里的某个语言表达式所表达的事物或意义。其中 he(他)和 that(那个)是名词性回指语,它们的先行语分别是 John(约翰)和 this picture(这张画);did 是动词性回指语,其先行语为 painted;there 是副词性回指语,其先行语为 in London。

在下面的一个例子中(引自 Halliday & Hasan 1976：79,划线部分为回指语和先行语)：

(2) Gerald Middleton was a man <u>of mildly but persistently depressive temperament</u>. <u>Such</u> men are not at their best at breakfast.

（杰拉尔德·米德尔顿是一个心情抑郁的人,虽不严重却总是摆脱不了。在用早餐时这种人是不会处于最佳状态的。）

第二句中的 such(这样)是个形容词性回指语,其先行语为第一句中一个名词的修饰语"of mildly but persistently depressive temperament"(心情抑郁,虽不严重却总是摆脱不了)。

在上面的两个例子中,先行语的句法类别与它们的回指语相同,即当回指语是小句中的一个名词性、动词性、副词性或形容词性成分时,其先行语也是小句中的一个名词性、动词性、副词性或形容词性成分。但是,有时一个回指语还可以指代一个小句或篇章中的一个语段,或者这个小句或语段表达的意思。例如,在下面的例子中(引自 Halliday & Hasan 1976：52)：

(3) "<u>Curtsey while you're thinking what to say</u>. <u>It</u> saves time." Alice wondered a little at <u>this</u>, but she was too much in awe of the Queen to disbelieve <u>it</u>.

（"一边请安,一边想你该怎么说。这样会节省时间。"爱丽斯对此感到有点诧异,但是她对女王的敬畏使她不敢对此怀疑。）

第一个 it(它)指的是前面一句"Curtsey while you're thinking what to say"(一边请安,一边想你该怎么说)所说的做法,即它的先行语是一个句子;而 this(这)和第二个 it(它)都是指前面引号中那位女王所说的内容,即它们的先行语是一个语段。

由此可见,回指实际上几乎涵盖了所有 Halliday & Hasan (1976)所讨论的指称、替代、省略和词汇粘连(cohesion,又称"衔接",如见胡壮麟1994)等粘连关系。因而,Carter (1987：33)将回指定义为："一种特殊的粘连关系,在两个具有这种关系的语言项目中,其中一个项目(回指语)的意义(涵义和/或指称义)就其本身来说有些含糊或不完整,并且只能结合考虑另一个语言项目(先行语)的意义才能确切理解。"这一定义与 Halliday & Hasan (1976)对粘连所下的定义十分相似。其他一些学者(如 Cornish 1986)也基本上持这一观点。

　　因此,根据先行语的不同形态和句法特征,我们可以将回指分为以下八大类型,每一类型用例(4)中字母编号相对应的英汉例句来说明(相关的回指语和先行语以下划线标示):

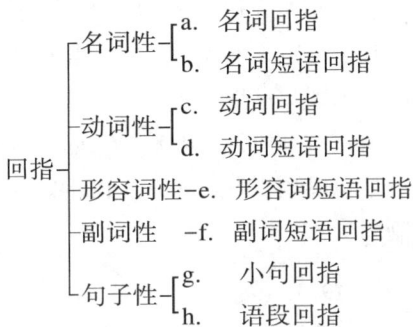

$$
\text{回指}
\begin{cases}
\text{名词性}
\begin{cases}
\text{a. 名词回指}\\
\text{b. 名词短语回指}
\end{cases}\\
\text{动词性}
\begin{cases}
\text{c. 动词回指}\\
\text{d. 动词短语回指}
\end{cases}\\
\text{形容词性—e. 形容词短语回指}\\
\text{副词性　—f. 副词短语回指}\\
\text{句子性}
\begin{cases}
\text{g. 小句回指}\\
\text{h. 语段回指}
\end{cases}
\end{cases}
$$

图 1：回指的分类

(4)　a.　John bought a blue <u>jacket</u>, and Paul bought a black <u>one</u>. [3]

　　　　张三买了一件蓝色的<u>茄克衫</u>,李四买了一件黑色的<u>∅</u>。

　　b.　John bought Paul <u>a blue jacket</u>, but Paul did not like <u>it</u>.

　　　　张三给李四买了<u>一件蓝色的茄克衫</u>,但李四并不喜欢<u>∅</u>。

　　c.　John <u>bought</u> a blue jacket, and Paul <u>∅</u> a black one.

　　　　张三<u>买了</u>一件蓝色的茄克衫,李四<u>买了</u>一件黑色的。

　　d.　John <u>bought a blue jacket</u>, and Paul <u>∅</u> too.

　　　　张三<u>买了一件蓝色的茄克衫</u>,李四也是<u>∅</u>。

　　e.　John bought a <u>blue</u> jacket <u>with three pockets</u>, and Paul bought a <u>same</u> one.

　　　　张三买了一件<u>蓝色的</u>带<u>三个口袋的</u>茄克衫,李四也买了一件<u>同样的</u>。

　　f.　John is now living <u>in Shanghai</u>, and his father also lives <u>there</u>.

　　　　张三现在住在<u>上海</u>,他父亲也住<u>那里</u>。

　　g.　Someone told me <u>that John can speak ten different languages</u>, but I won't believe <u>it</u>.

　　　　有人告诉我<u>张三能说十种不同的语言</u>,但我不相信<u>∅</u>。

　　h.　<u>This</u> is what has happened:(followed by a text of description)

　　　　发生的事是<u>这样的</u>:(紧随其后的是一段描述)

　　从上面的例句我们可以看到,这八大类回指在英语、汉语中都有,而表达的手段却有同有异。相同或相似的是,在(4d)中英语、汉语都用零形式(Ø)作为回指语,指代前一小句中的一个动词短语。同样,在(4e)、(4f)和(4h)中,英语、汉语都用类似的词汇手段来表达形容词短语回指、副词短语回指和语段回指。不同的是,在(4a)、(4b)和(4g)中,英语用代词 one 和 it 来分别表达名词回指和名词短语及小句回指,而汉语则采用零形式来表达。相反,在(4c)中,汉语用动词重复的手段来表达动词回指,而英语却可以采用零形式来表达。

当然,还有一些更为广义的回指定义。例如,有些研究者认为,回指还可以包括如下一些语言现象(Krahmer & Piwek 2000:1–2;以下例句中,划线部分为回指语):

1) 动词时态(如 Partee 1973, 1984):
   Sheila had a party last Friday and Sam got drunk.
   (希拉上周五举办了一次聚会,萨姆喝醉了。)

2) 任何形式的名词短语(如 van Deemter 1992;Krahmer & van Deemter 1998):
   If the new teacher lectures some pupils, most girls immediately have a crush on him.
   (如果那位新教师训斥某些学生,大多数女孩子马上会非常喜欢他。)

3) 预设(presupposition,如 van der Sandt 1992;Geurts 1995):
   If someone solved the problem, it was Julius who solved it.
   (如果有人解决了那个问题,那么那是朱利叶斯解决了它。)

4) 情态动词(如 Kibble 1994;Geurts 1995;Frank & Kamp 1997):
   A thief might break in. He would take the silver.
   (小偷可能会闯进屋,他会拿走银器。)

5) 语调重音(如 Hendriks & Dekker 1996;Piwek 1997, 1998;Krahmer & Swerts 1999;下面例句中,英语语调重音在元音字母上加重音号"´"表示,汉语用黑体表示):
   Now pick up a réd square.
   (现在拿起一块红方块。)

6) 纠正(如 van Leusen 1997):
   A:John wants an orange.
     (约翰想要一只橘子。)
   B:No, he wants a banana.
     (不,他想要一根香蕉。)

虽然不同的研究者对回指下了许多不同的定义,但是语言学理论中讨论得最多的回指现象是名词短语回指。正如 Reinhart(1999:20)所指出:"在理论语言学中,'回指'这个术语最常用的用法是指两个名词性词语被赋予相同的指称值或范围。"本书所要讨论的主要是篇章中的名词短语回指,以下简称"回指"。回指所涉及的是两个名词性词语的"指称义"(reference),而不是"涵义"(sense)。两者之间的区别可以用上面(4a)和(4b)两句来说明:在(4b)中,it 和 a blue jacket 具有相同的指称义,两者指的是同一件茄克衫;而在(4a)中,one 和 jacket 只具有相同的含义,one 的先行语虽然是 jacket,但两者指的不是同一件茄克衫。

1.2 回指研究的简要综述

回指一直是近四十年来语言学研究的一个热点。不同的研究者从句法学、语义学、语用学、语言认知、话语分析和篇章语言学、文体学、语言类型学和语言普遍现象研究、语言习得和语言教学等不同的角度,对语言中的回指现象进行了广泛的研究。回指现象之所以会引起众多研究者的关注,主要是出于如下两大原因,由此也形成了回指研究的两大取向。

首先,回指具有形式方面的丰富特征,不同类型的回指受各种句法结构条件的制约。回指的这一特征吸引了许多形式派的研究者,特别是生成学派的研究者。比如,在早期的转换生成语法模式中,一些研究者制订了诸如等同名词短语删除规则(Equi-NP Deletion)和代词化规则(Pronominalization)等句法规则,并规定了应用这些规则的句法结构制约条件(如见 Lees & Klima 1963;Langacker 1969;Ross 1969),以解释语言中的一些回指现象。在后来的管约理论(GB Theory)框架中,回指的使用条件主要阐述为对不同类型的指称词语的分布加以结构上的限制[4]。

其次,回指具有重要的篇章组织功能,可以使篇章中的句子构成一个有机的整体。一些功能派的研究者对此作了大量的研究。比如,Halliday & Hasan(1976)在粘连框架中讨论的照应、替代、省略和词汇等几种粘连手段都涉及回指问题。Givón、Haiman、Thompson 等人讨论的"主题接续"(topic continuity)和"小句组合"(clause combining)(如见 Givón ed. 1983;Haiman & Thompson eds. 1988)也都涉及回指现象。

形式派研究者对回指的研究主要集中在回指的句法和语义特征,他们致力于证明语言中存在着一些结构制约,这些制约规则决定了不同类型的名词性词语的句法分布和语义解释。他们尤其致力于在语言总的组织结构框架中,用最简洁精确的形式阐述这些制约(如见 Sag 1979; Wasow 1979; Bach & Partee 1980; Reinhart 1983; von Bremen 1984; Aoun 1985; Lasnik 1989; Napoli 1989; Epstein 1991; Koster & Reuland eds. 1991)。一些语言习得研究者也采用生成语法的理论框架来研究回指习得(如见 Lust ed. 1986, 1987; Flynn 1987),国内此类研究者有王文斌(2000)等。

总的来说,形式派对回指的研究有两大局限性:1)此类研究主要局限于回指的结构形式方面;2)此类研究对名词短语的形式特征分析主要局限于句子内部,而自然语言中的回指更多表现为篇章中句子之间的回指,回指的使用和理解也在很大程度上依赖于篇章的上下文语境。此外,回指的使用和理解还受一些语用和认知因素的制约。因此,几乎所有探讨回指的篇章属性的研究者都采用篇章功能主义的方法。这些研究旨在说明,篇章中用于表示同指(conjoint reference)或异指(disjoint reference)的不同类型的名词性表达式在很大程度上受某些篇章条件制约,并可能具有某些特殊的语用含义(如见 Stenning 1978; Yule 1979, 1981, 1982; Malt 1983; Bosch 1983; Fox 1984; Cornish 1986; Westergaard 1986; G. M. Horn 1988)。另有一些研究者则从结构功能、语用和认知的角度研究回指(如见 L. R. Horn 1984; Kuno 1987; Levinson 1987a, 1991; Ariel 1990, 1994; van Hoek 1997)。[5]

大部分的回指研究都是以英语作为研究的主要语料。然而,也有不少研究以汉语语料作为研究的对象。有些主要从句法结构形式的角度加以探讨(如见 C. -T. J. Huang 1984, 1989; L. J. Xu 1986; Tang 1989; Battistella & Y. H. Xu 1990; C. -T. J. Huang & Tang 1991; Cole & Sun 1994; Pan 1994; 程工 1994,1999;胡建华 1998);有些则主要从篇章特征、篇章结构、语用和认知的角度研究回指(如见 Tai 1978; Li & Thompson 1979; Chen 1984, 1986, 1992; C. I. Li 1985; M. -D. Li 1985, 1988; Okurowski 1986; Y. L. Xu 1995; Y. Huang 1991, 1994; Tao 1993, 1996;廖秋忠 1986)。

熊学亮(1999)是国内第一部关于英汉回指对比研究的专著。作者在书中介绍了回指在形式主义、新格莱斯语用理论和认知语法理论框架中的研究,并以认知语法作为理论框架,分析了汉语中的零形回指用作第一人称谦指时的使用特点,并提出了可以解释这一现象的图式化假设。书中不乏一些独到的见解,对某些回指现象也作了较为细致的分析。但正如伍雅清(1999:51)所指出,该书"理论介绍和思辨成分较大,实证研究不多"。此外,它也没能用贯串全书的统一理论框架对英汉回指现象作全面系统的分析对比。

陈平(Chen 1986:8)指出,回指研究可以从两个角度入手,即回指使用和回指理解。我们只要粗略看一下有关回指研究的文献,便会发现,学术界对于回指的研究似乎有如下的分工:语言学研究者通常是从回指使用的角度研究(上述研究绝大多数都是如此),而心理学和人工智能的研究者则倾向于从回指理解的角度研究。实际上,语言学研究者也需要从回指理解的角度对回指现象进行分析,以便使回指的语言学研究能更好地为篇章理解、翻译和人工智能研究服务。

Gundel(1996:151)指出,回指的理解需要两大类理论:一类用于阐释语言表达式的形式是如何制约其可能的理解的;另一类是关于话语理解的更一般性的理论,用于阐释人们是如何在一组可能的理解中选择说话者所期望得到的理解的(转引自 Jaszczolt 2001:15)。本书旨在提出一个回指确认的功能语用理论机制,是一种在第一类理论的基础上致力于第二类理论的探索。

本书的这一目标与目前语言学的发展趋势是一致的。例如,随着认知语言学的影响不断扩大,一些研究者试图从认知语言学的角度研究回指。Peeters(2001)认为,到目前为止,大写的认知语言学[6](或称"狭义的认知语言学")缺乏"神经认知深度"(neurocognitive depth)。正如 Sydney Lamb(转引自 Peeters 2001)所指出,认知语言学研究者主要关心的是准确描述言语的产生,而不关心其产生或理解过程,也不关心使这个过程得以实现的机制或系统,因而是一种"分析语言学"(analytical linguistics)。我们还需要一种能阐释言语产生和理解的机制及其运作过程的研究,这是一种"神经认知语言学"(neurocognitive linguistics)的研究(如见 Lamb 1999)。Peeters(2001)认为,认知语言学只有将这两者结合起来,才能真正融入认知科学,得到认知科学界的普遍承认,也才能真正配得上"认知语言学"这个名称。本研究致力于阐释篇章回指确认的机制及其运作过程,因而或许也可以称为一种神经认知语言学的探索。

1.3 基本假设和研究方法

在本书中我们假设,回指确认是整个篇章理解过程中的一项子任务。篇章产生和篇章理解是篇章作者和读者之间两项既截然不同又相辅相成的交际任务。Gundel et al.(1988:287)认为,在这两项任务中,读者的解码任务比作者的编码任务"从本质上来说更为困难",因为从某种意义上来说,作者"知道"将要交代或描述什么,而读者却无法知道。以回指而言,作者知道指称和谈论的对象是什么,而读者只能根据作者对篇章的组织表达方式,通过推理来判断指称的对象。

而且,在篇章的产生过程中,作者往往有一个总体计划,在他的头脑中已形成一个篇章的层级性组织结构大纲;而对于篇章理解来说,篇章只能按句子出现的线性次序一句一句地处理,其层级性结构也只能在解码的过程中推断。在本书中我们假设,篇章处理过程按 van Dijk(1980)描述的方式进行。[7]

在 van Dijk 的篇章处理模式中,篇章理解被看作一个复杂的对篇章的表层语言结构进行不断分析—综合的心理过程,而且常常是在几个不同的层面上同时进行。在此过程中,两个记忆系统协同工作:一个是短时记忆(short-term memory),这是一种工作记忆,同时负责处理进入的表层语言结构信息和理解其中的语言项目的词汇、句法和篇章意义;另一个是长时记忆(long-term memory),其中包括存储处理好的信息及其相关上下文语境信息的情节记忆(episodic memory),以及存储关于整个世界的更为抽象化和持久性知识的语义记忆(semantic memory)。

在篇章理解的过程中,短时记忆最为活跃忙碌。它一方面从长时记忆中找出并提取任何可以得到并与篇章理解有关的信息,另一方面又将理解、核对并组织好的信息传送到情节记忆中储存起来。因而,它以成对循环的方式(pairwise cyclical fashion,见 van Dijk 1980:221)工作。简单来说,也就是它每次处理两句。当第一句和第二句处理完、两句的语义逻辑关系也联系起来后,短时记忆将第一句所含的信息传送到情节记忆中去,同时接入等待处理的第三句。在此期间,处理完的第二句仍暂时留在短时记忆中,待第三句处理完,将第三句的语义逻辑关系与其联系起来之后,才被传送到情节记忆中去。这种篇章处理方式和 Garnham（2001）的增量式心理模型（mental model）篇章处理模式,以及 Langacker（2001）所表述的、王寅（2002）称之为"瞻前顾后式"的篇章信息处理方式,基本思路是一致的。

在这样一个篇章处理模式中,我们可以进一步假设,在篇章处理过程中,每一个在篇章中遇到的指称词语都是一个语言提示（linguistic cue）,或称"提示语",提示短时记忆从记忆系统的某一部分搜寻其指称对象,而要搜寻的指称对象是在读者大脑里形成的关于篇章的心理表征中的一个实体。

本研究的基本思路是采用理论假设和实证分析相结合的方法。首先,本书将根据用作回指语和先行语的各类指称词语的形态、语义和句法特点及其在篇章中的篇章语义和语用功能,提出一个以"可及性"（accessibility）和"主题性"（topicality）这两个基本概念为基础的回指确认理论模式。本书认为,先行语的主题性和回指语表达的指称对象的可及性是理解回指的两个最重要的表层语言线索。本书将讨论主题性与可及性之间是如何相互作用、共同影响回指的使用并使其得到期待的理解的。

然后,本书将通过对自然篇章的实际分析,来检验和修正这一回指确认理论模式。为此,本书将从《中国民间故事选》第一、二卷中选取 18 篇民间故事作为主要分析语料（以下简称"民间故事语料"）,用于分析各类指称词语的篇章分布特点及其指称规律。本书作者将创建一个语料数据库,为语料中出现的每一个用来指称故事中的人物以及其他被提及两次或以上的事物的指称词语建立一条记录,记录下这些指称词语的篇章位置、在小句中的句法作用和语义功能、所指称对象的类型以及离它们最近的先行语的有关信息,以便对语料中的主题引入、维持和转换的特点与规律以及所出现的全部回指现象进行穷尽性的分析。

由于民间故事语料的规模有限,某些指称词语（如指示词语）以及某些语法结构（如用显性主从连接词连接的主从复合句）出现的次数不多,所以本书将另外从香港理工大学翻译研究中心建立的汉语报刊语料库中,选择最先建立的 19 套语料作为辅助分析语料（以下简称"报刊语料"）。这部分报刊语料都已作了分词处理,并有与之相配套的关键词检索系统,可以准确方便地列出语料中所含某个指称词语或某种语法结构的所有句子。报刊语料系统地收入了从我国香港、台湾和内地的五家主要报刊中按比例选取的文章,内容涵盖政治、民生、环境、治安、财经、体育、文化、娱乐、来信、广告、副刊等,共 51.219 万词,约 85.5 万字。此外,在论证中也将从一些著名的现代小说中选取一些例句。

1.4　本书的章节安排

本书后续章节安排如下:第二章将简要讨论篇章回指确认的认知心理学和语言学基础,为全书确定一个以"主题性"和"可及性"为基本概念的篇章回指理解的功能语用总体理论框架。第三和第四两章将分别具体阐述"主题性"和"可及性"这两个概念及其在语言中的编码,并在此基础上提出一个初步的篇章回指确认原则。第五章将简要交代建立语料数据库的目的和方法,以及数据库的结构和内容。第六章将利用语料数据库分析篇章中主题标示以及主题引入、维持和转换的特点与规律,并据此对第四章提出的篇章回指确认原则作初步修正。第七章将以民间故事语料为主,以报刊语料为辅,分析汉语中五大类指称词语的篇章分布和指称特点,并对第六章中初步修正的篇章回指确认原则进行检验和进一步修正。第八章将对一些有影响的阐释句内回指的形式句法和语用理论作简要评介。第九章则探讨篇章回指确认原则运用于解释句内回指的可能性。最后,第十章将对全书作一总结,并指出本书研究的局限性和今后进一步研究的方向。

注释:

[1] anaphora 一词源于古希腊语,意为 referring up;与其相对的是 cataphora,意为 referring down。anaphora 一词有时也用来统指 referring up 和 referring down(如见 Crystal 1997; Matthews 1997),因而 cataphora 有时也称为 anticipatory anaphora 或 backward anaphora(如见 Matthews 1997; van Hoek 1997)。如果按古希腊语的原意,将两词的本义分别译为"上指"和"下指"倒是不错的选择,可以与汉语中的"上下文"相配合,但似乎很少有人使用。因而,本书还是采用较为普遍的"回指"这一译法。cataphora 采用"下指"这一译名。

[2] "回指语"和"先行语"都可以是词,也可以是短语;先行语甚至还可以是一个小

句或一个语段。因此本书(引文除外)一律用"回指语"和"先行语",而不用"回指词"和"先行词"。

[3] 严格说来,如果我们采用生成语法中的 X-杠理论来表述,那么更确切的名称应该是名词杠(N̄,或 N′)回指,而不是名词回指。因为像 one 或 Ø 这样的回指语,不仅可以回指单个名词,也可以回指一个名词短语中比单个名词大的结构单位(即修饰语+名词),如:

    a.　John bought a blue <u>cotton jacket</u>, and Paul bought a black <u>one</u>.

        张三买了一件蓝色的<u>棉布茄克衫</u>,李四买了一件黑色的 Ø。

    b.　Here are my two <u>white silk scarves</u>. I used to have three Ø.

        这是我的两条<u>白色丝围巾</u>。我原来有三条 Ø。

    (引自 Halliday & Hasan 1976:150)

    上面例(a)中的先行语 cotton jacket 和"棉布茄克衫",以及例(b)中的先行语 white silk scarves 和"白色丝围巾"都是名词杠,而不是名词。由于名词杠具有潜在的分叉(branching)可能性,既可以是单个名词,也可以是名词短语中比名词大的一个结构单位,所以名词杠回指应该是一个更确切的名称。但由于此类回指不是我们研究的对象,因此这里将其简单称为"名词回指"。

[4] 在这一框架中,anaphor 这一术语仅指一些在管辖语域受到约束的照应词语,如反身代词和相互代词,是一种狭义的用法,与本书的用法不同。

[5] 这些研究似乎都可以归入戴浩一(1994:vii)区分的三种功能主义中的一种,即结构功能主义(如 Kuno 1987)、语用功能主义(如 Levinson 1987a, 1991)和认知功能主义(如 van Hoek 1997),或两种的结合(如 Ariel 1990)。因而,有别于形式派的功能派研究可以包括篇章功能主义、结构功能主义、语用功能主义和认知功能主义。

[6] 大致包括 van Hoek (1999) 所归纳的认知语法(Cognitive Grammar,如见 Langacker 1987, 1991)、构式语法(Construction Grammar,如见 Goldberg 1995)、隐喻理论(如见 Lakoff & Johnson 1980)和心理空间(mental space)理论(如见 Fauconnier 1985)等。

[7] 但是,从下面的讨论中可以了解,本研究并不特别依赖于某一特定的篇章处理模式。因为这里所要研究的并非回指确认的心理过程本身,而是在回指确认过程中,那些有助于回指理解的各类语言提示手段或称"提示语"(linguistic cue)的篇章功能。因而,任何篇章处理模式,只要承认短时工作记忆(short-term working memory)和长时存储记忆(long-term storage memory)在篇章处理中的不同作用,便可以为我们的目的服务。而对于这一假设,似乎没有太大的争议。

第二章

回指确认及其语言提示特征

2.1 指称理解的心理本质

从以上 1.1 节的讨论中我们可以看到,名词短语回指可以定义为这样一种语言现象,即一个名词短语被用来指称同一语篇中另一个名词短语所提及的某个实体。语言中用于回指的名词性指称词语包括专有名词(name)、有定描述语(definite description)、指示词语(demonstrative expression)、代词(pronoun)及零形代词(zero-pronoun,简称 zero)。然而,这些指称词语并不只是用于回指,有的甚至可能并非主要用于回指。总的来说,指称词语所指称的实体可以存在于三种不同的语境中,即百科知识语境(general knowledge context)、话语活动的有形交际语境(physical context)以及上下文语境(linguistic context)。这一点可以用下面的汉语和英语例子来说明(划线部分是有关的名词短语)。

(1) 名词短语指称百科知识语境中的一个实体

    a. 第一个进入宇宙空间的宇航员死于 1968 年的一次事故中。

    The first man who travelled in space died in 1968 in an accident.

    b. 爱因斯坦生于 1879 年。

    Einstein was born in 1879.

(2) 名词短语指称有形交际语境中的一个实体

    看,那个男孩跑得多快!

    Look, how fast that boy is running!

(3) 名称短语指称上下文语境中的一个实体

    a. 从前,有个勤劳的铁匠,

    Long ago, there was a hard-working blacksmith,

    b. 他有个儿子,

　　　　　 <u>he</u> had a son,

 c. Ø 快满二十岁了，

   (he) was nearly twenty,

 d. Ø 人倒生得又高又大，

   (he) was big and tall,

 e. Ø 就是好吃懒做。

   but (he) was very lazy.

 f. 铁匠常为这件事发愁。

   <u>The blacksmith</u> was often worried about this.

   (《传家宝》*The Family Heirloom*)

　　在上面的三种指称中,指称词语的指称对象,即所指称的实体,可以分别在三种不同的语境中找到。而在这三种指称中,只有最后一种与回指有关。由于回指也是一种指称,因此在对回指的本质进行研究之前,首先让我们来观察一下前两种指称中指称对象的本质。

　　在(1a)中,有定描述语"第一个进入宇宙空间的宇航员"(the first man who travelled in space)用来指称我们百科知识中的一个实体——历史上第一个进入宇宙空间的人,即苏联宇航员尤里·加加林。我们可以假设,关于这个人的信息是储存在人们大脑"百科辞典"的某个词条中的。我们或许已经知道有这么一个人,甚至可以立即回忆起这个人的姓名、国籍或他进入太空的年份;当然也或许完全不知道或不甚了解此人。但对于说话者或作者[1]来说,他有理由推测,在给出了上述有定描述语之后,受过教育的普通听话者一般可以在大脑的"百科辞典"中找到有关那位宇航员的词条,因为我们可能已经读到过关于那位宇航员的书籍、文章,或者听说过那个人,并将有关信息"储存"在我们大脑的某个档案中,或者说"登录"在我们大脑的"百科辞典"的某个词条中。说话者使用该有定描述语可能是希望我们能成功找到该词条,然后在这词条中增添一些有关那位宇航员的新信息,这可能就是他说那句话的主要目的。因此我们可以认为,(1a)中使用的有定描述语是一个语言提示,或称"提示语",其作用是指示并帮助我们在大脑的"百科辞典"中正确搜寻某一特定词条。当然,如果我们大脑的"百科辞典"中并没有关于那位宇航员的词条,那么由于那个有定描述语本身含有较丰富的信息,我们可以在大脑的"百科辞典"中建立一个关于那位宇航员的词条。

（1b）中的大脑搜寻指示是由一个专有名词"爱因斯坦"（Einstein），而非有定描述语发出的，但是该指称词语同样提示我们搜寻大脑百科知识中的一个心理实体（mental entity）。由于爱因斯坦几乎是一位家喻户晓的人物，作为听话者，我们听到该专有名词后，最有可能将其与大脑的"百科辞典"中那条关于现代伟大的科学家阿尔伯特·爱因斯坦的词条联系起来。也就是说，我们大脑百科知识中那个关于爱因斯坦的心理实体，是现代科学家阿尔伯特·爱因斯坦这个人在我们大脑中的心理表征（mental representation）。

（1a）中的有定描述语和（1b）中的专有名词所指称的是我们百科知识中的两个心理实体，而（2）中的指示词语"那个男孩"（that boy）似乎是直接指称实际交际语境中的一个有形实体（physical entity），即说话者在说话的时候正在奔跑的一个男孩。指示词语的这种指示用法通常被认为是指示词语的典型功能。然而，我们有理由认为，从语篇理解的角度来看，（2）中的指示词语只是间接地指称实际交际语境中的那个有形实体，而这一指称是通过我们在大脑中建立的一个认知心理实体作为媒介而实现的。

显然，说话者在说（2）中的"那个男孩"（that boy）时，似乎试图将这个指示词语与该话语活动的有形交际语境中正在奔跑的那个男孩直接联系起来，特别是在说话时伴有指向该男孩的手势时。但是，如果出于某种原因，听话者无法看到或感知那个男孩，或者无法将那个男孩与有形交际语境中其他正在奔跑的男孩相区别，那么听话者仍然无法确定"那个男孩"指的是谁。如果是那样，听话者可能会问："哪个男孩？"这时，说话者指向那个男孩的手势便成了一种辅助手段，帮助听话者更容易在视觉上感知该有形实体的存在，从而将感知到的实体与说话者使用的指示词语所期待的指称联系起来。

因此我们可以认为，甚至在某个指称对象直接存在于某一话语活动的有形交际语境中的时候，要成功解读所用的指示词语，似乎仍在很大程度上取决于听话者对指称对象的感知。换言之，我们可以推断，与其说此时的指称是指示词语与话语情景中的某个指称对象之间直接建立起来的一种联系，还不如说是指示词语与那个被感知的指称对象在大脑中的认知心理实体所建立起来的一种联系。因为要理解指示词语的所指，首先要感知指称对象。这个被感知的心理实体是实际交际语境中那个有形实体在大脑中的心理表征。

　　上述讨论表明,从语篇理解者的角度来看,以例(1)和例(2)中名词短语的使用为代表的两种指称,都可以看作在指称大脑中的某些心理实体,这些心理实体或是早先已经建立在百科知识中的,或是刚在话语情景中被感知到的。现在让我们来看例(3),其中涉及的指称是本研究所主要关注的篇章回指。在篇章回指中,一般认为回指语与同一篇章中的先行语同指。也就是说,回指语通常所指的实际上并不是先行语这个词语本身,而是先行语所指的某一实体[2]。例如,在例(3)中,(b)中的"他"(he)并非是指(a)中的"勤劳的铁匠"(a hard-working blacksmith)这个名词短语,而是指这个名词短语所指的一个人;同样,(c)中的零形代词"Ø"(在英语中这里只能用代词 he)也并非是指(b)中的"儿子"(son)这个词,而是指"儿子"这个词所指的铁匠的儿子那个人。既然在前两种指称中,指称词语的指称对象都是人们大脑中的某些心理实体,那么在像例(3)一类的篇章回指中,回指语所指的对象是一个具有什么性质的实体呢? 通常,这个指称对象不可能是实际交际语境中的某个有形实体,因为我们作为故事的读者或听者,与故事中的角色并不处于同一"世界"。

　　在看小说或听故事的语篇理解过程中,我们在自己的头脑中创建起一个虚构或传说中的世界,或者说,一个与我们看小说时所处的世界不同,它属于另一时空的世界。对于语篇在我们头脑中所产生的这一世界,在语篇分析研究的文献资料中,不同的研究者采用不同的术语,有的称之为"语篇模型"(discourse model)(如 Webber 1981;Prince 1981)或"心理模型"(mental model)(如 Johnson-Laird 1983;Garnham 2001),有的称之为"语篇心理表征"(mental representation of the discourse)或简称为"语篇表征"(discourse representation)(如 Marslen-Wilson et al. 1982;Brown & Yule 1983;Lambrecht 1994),也有的称之为"语篇宇宙"(universe of discourse)(如 Givón 1983a, 1990, 1992);而在语篇通过使用一些名词短语在这一世界中建立起来的实体被称为"语篇实体"(discourse entity)、"心理档案"(mental file)或"存储节点"(storage node)。在语篇处理过程中,这些实体被认为储存在属于长时记忆(long-term memory)的情节记忆(episodic memory)中,因而也是心理实体。在随后的语篇中,与这些实体同指的其他名词短语的理解过程,实际上也是一种对大脑中储存的相关心理实体的搜索过程。

因此,如果将语篇的理解过程看成一个认知心理过程,那么我们可以认为,不同指称词语所指的三个不同语境中的实体,都是一个心理实体,是某个有形实体或抽象概念的表征(representation)[3]。"表征"本身就是一个认知心理学术语,表示信息在头脑中的呈现方式,即"人在对外界信息进行加工时,信息在头脑中表现为各种表征的形式,包括具有形象性的表象的表征和具有抽象性的概念的或命题的表征"(金哲等主编 1994:81)。

2.2　回指确认的过程

从以上讨论中我们可以看到,无论是一般的指称理解,还是特殊的语篇回指理解,从本质上来说都是一种心理过程。这一小节将简要观察篇章回指通常是如何在篇章理解过程中得到确认的。

前面提到,我们在阅读一个篇章时,该篇章会在我们的大脑中创造出一个关于其自身的世界或宇宙。这是一个逐步建立的过程:随着篇章的展开,我们一个接一个地遇到篇章中提到的人、事或物,然后这些实体在我们的头脑中逐渐编织成一个具有自身结构的故事。在篇章理解过程中,分清篇章中提及的各个实体,确定篇章中的每句话讲的是哪个实体,是一项十分重要的任务,因为篇章主要是以这些实体为基础而构筑起来的。否则,我们很可能会在篇章创造的世界或宇宙中迷失方向,不知篇章讲的是什么。

由此看来,为了与篇章中提及的实体保持联系,在篇章理解过程中我们通常必须做三件事:1)每当一个名词短语引入一个新的篇章实体的时候,我们需要将其登记在大脑的情节记忆中,为该实体建立一个心理表征档案。2)确定由名词短语表示的一个实体是以前从未提及的新实体,还是在上文中已经提到过的旧实体——如果是新实体,就重复第一项任务;如果是旧实体,就进行下一项任务,即3)找到并打开已为该实体建立的心理表征档案,并在档案中储存关于该实体的新信息。

此处用上一小节引用过的例(3)中的汉语例子来说明一下这三项任务,该例选自一个中国传统民间故事。因为这段文字是民间故事的开头,所以我们在读到第一个小句(3a)中的第一个名词短语"(一)个勤劳的铁匠"时,可以很容易确定这是篇章引入的一个新实体,因而只需为这个实体建立一个心理档案,并在其中储存可以从该名词短语中得到的所有最初信息。我们可能会注意到,该名词短语在小句中由一个存现动词"有"引导。在汉语中,存现动词典型地用于需要把一个新实体引入故事中的时候(详见第六章 6.2 节的讨论)。而且,为了将一个新实体引入故事,所用的名词短语必须能够提供有关该实体的足够多的信息。只有这样,在以后的篇章处理过程中,当我们需要确定一个名词短语是否指称该实体时,储存在首次为该实体创建的档案中的最初信息才能够用来检验两个实体在语义和语用上是否一致。正因为如此,用于将新实体引入篇章的名词短语通常必须是无定的(indefinite)但又是指定的(specific)描述词语(description);代词和零形代词通常不能用于这一场合[4]。

　　篇章中的第二个名词短语是(3b)中的代词"他"(he)。由于代词一般不用于引入新实体,我们可以推测,它是用于指称(3a)中提及的那个铁匠,因为这是到目前为止唯一一个被引入的实体。代词"他"(he)指称一个男性,而语用知识告诉我们铁匠通常是男性,因此如果我们将"他"(he)理解为指称那位铁匠,将不会发生语用上的冲突,这样我们的推测也就可以得到进一步的验证。现在我们可以在已为铁匠建立的档案中储存该小句表达的新信息,即铁匠有个儿子。

　　篇章中的第三个名词短语又是一个无定描述词语"(一)个儿子"(a son),这个词语也是由存现动词"有"(had)来引导的。而且,这里似乎有一种句法和语用限制,使得"(一)个儿子"(a son)不能与同一小句中的"他"同指。所有这些都提示我们,名词短语"(一)个儿子"(a son)表示的是一个新实体,在处理这一篇章时,我们应该为其建立一个新的心理档案,并在该档案中储存该篇章实体是铁匠儿子的信息。

　　如果我们继续读下去,那么遇到的下一个名词短语是(3c)中的一个零形代词"Ø"。由于零形代词在形态和语义上都很空泛,因而不可能建立起一个关于其自身的心理档案;因为如果一个零形代词可以建立一个关于自己的档案的话,那么这个档案将是一个没有标签和内容的档案,我们将无法对其进行搜寻与查阅,也无法将其与篇章心理表征中其他的档案联系起来。然而,这并不等于说,零形代词是一个无关紧要的语言项目,在篇章理解过程中不起任何作用。正如本书之后将会进一步论述的,零形代词本身也是一种语言提示,其作用是提示我们搜寻某个先前在篇

章中提到的实体,打开已为该实体建立的档案,向档案中增添有关该实体
的新信息。更确切地说,作者在篇章中使用零形代词旨在向读者提示,要
搜寻的心理档案很容易找到,或者说具有很高的可及性,很有可能仍然保
留在篇章理解过程中处理到零形代词那一刻的短时记忆缓冲器中。在以
上的例子中,当我们处理到(3c)中的零形代词的时候,在我们短时记忆中
有两个似乎同样具有很高可及性的实体,即铁匠和他的儿子。那么,哪一
个实体更有可能是零形代词的指称对象呢?这表明,在回指确认过程中,
如果同时存在两个潜在的指称对象,我们需要某种机制来确定哪个更为
可能。暂且在这里假设,指称对象是铁匠的儿子。

在(3c)中的零形代词的指称得到确认后,理解(3d)和(3e)中的零形
代词的指称便相对来说要容易多了。因为如果我们假定篇章处理是以成
对循环的方式(pairwise cyclical fashion)进行的话(如见 van Dijk 1980:
221),那么到我们开始处理(3d)时,(3b)中处理过的信息已经从短时记
忆中清除,存入情节记忆。保留在短时记忆中唯一的一个实体是铁匠的
儿子,这一实体是在理解(3c)时由小句中的零形代词唤出(evoke)的。由
于该实体是处理完(3c)后保留在短时记忆中的一个最为可及的实体,所
以在处理(3d)时便会很自然地将其确定为(3d)中零形代词的指称对象。
同理,(3e)中的零形代词也可以用同样的方法来理解。从(3c)到(3e)的
三个小句组成汉语中所谓的"主题链"(topic chain)。

例子中第二句(3f)以一个描述词语"铁匠"(the blacksmith)开始。在
处理描述词语时,我们首先必须确定它的作用是将一个新实体引入篇章,
还是仅仅指称前面提及的一个实体。与前面(3a)和(3b)中出现的两个描
述词语"(一)个勤劳的铁匠"(a hard-working blacksmith)和"(一)个儿
子"(a son)不同的是,前面出现的两个描述词语都含有一个省略了"一"
的无定量词"一个",而且都位于存现动词"有"的后面;而这个描述词语是
个光杆名词短语(bare noun phrase),位于小句动词的前面。汉语中尽管
没有系统的形态标记来标明一个名词短语是有定的还是无定的,但是汉
语无定名词短语前往往会有"一个""一些"等无定量词,而且往往位于动
词之前或存现动词之后。况且,如果作者真的希望将另一个职业也是铁
匠的人引入故事的话,那么他更有可能在篇章中使用诸如"另一个铁匠"
之类的词语,以便能更清晰地表明他的意图。所有这些显示,(3f)中的光
杆名词短语"铁匠"是一个有定名词短语,复指故事中已提及的一个实体。

确定了这一点之后,我们可以在情节记忆中搜索,找出一个在其档案中含有与该描述词语所描述的信息相匹配的实体。要找到这一实体似乎并不难,因为到目前为止,在我们的篇章心理表征中一共才只有两个实体,而铁匠也才被提及不久。

2.3　回指确认作为一种以关联为导向的推理

从以上对回指确认过程的简略而又非正式的描述中我们可以看到,建立并跟踪(tracking)对语篇宇宙中实体的指称,在很大程度上是受作者在篇章中选用的特定词语和语法结构所引导的。基于作者所提供的这些语言提示,加上我们对世界的了解,我们作为读者通常能够正确推断作者所希望表达的指称。毕竟,语言交际是一种交际双方的合作活动。如果作者希望读者以某种方式理解篇章,他必须以一种使读者能很容易辨别其意图的方式编码信息。按照 Sperber & Wilson (1986)的说法,作者的信息编码方式通常与其目的有最佳关联(relevance)。因此,我们可以认为,回指确认过程是一种建立在特定语境中的语言提示基础上的、以关联为指导的推理过程。

Sperber & Wilson 认为,读者能够理解篇章的关键心智能力,是指从作者在某一特定语境场合使用的表达方式中作出推断的能力。这里的语境应理解为一个"心理构念"(psychological construct),是"关于世界的一组假设"中的一个子集(subset),读者可以将其用于理解篇章中某一句子(p.15)。作为这样的一种心理构念,它不仅包括可以从有形交际语境和句子的上下文语境中获得的信息,而且也包括可以从我们关于世界的百科知识中提取的信息。

关联理论的核心思想是,在处理信息时,我们通常总是试图以最小的努力来获取最大的语境效果,目的是将新信息与已有的旧信息联系起来,或者是重新获得相关的信息,从而更新我们大脑对世界的整体表征。在评估一则新信息对现有世界表征的影响时,推理系统产生的语境效果可以分为如下三种:1)在理解语境中的一则新信息的过程中,某些语境含义得以识别;2)某个已有假设得以增强或确认;3)由于矛盾或不协调,对某个现有假设加以摈弃或排除。

在篇章理解过程中,潜在的语境假设在篇章处理的某一特定时刻并非都是同样可及的。各种语境假设的不同程度的可及性,表现为在篇章处理的某一特定时刻提取信息所需作出的努力程度。心理构念中较为可及的假设比较容易想起和提取。因此,Sperber & Wilson 将交际的认知过程中的关联概念定义为如下两个条件。

(4) Sperber & Wilson(1986:125)对"关联"的定义
程度条件 1:如果某个假设在一个语境中的语境效果大,那么该假设在该语境中具有关联性。
程度条件 2:如果在一个语境中处理某个假设所需作出的努力小,那么该假设在该语境中具有关联性。

其主要观点是,在人类交际中,说话者总是不由自主使听话者产生一种期待,希望说话者所说的话在交际情景中对自己具有最佳关联,并且听话者在理解讯息(message)时,保证能以最小的认知努力获取足够的语境效果。这一交际原则被称为"关联原则"。

(5) Sperber & Wilson (1986:158)的关联原则
每一个明示性交际行为都传递其自身具有最佳关联性这样一个假定信息。[5]

在理解篇章中的指称词语时,我们可以进一步假设,与以上提及的三种语境效果相对应、在评估篇章处理过程中的某一特定时刻遇到的某个指称词语的篇章功能时,推理系统产生的语境效果也可以是以下三种类型中的一种:1)某个指称对象在我们的世界心理表征中得以识别或建立;2)对于某个潜在指称对象的已有假设得以增强或确认;3)对某个潜在指称对象的现有假设加以摈弃。

我们还可以假设,在篇章处理的每一特定时刻,我们的世界心理表征中的各个潜在的指称对象具有不同程度的可及性:在其他条件相同的情况下,越是新近处理的,越是可及;越是显著的,越是可及。因此,根据关联原则,我们可以认为,每一个由某一特定语境中的一个特定指称词语所表达的指称行为,都传递其自身具有最佳关联性这样一个假定信息。也就是说,我们在试图理解每一个指称词语时,都能以最小的处理努力,获取足够的语境效果。现在再来看前面提到过的例(1b),重复如下:

(1) b. 爱因斯坦生于 1879 年。

Einstein was born in 1879.

假设这是篇章的起始句,而且专有名词"爱因斯坦"(Einstein)指的是一个真实的人,那么世界上很可能会有很多叫"爱因斯坦"的人,我们怎么知道句中的爱因斯坦指的是谁呢? 但是,在我们百科知识中最显著,也是处理此句时的那一刻最为可及的那一个,通常是著名现代科学家阿尔伯特·爱因斯坦(Albert Einstein)。这意味着,将在这一语境中使用的专有名词"爱因斯坦"(Einstein)理解为指称著名现代科学家阿尔伯特·爱因斯坦,是一种与关联原则相一致的理解,因为这一理解可以产生足够的语境效果。也就是说,在我们理解这一指称词语的推理过程中,某个指称对象在我们的世界心理表征中得以识别,并且为之付出的处理努力是最小的。

同时也需要指出的是,对指称词语的理解通常可以由语境中的其他信息以及我们关于世界的语用知识来检验。例如,当我们看到上一句的第二部分"生于 1879 年"(was born in 1879)时,我们对专有名词"爱因斯坦"(Einstein)的最初理解便得到了确认,因为尽管我们可能不知道爱因斯坦确切的出生年份,我们关于世界的语用知识还是可以告诉自己,1879年非常可能是他的出生年份。但是,如果作者告诉我们:

(6) 爱因斯坦生于公元前 384 年。
　　Einstein was born in 384 B. C.

那么,我们便会拒绝接受将专有名词"爱因斯坦"(Einstein)理解为指称著名现代科学家阿尔伯特·爱因斯坦,因为我们知道阿尔伯特·爱因斯坦不可能那么早出生,我们必须重新将"爱因斯坦"(Einstein)理解为指称另一个人,而并非现代科学家阿尔伯特·爱因斯坦。句(6)的行文是一种"不体谅读者的"(inconsiderate)(Kantor 1977)说法。这是因为,一方面句中使用的指称词语"爱因斯坦"(Einstein)使我们产生一种期望,期待指称我们头脑中最为可及的指称对象,即现代伟大的科学家阿尔伯特·爱因斯坦;而另一方面,这一期待的理解在理解整个句子时会受到抑制和拒绝。这是因为,虽然将"爱因斯坦"(Einstein)理解为指称现代科学家阿尔伯特·爱因斯坦所需要付出的处理努力最小,但这种理解并不能产生足够的语境效果。更为体谅读者并与关联原则一致的句子可能会是:

(7) 罗伯特·爱因斯坦生于公元前 384 年。
　　Robert Einstein was born in 384 B. C.

此句中,作者用了全名而不只是姓,表明其指称对象的可及性较低,肯定不是那个著名的爱因斯坦,即阿尔伯特·爱因斯坦。如果在我们的百科知识中不存在一个会立即映入脑海、与专有名词"罗伯特·爱因斯坦"(Robert Einstein)相符合的指称对象,那么我们只能停止搜索,在理解整个句子后将其建立为一个新实体。同样,如果一些几乎同样有名的人拥有相同的姓,那么在体谅读者的篇章中,作者通常会使用全名或其他办法,来确切指称其中的一个。一个典型的例子是施特劳斯父子,即19世纪著名的奥地利音乐家约翰(Johann, the Elder)、小约翰(Johann, the Younger)以及约瑟夫·施特劳斯(Josef Strauss)。

当然,由于每个人的知识并非相同,大脑中各种实体心理表征的可及性也可能不同。因此,在看到"阿姆斯特朗"(Armstrong)这个专有名词时,爱好爵士音乐的,特别是老年人,或许会首先想到美国爵士音乐家路易·阿姆斯特朗(Louis Armstrong);对航天感兴趣的,特别是中年以上的人,可能最先想到的是登上月球的第一人——美国宇航员尼尔·阿姆斯特朗(Neil Armstrong);而爱好体育的,特别是一些年轻人,也许最先想到的是癌症康复后,从1999年起连夺6届环法自行车赛冠军的美国自行车运动员兰斯·阿姆斯特朗(Lance Armstrong)。而且,有时同名同姓的专有名词也可能指两个不同的人。例如,见到"大卫·科波菲尔"(David Copperfield)这样一个专有名词,熟悉英国文学的人可能会首先联想到英国著名现实主义小说家Charles Dickens的一部小说及书中的主人公,而关注娱乐的人可能最先想到的是当代美国著名大型梦幻魔术师。但是,一旦用于某一特定的语境中,我们对诸如"阿姆斯特朗"(Armstrong)和"大卫·科波菲尔"(David Copperfield)等这类专有名词的理解,通常能获得最佳的语境效果,也就是上面提到的推理系统产生的三种语境效果之一,即:或在我们的世界心理表征中识别或建立一个指称对象;或确认对于某个潜在指称对象的已有假设;或摈弃对某个潜在指称对象的现有假设。

现在再来看篇章中的回指情况,还是以前面所用的例(3)为例,重复如下:

(3) a. 从前,有个勤劳的铁匠,

   Long ago, there was a hard-working blacksmith,

b. 他有个儿子,

　　he had a son,

c. Ø 快满二十岁了,

　　(he) was nearly twenty,

d. Ø 人倒生得又高又大,

　　(he) was big and tall,

e. Ø 就是好吃懒做。

　　but (he) was very lazy.

f. 铁匠常为这件事发愁。

　　The blacksmith was often worried about this.

　　(《传家宝》*The Family Heirloom*)

这是一个民间故事的起首段。此例表明,我们在理解这一段中使用的不同指称词语的时候,这些词语会产生不同的语境效果。此段中的两个无定名词短语,即(3a)中的"(一)个勤劳的铁匠"(a hard-working blacksmith)和(3b)中存现动词"有"(had)后的"(一)个儿子"(a son),都是用来引入并帮助我们在语篇宇宙中建立一个新的实体。(3b)中的代词"他"(he),特别是(3c)到(3e)中的零形代词"Ø"(英语中的代词 he),用来帮助我们证实这样一个假设,即刚刚谈论过的、在处理这些指称词语时最为可及的指称对象,将在所处理的小句中再次成为指称对象。(3f)中动词前指称此段开头提及的一个实体的光杆名词短语"铁匠"(英语中的有定名词短语"the blacksmith"),则是用来帮助我们否定这样一个假设。这个假设认为,在处理那个指称词语的那一刻,那个最为可及的指称对象(即铁匠的儿子)将是该名词短语的指称对象。同时,这个指称词语的使用还向我们表明,为了得到该名词短语更为相关的理解,我们需要搜索在篇章中早些时候提到的一个较为不可及的指称对象。

　　此例表明,这些不同类型的指称词语的使用,是作者在篇章中给我们的语言提示,引导我们对篇章中预期的回指关系作出相关的理解。在处理这些不同类型的指称词语的时候,即在篇章回指的确认过程中,我们通常同样可以获得最佳的语境效果,也就是上面提到的推理系统产生的三种语境效果之一,即:或在我们的世界心理表征中识别或建立一个指称对象,如(3a)中的"(一)个勤劳的铁匠"(a hard-working blacksmith)和(3b)中的"(一)个儿子"(a son);或确认对于某个潜在指称对象的已有假设,如(3b)中的代词"他"(he)和(3c)到(3e)中的零形代词"Ø"(英语中的代词 he);或摈弃对某个潜在指称对象的现有假设,如(3f)中的光杆名词短语"铁匠"(英语中的有定名词短语"the blacksmith")。这些不同类型的语言提示将是本书研究的重点。

2.4　回指编码作为一种功能语用选择

上一节谈到,作者在篇章中会使用不同的语言提示,引导读者对篇章中名词短语之间意在表达的同指关系作出成功的解读。在我们考察这些具体的语言提示之前,先简略看一下语言中可能使用的一些总的表达手段,这些语言表达手段被认为是特别用来跟踪篇章中提及的不同实体。

在 Foley & van Valin(1984:321–374)对句法类型学和语言普遍现象的跨语言研究中,他们总结了如下一个指称跟踪(reference-tracking)系统的类型[6],每一种语言都可以从中选取某一类或几类,作为标明篇章中各名词短语之间指称关系的语言手段。

(8) Foley & van Valin 的指称跟踪系统类型
　　a. 与语态对立配合使用的语用中枢(pragmatic pivot)系统[7],在这一系统中,"同指的语用中枢构成一些渡连(juncture),这些语用中枢通常在被连接的单位里实现(realize)为零形回指"(p. 322)。
　　b. 转换指称(switch-reference)系统,在这一系统中,从句主语和主句主语之间的同指或非同指关系的转变,由动词的词形变化标示。
　　c. 性别系统,在这一系统中,名词短语在性别、人称和数等方面的区别,由形态变化表示。
　　d. 推理系统,在这一系统中,通常由于缺乏上述表达手段以及零形回指的广泛和相对较自由的使用,指称跟踪因而较多地依赖于推理。[8]

前两个指称跟踪系统主要用在一些我们不熟悉的"异国"(exotic)语言中,虽然英语有时会选用第一种系统。性别系统在英语中得到某些有限的使用,在其第三人称代词系统中,区分了指人和非指人的代词,并在指人的第三人称代词系统中作了男性、女性的区分;而在汉语中,类似的区别只出现于书面形式中。因此,Foley & van Valin 把汉语之类的语言归为具有只使用推理系统特点的语言。

　　Foley & van Valin 的指称跟踪系统类型的一个问题是,推理从本质上来说是一个认知过程,而其他三个系统是特别或主要为表明指称关系而使用的语言系统,他们把两者混在了一起。而且,对篇章中名词短语之间指称关系的理解,可能总是要或多或少地运用某种推理。以性别系统为例,甚至在具有非常丰富的性别、数和人称系统的语言中,要使该系统依靠其自身力量来处理篇章中所有的指称关系,也几乎是不可能的。因为如果有多于一个的潜在指称对象具有相同的性别、数和人称,那么作为一种区分手段,该系统显然难以区分这些指称对象。其他两种指称跟踪手段,即转换指称和语用中枢,通常只用于句子内部。

　　而且,Foley & van Valin 的类型只注重语言中最显著的指称跟踪手段,这些语言手段的唯一或主要功能是跟踪篇章中的指称。Comrie 指出,从原则上来说,"任何会对同指产生影响的句法结构都可以充当指称跟踪手段"(1989:38)。这里还可以补充说,任何会对同指产生影响的语义结构也都同样可以充当指称跟踪手段。这一点可以用下面 Li & Thompson (1979:313)引用的一个例子来说明,他们认为此例是"说明在汉语篇章中零形代词的出现不受结构因素控制的一个非常好的例子"(p. 312)。

(9) a. 杨志取路,

　　　　(Yang Zhi took to the road.)

　　b. 不数日,$\emptyset_1$ 来到东京;

　　　　(In a few days,(he) arrived in Dongjing.)

　　c. $\emptyset_2$ 入得城来,

　　　　((He) entered the city.)

　　d. $\emptyset_3$ 选个客店,

　　　　((He) found a hotel.)

　　e. $\emptyset_4$ 安歇下,

　　　　((He) settled down.)

　　f. 庄客交还 $\emptyset_5\emptyset_6$ 担儿,

　　　　(The carrier gave back (to Yang Zhi)(his) luggage.)

　　g. $\emptyset_7$ 与了 $\emptyset_8$ 些银两,

　　　　((Yang Zhi) gave (the carrier) some money.)

　　h. $\emptyset_9$ 自回去了。

　　　　((The carrier) went back by himself.)

本书完全同意 Li & Thompson 的观点,即语用信息在推断此例中零形代词的指称对象时发挥了重要作用。但是,需要指出的是,这一例子中表达的一些句法和语义结构信息,在引导读者获得零形代词的期待理解中也发挥了不少作用。

在这段叙述体篇章段落中,前五句(9a—e)组成关于人物"杨志"的主题链,剩下的三个小句组成关于故事中"庄客"的主题链。汉语中的主题链典型地用于表达这样一种期望,即出现在链中每一小句主题位置上的零形代词指称整个链中的主题,而整个主题链的主题通常由第一小句中处于主题位置上的名词短语表达。这个结构因素直接说明了为什么前四个零形代词($\emptyset_1$—$\emptyset_4$)通常都可以理解为指称"杨志"。

(9f)主题位置上的名词短语引入了另一个参与者"庄客",整个小句描述"庄客"和"杨志"之间发生的事。Li & Thompson 正确指出,在该小句中,动词"交还"(gave back)的语义表明,动作的施事(agent),即小句主语"庄客"(the carrier),和接受者(recipient),即零形宾语"$\emptyset_5$",在以动词为中心的语义结构中必须异指。而且,语用知识也告诉我们,零形所有格代词"$\emptyset_6$"也不能与"庄客"(the carrier)同指。因此,我们可以推断,"$\emptyset_5$"和"$\emptyset_6$"指称除了"庄客"之外最近提到的一个主题,即"杨志"。

下一小句中的两个零形代词"$\emptyset_7$"和"$\emptyset_8$"的理解会带来一个困难。如果(9f)到(9h)构成一个主题链,那么我们会预期(9g)中第一个零形代词($\emptyset_7$)指称"庄客",这与该小句的通常理解相悖。但是,我们有理由认为,(9g)在概念上从属于(9f),其理解取决于(9f)中动词"交还"(gave back)的概念结构(conceptual structure)。Jackendoff(1972:37 - 41; 1990:189-194)认为,诸如"buy"(买)、"sell"(卖)、"pay"(付)之类的交易动词同时表达两个动作。例如,如果 X 从 Z 手中用 W 买 Y,那么这一动作至少蕴含了这样两个移交和反向移交的语义结构:1)Y 的所有权从 Z 的手中移交到 X 手中,在这一语义结构中,Y(商品)是题元(theme),Z 是源点(source),X 是目标(goal);2)W 的所有权从 X 转移到 Z,在这一语义结构中,W(钱)是题元,X 是源点,Z 是目标。他认为,"buy"(买)的概念结构应该同时包含上述两种语义或题元关系(thematic relation):第一种是主要的,第二种是次要和从属的。

Jackendoff 对交易类动词的分析,也可以用于描述上例中动词"交还"(gave back)的概念结构。这里的"交还"应理解为"庄客"完成了对"杨志"的服务,作为回报,"杨志"应付一些钱给"庄客"。因此,"交还"表达的主要题元关系是"庄客"把"担儿"还给"杨志",其中"庄客"是源点,"担儿"是题元,"杨志"是目标;次要和从属的题元关系是"杨志"付"银两"给"庄客",其中"杨志"是源点,"银两"是题元,"庄客"是目标。在英语中,诸如"buy"(买)等交易动词的概念结构中的两种题元关系,可以在同一小句中得到表达,如"John bought a watch from Bill for 50 dollars"(约翰用50美元向比尔买了一块手表)。但在以上例子中,主要的题元关系表述为(9f),从属的题元关系表述为(9g)。由于(9g)的题元关系从属于(9f)的动词"交还"(gave back)的概念结构,因而可以从中推断,"$\emptyset_7$"的指称对象是"杨志",而"$\emptyset_8$"的指称对象是"庄客"。由于(9f)到(9h)的小句构成一个主题链,其中(9g)从属于(9f),所以也不难确定,"$\emptyset_9$"指称整个主题链的主题,即"庄客"。

从以上讨论中我们可以看到,此例并不是如 Li & Thompson (1979)所说,可以"说明在汉语篇章中零形代词的出现不受结构因素控制"。这一例子中的主题链结构,主题链中各小句动词的概念结构,以及概念结构中包含的语义或题元关系结构等结构因素,都可以影响对汉语零形代词的使用和理解。也就是说,语言中一些可能会对同指关系产生影响的篇章、句法和语义结构,都可以充当指称跟踪手段。广而言之,由于一段连贯篇章的显著特点是其组成要素的一致性,我们可以说,篇章中任何有助于促成这种一致性的要素,都会对篇章中指称关系的理解产生影响。篇章的一致性主要反映在篇章组织的以下两个方面:1)篇章中使用的语言形式产生的粘连;2)篇章表达的语义概念和命题(proposition)所表现的连贯(见 de Beaugrande & Dressler 1981)。本研究主要关心的是篇章中用于回指确认的表层语言提示的功能,因此只讨论篇章组织前一方面的内容。

构成一个篇章的不同类型的语言要素具有典型的多功能性。Halliday(如见 1970,1973,1977,1985,1994)认为,这些语言要素在组句成篇中需要同时完成三种元功能(meta-function),即概念、人际和篇章功能。语言使用的概念功能(ideational function)用来表达"内容",即说话者对真实或虚幻世界的经验;人际功能(interpersonal function)使语言使用成为"一种行为的方式",即建立和保持各类社会关系,表达社会规范和态度,以及使事情办成;篇章功能(textual function)用来创建篇章,即以某种与语境相关的方式使用语言形式和结构。在这三种功能中,语言组织的篇章功能可以直接帮助我们正确理解篇章中表达的各种指称关系。

Halliday 语法体系中的篇章功能表现在句子(或小句)内部,也表现在句与句之间。Halliday & Hasan(1976:Chap. 1)认为,在语言组织的篇章组成部分中,实现篇章功能的主要语言要素如图 2 所示:

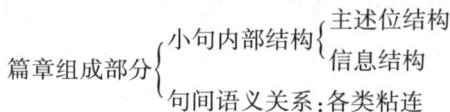

$$篇章组成部分 \begin{cases} 小句内部结构 \begin{cases} 主述位结构 \\ 信息结构 \end{cases} \\ 句间语义关系:各类粘连 \end{cases}$$

图 2:篇章组成部分中的要素

本书认为,这些语言要素,加上句子内部一些同指或异指的结构限制,以及诸如句内或句间句法并列关系等一些句法形式,构成了推断篇章中名词短语之间的指称关系的语言基础。更明确地说,本书希望提出这样一个理论假设,即篇章中的许多回指事实,都可以通过检验主题性和可及性之间的相互作用来解释。主题性和可及性是两个心理概念:前者是指一个篇章实体是否是小句谈论的对象这样一种状态,反映为篇章中一个名词短语在小句内部结构中所处的位置;后者是指一个指称对象在篇章处理的某一特定时刻的可及程度,由作者在篇章中为建立指称照应或词汇粘连而选用的某一类型的名词短语来表达。

2.5 小结

本章讨论了篇章回指理解的认知心理学和语言学基础。本书认为,在篇章理解过程中,篇章中出现的名词短语在我们的篇章心理表征中形成篇章实体。对随后篇章中出现的与这些实体同指的其他名词短语的理解过程,实际上是一种对大脑中储存的相关实体的搜索过程。

因此,从篇章产生的角度看,回指编码可以大致看作一种功能语用选择。这种选择是一种功能选择,因为在篇章产生的不同时刻,对指称关系所作出的编码选择是在与篇章功能相联系的语言系统中作出的。说得更明确一点,这些选择是在小句的主述位结构(thematic structure)和信息结构(information structure)系统中作出的,这两种结构的功能是将一个小句组织为篇章中的一个小句;这些选择同时也是在名词和代词系统中作出的,这两个系统的功能是建立篇章中的指称照应和词汇粘连。这种选择也是一种语用选择,因为这种选择与语言使用有关,作者必须考虑他的选择是否能达到预期的目的,即产生最大的语境效果。

而从篇章理解的角度来看,在语言系统中作出这些选择而产生的各种区别,为回指确认提供了丰富的语言提示,使我们有可能建立一个统一的功能语用理论框架,通过探索篇章中使用的不同语言形式的功能语用含义,来解释和确认篇章中的回指。本书着重讨论篇章中名词短语的功能语用含义,即它们在篇章中表达的主题性和可及性,这将在第三章和第四章中详细讨论。

注释:

[1] 以下本书将使用"说话者"统指说话者和作者,"听话者"统指听话者和读者,"语篇"统指口头和书面篇章材料。由于本研究主要关心的是书面篇章材料中的回指问题,所以在涉及书面篇章材料时,本书也将使用"作者""读者"和"篇章"等更简单而又确切的词语。

[2] 当然,回指语有时可以只是单纯指称先行语的语言形式本身,而不是先行语所代表的某个实体,如见下面一个 Lyons (1977)所举的例子(转引自高彦梅2002:52):

> A: That's a rhinoceros.
>
> （那是一头犀牛。）
>
> B: A what? Spell it for me.
>
> （一头什么？给我把它拼出来。）

在此例中,it 是指 rhinoceros(犀牛)这个词的语言形式本身,而不是这个词所代表的一种动物——犀牛。可能 B 没有听清楚,或者更有可能 B 从来没有听到过 rhinoceros 这个词,因此请 A 把这个词拼出来。这种回指语与先行语之间的语言形式指称关系不是本书所要讨论的内容。

[3] 以下本书在使用"实体""语篇实体"或"篇章实体"时,主要是指这些实体在大脑中的表征。

[4] 当然,某些篇章,特别是一些文学作品,有时可能会故意违背这个原则,在篇章开头使用代词,以制造一种悬念,吸引读者读下去,以便了解这些代词的指称对象。

[5] Carston (1988: 59)指出,这并不意味着"说话者总是能成功发出具有最佳关联性的刺激信号,或者甚至总是试图这么做。……这一原则所表达的意思是,说

话者总是不由自主地向听话者表明,在发出刺激信号时他们所说的话具有最佳关联性。正如人们所说的任何一句话一样,有时可能是不真实的,并且/或者可能是不诚实的"。

［6］他们的研究以角色和参照语法(Role and Reference Grammar)作为理论框架,要了解其中一些术语的含义可参见 van Valin & Lapolla (1997)。

［7］在 van Valin & Lapolla (1997: 287) 中,这一系统又称为"转换功能"(switch-function)系统,与"转换指称"相对。在这一系统中,语篇描述的一个主要参与者总是作为主语,更确切地说是作为"句法中枢"(syntactic pivot),而语态则标示其语义功能,语态的改变表示语义功能的改变。

［8］除了这里列出的四个指称跟踪系统之外,van Valin & Lapolla (1997: 288)还提到另一个系统,即指称词语标示系统。在这个系统中,指称第三人称的指称词语有更细的指称分类。例如,将语篇谈论的一个话题,或从说话者的角度来说最接近的一个人,或前面刚谈到和已经知道的一个人,标示为"近指人称"(proximate);其他参与者则标示为"另指人称"(obviative)。

第三章

语篇实体的主题性

本章将更仔细地观察主题性这一概念。上一章的讨论已经暗示，主题性在本书中是指一个篇章实体在篇章宇宙的心理表征中的这样一种状态，即读者感知其为篇章处理某一时刻的主题(topic)，即此刻作者正在谈论的某人、某事或某物。

3.1 主题的不同概念及其在本书中的定义

3.1.1 语篇分析中不同的主题概念

在语言学研究中，"主题"（又称"话题"）是一个常用的术语。在语篇分析(discourse analysis)中，似乎更是不可避免地需要使用"主题"这一概念。但是，究竟什么是主题？其性质和特点是什么？如何定义？对这些问题，研究界似乎仍未达成一致意见。下面所要讨论的是语篇分析中不同研究者对主题的不同理解[1]。

Brown & Yule (1983：68，70)曾评论说，"主题可以说是语篇分析中使用最频繁而又未加以解释的一个术语"，尽管主题对研究"语篇的相关与连贯等一些概念至关重要"，然而其本身却"非常难以界定"。由于对于主题的特征众说纷纭，其本质又难以把握，一些语言学家对其有用性提出了质疑，甚至主张摈弃这一术语（如见 Szwedek 1990；Schlobinski & Schütze-Coburn 1992）。

Schiffrin (1988，1992)将主题缺乏一个可以普遍接受的定义，以及由此而产生的使用上的混乱，归因于不同类型的语言学研究在使用这一术语时的侧重点不同。她认为，对主题的研究可以着眼于交际过程中的不同方面，既可以从语篇所要传递的讯息的角度来研究，也可以从说话者对话语的理解或交际双方相互影响的角度来研究。如果将讯息作为研究的主要关注点,那么"主题"这一概念还可以通过主题在不同语言层面上的编码或实现(realization)来加以阐述。在"主题"这一术语的使用中,由于研究重点不同而造成分歧的这两大根源相互作用,便产生了五种不同的主题概念。

第一种是主题的互动观(interactive view of topic)。根据这一观点,主题被理解为一个短语或句子所表达的谈论对象,是在一个互动的对话语篇(或其中的一段)中交际双方所关注的重点。持这一观点的一些语言学家,在使用主题这一术语时,为了将其与单句中的主题相区分,喜欢使用"语篇主题"(discourse topic 或 topic of a discourse)这一名称(如见 Venneman 1975;Keenan & Schieffelin 1976)。

第二种是说话者主题(speaker's topic)。例如,Brown & Yule(1983:94)说:"只有说话者才有主题,而不是对话或语篇。"在分析对话性语篇时,即使对话中有主题可以识别,他们所强调的也是单个说话者对促成主题识别所作出的重要贡献。他们建议,可以将单个说话者主题的特点定义为:在我们目前的交谈中"我认为我们在谈论的东西"(p. 90)。

以上两种研究将说话者或对话语篇参与者之间的相互影响作为识别主题的主要标准,而其他三种主题概念都将讯息作为研究的出发点,但研究的重点却放在主题的不同语言编码层面上。主题可以是一个实体,如一个人、物或观念,在句中编码为一个名词性短语或小句,是句子讲述的对象,被称为"实体主题"(entity topic)。这一主题概念可能是许多语言学研究中最为关注、讨论得也最多的一种主题概念(如见 Hockett 1958;Chao 1968;Li & Thompson 1976;Reinhart 1982;Gundel 1988;Lambrecht 1994)。在句法上,实体主题被语法化为一个句子或小句的主语,形态上有标记,或置于动词的前面;在语义上,它在小句动词的概念结构中通常充当动作者或施事,而非其他诸如受事或工具的作用。

主题也可以是命题或"宏观命题"(macro-proposition)(van Dijk 1980, 1981),分别称为"命题主题"(propositional topic)和"篇章主题"(text topic)。命题主题编码为一个小句或句子。在复杂句中,命题主题提供背景知识,倾向于编码为一个从句。篇章主题与实体主题和命题主题不同,并不总是由篇章中某个单一的语言单位直接编码,而只是反映在篇章理解时所依赖的整个语境框架中。

除了 Schiffrin(1988,1992)所讨论的、造成对主题概念不同理解的两种根源之外,本书认为,还可以根据在篇章组织中不同语言层面上的主题的识别,区分另一类在"主题"这一术语使用上的差别。主题可以是一个句子(或小句)、一组句子或整个篇章的讨论对象,因此我们可以区分 van Dijk(1981:22)分别称之为"句子主题"(sentence topic)、"句组主题"(sequential topic)(或称"段落主题")和"总主题"(global topic)的三种不同主题。句子主题通常是实体主题(可能除了复杂句中的从句可以是命题主题之外),但如果一系列句子或整个篇章所讨论的对象是一个单一的实体,那么句组主题和总主题也可以是一个实体主题。

3.1.2　主题在本书中的定义

以上所讨论的不同主题概念并非总是相互排斥的,因为其差异大多只是出发点和侧重点的不同。因此,根据语言篇章功能研究中最广为接受的主题观,本书将采用"主题"这个术语表示"实体主题",即在一个句子(或小句)中由一个名词性词语表达的实体,该实体为该句所讨论的对象。本书主要关心的是作为篇章处理中一项子任务的回指确认问题,视主题为篇章理解者的篇章心理表征中的一个实体,在处理某一句子时,这个实体被句中所用的某个名词短语激活。作为这样一个主题,它既与讯息或篇章有关,又与读者和篇章之间的互动相联系,从而又间接地与读者和作者之间的互动相关联。

这一主题概念与 Gundel 的用法十分相似。Gundel(1988:210)正确地指出,为了便于对主题及其相关述题(comment)进行精确的跨语言比较与讨论,对主题所下的定义必须与其语用和结构特征相分离。她将主题定义为"一个实体 E 是句子 S 的主题,当且仅当说话者在使用 S 时,其意图是使听话者增加有关 E 的知识,或要求听话者提供有关 E 的信息,或让听话者就 E 采取某种行动"。

她的定义是从语篇产生者(即说话者)的角度所下的一个认知心理定义。从语篇理解者(即听话者)的角度出发,她的主题定义可作如下修改。

(1) 主题的定义

　　一个实体 E 是句子 S 的主题,当且仅当听话者在处理 S 时,可以推测说话者说这句话的意图是向他进一步提供有关 E 的信息,或要求他提供有关 E 的信息,或让他就 E 采取某种行动。

由于本书主要关心的是书面篇章中的回指确认问题,而在这种篇章中作者通常是不会向读者索取信息或发出指令的,所以我们可以将上述定义简化,简单地将主题定义为:

(2) 简化的主题定义

　　一个实体 E 是句子 S 的主题,当且仅当读者在处理 S 时,可以推测作者写这句话的意图是向他进一步提供关于 E 的信息。

　　根据上述定义,主题是篇章心理表征中的一个实体,可以由一个名词短语来进行指称,但并不是表达这一实体的某一名词短语本身。Lambrecht(1994:131)将两者分别称为"主题(指称对象)"和"主题表达式"(topic expression)。但为了使行文简洁方便,在不发生混淆的情况下,本书将把一个句子中表达主题的某一名词短语本身称为主题。因此,如果我们说"(名词短语)X 是小句的主题",其真正含义是"名称短语 X 指称的篇章心理表征中的那个实体是小句的主题"。

　　与简化的主题概念相关的述题可以定义为:

(3) 述题的定义

　　一个谓项 P 是句子 S 的述题,当且仅当读者在处理 S 时,可以推测作者使用 P 的意图是对 S 的主题作出陈述。

3.2　主题的语用属性

3.2.1　主题的关涉性

　　上面对主题所下的定义紧紧抓住了主题的"关涉性"(aboutness)这一语用特征。也就是说,一句带有主题的句子是关于某个主题的陈述。这一语用属性是主题的基本属性,反映在几乎所有有关主题的讨论中(如见 Hockett 1958;Chao 1968;Li & Thompson 1976, 1981;Reinhart 1982;Gundel 1988;Lambrecht 1994)。主题之所以可以理解为句子陈述的对象,主要是由于说话者将其编码为句子的"出发点",表明其为句子的关注所在,因而使说话者能够在句子的其余部分对其作出陈述。

3.2.2　主题的已知性

主题也常被认为必须是已知的(given),或者至少在某种意义上为已知的。然而,尽管主题的"关涉性"属性似乎没有什么争议,但不同的语言学家对其"已知性"(givenness)的解释存在着较大的差异:有的解释较为宽泛,有的则持狭义的观点。"已知性"概念通常与语篇实体的某一特定信息状态(information status)相联系,因而这种差异或许可以从不同研究者在两者之间建立的不同联系中更清晰地看出。Prince(1981:235)认为,一个语篇应视为"一组关于如何构建一个特定语篇模型的指令。该模型将包含一组语篇实体、其属性和相互间的联系"。为了研究语篇实体在提及的那一刻的不同信息状态,她提出了一个分类体系。在 Prince 的研究基础上,Brown & Yule(1983:183)提出了如下一个语篇实体的信息状态分类系统。

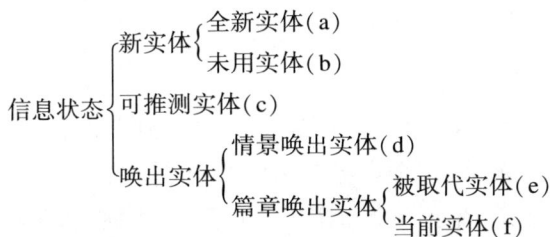

```
                   ┌ 新实体 ┌ 全新实体(a)
                   │        └ 未用实体(b)
         信息状态 ─┼ 可推测实体(c)
                   │                   ┌ 情景唤出实体(d)
                   └ 唤出实体 ┤        ┌ 被取代实体(e)
                              └ 篇章唤出实体 ┤
                                            └ 当前实体(f)
```

图 3:Brown & Yule 对语篇实体的信息状态分类

图 3 中语篇实体的信息状态从完全未知(即全新实体(a))到语境中完全已知(即篇章唤出的当前谈论实体(f))。全新实体(brand new entity)是说话者假定听话者未知的一个实体,典型地由诸如"a man I saw yesterday"(昨天我见到的一个男人)这样的无定名词短语引入语篇。未用实体(unused entity)是说话者假定在听话者的百科知识中已有的,但在语篇中从未提及的一个实体。例如,"I saw your father yesterday"(我昨天见过你的爸爸)中的"your father"(你的爸爸)便是指称一个未用实体。可推测实体是说话者假定听话者可从某个已引入语篇的实体中推知的一个实体。例如,如果语篇中已引入"a flat"(一套住房)这一实体,那么在听到"The kitchen is too small"(厨房太小)这样一句话时,听话者可以从同一语篇中曾提及的"a flat"(一套住房)中推测,"the kitchen"(厨房)是指这套住房中的厨房这一实体。情景唤出实体(situationally evoked entity)

是在话语语境中某个显著的实体,如对话语篇中的交际双方 you(你)和 I(我)。

在篇章唤出实体(textually evoked entity)中,Brown & Yule 首次区分了当前实体(current entity)和被取代实体(replaced entity)。当前实体是指篇章中最近引入或唤出且目前正在谈论的一个实体;而被取代实体则是指当前实体引入或唤出前,篇章中引入或唤出的另一个实体。两者之间的区别可以用在第二章中讨论过的一个汉语例子来说明,例句重复如下:

(4) a. 从前,有个勤劳的铁匠,

    b. <u>他</u>有个儿子,

    c. Ø 快满二十岁了,

    d. Ø 人倒生得又高又大,

    e. Ø 就是好吃懒做。

    f. <u>铁匠</u>常为这件事发愁。

    (《传家宝》)

(b)中代词"他"指的是一个当前实体"(一)个勤劳的铁匠",因为在处理"他"的那一刻,"铁匠"这个实体是篇章最近引入的一个实体。(b)在讨论"铁匠"的同时,引入了一个新实体"儿子"。因此,(c)到(e)中的三个零形代词同样也是指称一个当前实体,即"儿子",因为在处理这三个零形代词的那一刻,"儿子"是最近引入的一个实体。另一方面,"铁匠"这个实体在处理小句(c)到(e)的那一刻成了一个被取代实体,因为该实体是在最近引入的实体"儿子"(即此刻的当前实体)前引入的。

Brown & Yule(1983:181-183)指出,Halliday 和 Chafe 关于已知性的论述代表了一种狭义的已知观,只包括那些唤出实体。然而,Halliday 和 Chafe 的已知观实际上也有一些区别。Halliday 认为,已知实体是一个"可以通过回指或情景寻回的"实体(Halliday 1967:211;1985);而 Chafe(1976)持一种更狭义的观点,只将当前实体(或许还包括情景唤出实体)视为已知的,他认为已知实体的特点是"已被激活"(activated),并在理解一个句子的那一刻"已在听话者的意识中"(Chafe 1976:30)。

Gundel(1988:212)认为,一个实体要成为一个合格的句子主题,不必"已被激活"或"可寻回",但必须具有 Prince(1981)所说的"假定熟悉"

(assumed familiarity)那样的已知性。这种已知观不仅包括唤出实体,而且也包括可推测实体和未用实体。下面是她用来说明这一点的一个例子:

(5) That plant you gave me, it's really grown.

　　(你给我的那棵植物,它真长大了。)

在此句中,左偏置的(left-dislocated)短语"That plant you gave me"(你给我的那棵植物)指的是一个未用实体。

Lambrecht(1988)提出,不同类型的语篇实体成为主题的可能性构成一个连续体,一端为最可接受的当前实体或"活跃"实体,另一端为最不可接受的全新实体。像 Gundel 一样,他也认为不可识别的全新实体是不能充当主题的。他相信,这是一个语用限制,反映在许多语言(包括汉语)的形式限制中,即无定名词短语不能出现在句首主语位置上(p. 148)。

Reinhart(1982)和 Wu(1992)认为,一个实体成为合法主题应具备的可识别性或熟悉性要求可以进一步放宽。他们指出,在某些情况下,主题不必是唯一可识别的。Wu 提出,要成为汉语中一个恰当主题的必要条件是可定位性。他的可定位实体概念与 Reinhart(1982)的具有"指称性"(referentiality)的实体概念相近,也与 Prince(1981)所称的"全新锚定的"(brand-new anchored)实体涵盖范围相似。所谓一个实体可以定位,是指说话者能假定听话者可以认出该实体,或者可以将其从关于真实世界或语篇宇宙的知识中一个可识别的集中找出。因此,某些可识别的集(set)中一些不可识别的实体也可以成功地充当主题,例如由"我的一个同学"或"其中一个"所表达的实体。下面是他所举的一个例子:

(6) a. 候机室里一片混乱。

　　　(The airport lounge was in disorder.)

　　b. 一位旅客起来维持秩序。

　　　(A passenger got up to keep order.)

Wu 认为,该例句(b)中的"一位旅客"(a passenger)是可定位的,尽管并非是唯一可识别的,因为所指称的人是一个可识别集(即在候机室中的一群旅客)中的一个成员。

本书基本上采用 Halliday 的观点,将可寻回性(recoverability)作为已知性的特点。但是有一点不同的是,由于本书关心的是篇章回指问题,所以我们把可寻回性重新解释为在篇章中（通过回指）可寻回的，而非通过情景可寻回的。也就是说，我们只把那些篇章唤出实体视为已知实体，而所有其他类型的实体，包括情景唤出实体（按照 Halliday 的观点也是可寻回的）、可推测实体以及全新或未用的新实体，都视为新实体。下一小节将提到，篇章中的主题通常或典型地具有这个意义上的已知性，但并非必须是已知的。也就是说，已知性是主题的典型特征，而不是必要条件。显然，正是主要由于主题具有这种严格意义上的已知性，它才具有构建语篇模型的功能，使篇章具有"篇章性"（texture）（Halliday & Hasan 1976）。

3.3　主题的编码与识别

上一小节简要讨论了主题的两大语用属性，即关涉性和已知性。这一小节将指出，主题的这两大属性，主要是通过表达该主题的名词短语在小句内部结构中的篇章功能获得的。这是主题在语言中的编码方式，也是我们识别篇章中小句主题的最重要依据。

3.3.1　英语主题的识别

英语被认为是主语显著的（subject-prominent）语言（Li & Thompson 1976），因为在英语中，我们可以根据句子的主语和谓语在形态上的一致，将主语明确地识别出来。而英语中的主题却没有明确的形态标志，其识别方法需要探讨。Davison（1984）曾对此进行了研究，并提出，英语中的主题可以根据句子中名词短语的句法和语义特征来确定。她认为，一些有标记的句法结构形式，标示出句中具有很强主题性的名词短语。例如，下面（7a）和（7b）分别采用主题化（topicalization）和左偏置（left dislocation）的有标记句法结构形式，将"those guys"（那些家伙）标示为句子的主题：

(7) a. Those guys, I haven't seen in weeks.

  （那些家伙，我有好几个星期没见到了。）

  b. Those guys, I haven't seen them in weeks.

  （那些家伙，我有好几个星期没见到他们了。）

在无特殊句法标记的句子中,句子的形式主语通常可以认为是句子的主题,但最终还要取决于名词短语的语义特征和其他一些因素。例如,如果主语名词是专有名词或有定性名词短语,那么更有可能是句子的主题。

Davison 的研究为英语篇章中句子主题的确定提出了正确的方向,但似乎缺乏明晰的可操作性。本书认为,英语中的句子主题可以采用韩礼德(Halliday 1985)提出的"主题性主位"(topical theme)的概念来确定,但必须对这一概念作适当修正。这一方法的好处是,我们可以根据篇章的表层句法组织结构来确定句子的主题,因而具有较大程度的可操作性与明晰性。

3.3.2　Halliday 的主位和主题性主位

第二章 2.4 节提到,在 Halliday 的系统功能语法模式中,表达篇章中句与句之间联系的篇章功能的小句内部结构有两种:其一是小句的主述位结构,其二是小句的信息结构。小句的主述位结构代表了小句讯息(message)的组织方式,可以从小句内部各构成成分的特定结构构型(configuration)中识别:居于小句首位的是主位(theme),剩余部分为述位(rheme)。在语篇中,特别是书面篇章中,典型的信息结构是已知信息在前,新信息在后。这一特点 Halliday(1985：275)称之为信息结构的一条重要"自然"特征。因而,在通常情况下,一个句子的信息结构与主述位结构重合。由于在书面篇章中,作者通常无法表达句子的语音特征(尽管有时作者可以用加底线、加着重号或通过字体变化等手段来强调句子中的某一部分),所以我们可以将句子的主述位结构视为反映句子篇章功能的主要组织形式。

Halliday(1985：36)将主位定义为:主位是"小句讯息所关注的对象,即说话者所要表达内容的出发点"。本书认为,主题的关涉性正是由于它成为小句的主位才获得的。不过,在 Halliday 的分析框架中,一个小句可以含有一个具有自身内部结构的"多重主位"(multiple theme)。在一个多重主位中,总是包含一个称为"主题性主位"的概念成分,以及其他一些表示各种篇章和人际意义的可选成分。下面是 Halliday(1985：55)所举的一个扩展到最大限度的多重主位的例子:

(8) Well, but then Ann surely wouldn't the best idea be to join the group?

　　（嗯，但是，这样的话，安，肯定，最好的主意是加入到小组中去，是不是?）

在这个例子中，动词 be（是）的前面是一个多重主位。其中，well（嗯）、but（但是）和 then（这样的话）分别是接续（continuative）、结构（structural）和连接（conjunctive）成分，表达篇章意义（textual meaning），即如何将现有小句与篇章上文中已有的小句联系起来；Ann（安）、surely（肯定）和 wouldn't（是不是）分别是呼语（vocative）、情态（modal）和定式（finite）成分，表达人际意义（interpersonal meaning），即表明说话者说这句话的交际目的是向 Ann 提出反问；"the best idea"（最好的主意）是主题性主位，表达概念意义（ideational meaning）[2]，即表明这是说话者所要谈论的认知实体。句中从动词 be 开始的剩余部分是述位。表达篇章意义的 well、but、then 是多重主位中的篇章主位部分；表达人际意义的 Ann、surely、wouldn't 是多重主位中的人际主位部分；而表达概念意义的"the best idea"是多重主位中的概念主位部分。因为"the best idea"所表达的概念意义是表示该句所要讲述的是这一认知实体，所以又称为句子的"主题性主位"。

当然，如此复杂的多重主位在语言的实际使用中并不多见。一个简单的主位通常只含有一个主题性主位。Halliday（1985：44–45）指出，在英语陈述句中，这一主位往往与小句的主语重合。他将小句中与主语重合的主位称为"无标记主位"（unmarked theme）。如果小句中主语之外的一个成分成为主题性主位，例如在"nature I loved"中的 nature，Halliday 则称之为"有标记主位"（marked theme）。他认为，主题性主位这一概念相当于主题—述题分析框架中的主题，因而采用"主题性主位"这一术语（Halliday 1985：54）。

从以上分析中我们可以看到，Halliday 对于有标记和无标记主题的确定，与 Davison 对英语中主题的识别方法也基本一致。因此我们可以认为，Halliday 的主题性主位，基本上相当于主述题分析中通常所说的主题。而 Halliday 自己所用的主题概念并不是指主题性主位。

表达篇章功能的另一种小句内部结构是信息结构（information structure）。信息结构是由语调决定的：承载句子重音的部分表达的是新信息（new，或称"未知信息"），非重音部分表达的是已知信息（given）。

一个信息结构中的已知部分,是说话者假设听话者在语境中可以寻回的。

严格来讲,信息结构是一个信息单位的结构,在语音上表现为一个语调群,而并非小句结构。但是,正如 Halliday(1985:274)所指出,与一个信息单位最接近的相对应的语法单位是小句,并且"我们可以将以下这一点视为无标记或'默认'(default)的条件:在其他条件相同的情况下,一个信息单位与一个小句延伸范围相同"。如果符合该无标记条件,那么在典型或无标记的情况下,会出现另一种趋势,即已知信息和新信息"与主位和述位重合(conflated),共同构成'主题和述题'"(Halliday 1970:162)。因此,根据 Halliday 的观点,主题是两个功能不同的概念的重合:一个是主位概念,另一个是已知信息概念。他认为,尽管"已知信息+新信息"的信息结构和"主位+述位"的主述位结构有联系,但是它们并不是同一种结构。他解释说:

> "主位是作为说话者的我选择用来作为我的出发点。已知信息是作为听话者的你已经知晓的或对你来说是可及的一个东西。"主位+述位"是说话者导向的,而"已知信息+新信息"是听话者导向的。但是,毋庸置疑,两者都是说话者选择的。(Halliday 1985:278;1994:299)

由于已知信息是听话者已经知晓的,说话者自然会选择一个已知成分作为主位,使其成为所要传递讯息的出发点。因此,在无标记的情形中,说话者在主位位置上放置已知信息,在述位位置上放置新信息,其结果是,所得到的结构"可以视为非正式地宣布,讯息的出发点已经建立并得到双方同意"(Quirk et al. 1985:1361)。

Halliday 证明,从本质上来说,信息结构和主述位结构是小句构型的两个不同的、互相独立的方面。Butler(1985:176;另见 Taglicht 1984:13)认为,这是他对语言学分析所作出的"最具独创性的贡献之一"。Halliday 在该领域的研究,显然受到布拉格学派在"功能句子观"(Functional Sentence Perspective)的理论框架内讨论的"主位"和"述位"的影响。但是,传统的布拉格学派将主位概念定义为"在某一特定情景中已知的或至少是显而易见的,并且是说话者在语篇中的出发点"(Mathesius 1939,转引自 Vasconcellos 1992:148)。这一概念混合了 Halliday 所说的主位和已知信息两个不同概念,而对这一语言成分的识别也是"基于不同分析标准的混杂,不仅包括句法分布,而且也包括语调特征和对话语的语境解释"(Taglicht 1984：13)。

这种将主位视为小句的出发点和已知信息两者的混合体的观点,似乎仍在许多(如果不是大多数的话)关于主题的讨论中采用。几乎所有采用主题—述题的分析框架对主题的研究,都将关涉性视为主题的基本特征,在句法结构形式上实现为句子最左边一个相关的成分[3]。许多语言学家(如 Kuno 1972；Li & Thompson 1976；Gundel 1985，1988)还认为,主题必须是有定的,或者至少理解为有定的。例如,Li & Thompson（1975：170)曾说过,主题位置上的名词短语"必须理解为有定的,即使前面有数词'一'也不能理解为无定的"。其他一些研究者观察到,某些主题不能唯一识别,因而由无定名词短语表达。据此,他们呼吁放宽主题的已知性条件。显然,遵循这一传统的研究者在将关涉性视为主题的基本特征时,他们所讨论的实际上是 Halliday 的主题性主位。

Halliday 认为,主述位结构中主位的功能只是建立小句讯息的出发点,即关于小句所要讨论的对象,这一功能通过主位成分居于小句首位这一句法位置来实现。主位不必传递已知信息,从而也不必是有定的,因为这一功能是由另一个不同结构(即信息结构)中的已知信息承担的。尽管主位和已知信息可能,并且在无标记的情况下通常实现为小句中的同一语言成分,但它们是两个具有不同功能的不同概念。

3.3.3 对 Halliday 分析方法的修正

为了与主述题分析传统中大多数语言学家所谈的主题概念相一致,在本书中,"主题"这一术语将用来指 Halliday 的"主题性主位"这一概念[4],即只把关涉性视为其基本特征。这样的一个主题可以识别为居于小句首位的一个相关成分。主题可能是,也可能不是已知的,尽管它通常表达的是已知信息。当它表达已知信息时,我们称其为"回指主题"(anaphoric topic),这是 Halliday 意义上的主题,即主位和已知信息合二为一的重合体。当主题不是表达已知信息时,我们将其称为"新主题"(new topic)。

虽然在原则上本书采用 Halliday 的"主题性主位"这一概念来识别小句中的主题,但是对他采用的分析处理主题性主位的具体方法,在此想提出两点修正(另见许余龙 1996)。第一点修正是有关小句中哪一类成分可以充当主题性主位。在 Halliday 的分析方式中,小句的主题性主位是小句中的第一个概念成分。他解释说：

> 从原则上来说，一个概念成分可以是任何一个表示某个过程、过程中的参与者（人、物、工具等）或该过程的某个伴随状况（时间、地点、方式等）的成分。这些成分在语气结构中充当谓词、主语、补语或附属语。（Halliday 1985：54）

他指出，由于谓词只有在祈使句中才能是主位，所以通常我们可以简单地只将主语、补语（complement）和附属语（adjunct）看作在小句中可能充当主题性主位的成分。下面是 Halliday 所举的一些例子（引自 Halliday 1985：图 3-2 和 3-3）。

(9)

a.	the man in the wilderness （那个旷野里的人	said to me 对我说）
b.	very carefully （小心翼翼地	she put him back on his feet again 她再次把他扶起来）
c.	with sobs and tears （呜咽哭泣着	he sorted out those of the large size 他把那些大的整理出来）
	主位	述位

根据 Halliday 的分析方法，这些小句中的主位都是主题性主位，因为它们都是概念成分：句(a)中的"the man in the wilderness"（那个旷野里的人）在小句的语气或语法结构中充当主语；句(b)中的"very carefully"（小心翼翼地）和句(c)中的"with sobs and tears"（呜咽哭泣着）充当附属语。然而，我们只将小句中的主语和补语（或宾语）作为小句中可能充当主题性主位的成分。因此，在我们的分析中，以上各句中的主题性主位从(9a)到(9c)分别是"the man in the wilderness"、she 和 he。

第二点修正是小句主位的概念部分可以含有几个成分，这与小句中哪些成分可以成为主题性主位相关联。前面提到，在 Halliday 的分析框架中，一个多重主位可能包括一些篇章和/或人际成分，以及作为小句主题性主位的概念成分。Halliday（1985：54）认为，主位中的篇章和人际部分都可以有自己的内部结构。例如，在前面引用过的例(8)中，主位的篇章部分 well、but、then 依次包括一个接续主位、一个结构主位和一个连接主位；人际部分 Ann、surely、wouldn't 也依次包括一个呼语主位、一个情态

主位和一个定式主位,尽管呼语主位有时可能出现在情态主位之后。这一分析模式可图示如下:

(10)

Well	but	then	Ann	surely	wouldn't	the best idea	be to join the group?
接续	结构	连接	呼语	情态	定式	主题性主位	
篇章主位部分			人际主位部分			概念主位部分	述位
主位							

  然而,Halliday 认为,主位的概念部分却只能含有一个主题性主位,不能再有其他成分,也不能再作内部结构分析。在从左到右的小句主述位结构线性分析中,只要遇到小句的第一个概念成分,便可把它识别为小句的主题性主位,其后面的成分自动成为述位的一部分。因此,Halliday 认为,在上面例(9)的各句中,只有一个简单主位,而且都是主题性主位,因为它们都是句子中第一个表达概念的成分,它们后面的句子成分都是述位。

  即使在一个多重主位中,其概念部分也只能含有一个成分,那就是小句中第一个表达概念意义的成分。以下是他的一个例子(引自 Halliday 1985:图 3-14 中的(c)),其中的"on a weekday"(在周日)是小句中的第一个表达概念意义的成分,因而是小句主位概念部分唯一的一个成分,即主题性主位。

(11)

on the other hand（另一方面	maybe 或许	on a weekday 在周日	it would be less crowded 它不会这么拥挤)
连接	情态	主题性主位	
篇章主位部分	人际主位部分	概念主位部分	述位
主位			

  与 Halliday 的分析方法不同,本书将把小句主位的概念部分也看作一个可以含有几个不同成分的复杂结构,能够包含一个或更多的伴随状况

及主题性主位,与 Halliday 所分析的篇章和人际部分相似。在本书的分析中,那些在语法或语气结构中充当主语或补语、表达某个过程中的参与者的成分,将处理为潜在的主题性主位,即本书所称的"主题";而那些充当附属语、表达该过程中的伴随状况的成分,将处理为伴随状况主位。其内部结构一般为,表示时间、地点、方式等伴随状况的成分在前,表示参与者(即主题)的成分在后。也就是说,按照本书修正后的分析方法,在理论上一个小句可以具有如下主述位结构模式:

(12)

接续	结构	连接	呼语	情态	定式	伴随状况	主题	
篇章主位部分			人际主位部分			概念主位部分		述位
主位								

如有必要,伴随状况还可以进一步细分为时间、地点、方式、原因等。因此,根据修正后的分析方法,上面的例(11)可以重新分析为:

(13)

on the other hand	maybe	on a weekday	it	would be less crowded
连接	情态	伴随状况	主题	
篇章主位部分	人际主位部分	概念主位部分		述位
主位				

即将 it 分析为一个主题性主位或主题,而将"on a weekday"分析为一个伴随状况主位,两者组成句中主位的概念部分。同样,我们可以按修正后的分析方法,将上面例(9)中的各句重新分析为:

(14)

a.		the man in the wilderness	said to me
b.	very carefully	she	put him back on his feet again
	with sobs and tears	he	sorted out those of the large size
c.	伴随状况	主题	述位
	主位(概念主位)		

本书引入修正的原因主要有如下四点[5]。

首先,修正后的分析方法将主位的概念部分处理为也可以具有内部结构的一个成分,这与 Halliday 对主位中篇章和人际部分的分析方法一致(见例(12),并与前面例(10)中转述的 Halliday 对例(9)的分析对比)。这样对整个主位的分析框架似乎更为统一和谐。

其次,修正后的分析方法只把句子主位中表示过程参与者的那个认知实体作为句子的主题或主题性主位。这一主题概念与 3.1.2 节中对主题下的定义,以及与主述题分析中通常所说的主题概念更加一致。这是因为,在概念主位中,表达参与者的主题是句子阐述的主要对象,即本书主题定义中所说的那个语篇实体;而表达伴随状况的主位只是提供了动作过程中的时间、地点、方式、原因等背景情况,是句子中的次要成分,通常也不是本书主题定义中所说的那个实体。例如,在(14b)和(14c)中,我们会觉得,这两句话是在讲述 she 和 he,即增加我们关于这两个语篇实体的知识,而不是"very carefully"和"with sobs and tears"。因而在修正后的分析模式中,she 和 he 分析为主题,而"very carefully"和"with sobs and tears"分析为概念主位中表达伴随状况的部分。相反,如果按照 Halliday 在例(9)中所示的分析方法,将"very carefully"和"with sobs and tears"分析为主题性主位,而将 she 和 he 分析为述题的一部分,那么只能说这两句话是在讲述"very carefully"和"with sobs and tears"了,这似乎与我们的语言直觉不符。

第三,也是更重要的一个原因是,本书修正后的分析方法在用于分析篇章中的小句结构时,似乎更能反映出主位的篇章功能。重新分析后的主题性主位实质上是参与者主位。在一个篇章中,作者一再将某个主要参与者编码为主题性主位,并提供有关这个篇章实体的信息,实际上是帮助读者抓住故事的主线,极大地协助读者在阅读中构建篇章模型。例如,在下面的一个篇章片段中(选自 L. G. Alexander 编 *New Concept English: Practice and Progress* 第 10 篇中的开头三句):

(15) a. We have an old musical instrument.
    (我们有一件古乐器。)
  b. It is called a clavichord.
    (它叫古钢琴。)
  c. It was made in Germany in 1681.

(它是 1681 年在德国造的。)

(15b)和(15c)都采用被动语态,以便可以让 it 成为句子的主题。这两个句子在语义上分别与下面的(16a)和(16b)两句相似:

(16) a. People call it clavichord.

(人们称它为古钢琴。)

b. Someone made it in Germany in 1681.

(某人于 1681 年在德国制造了它。)

但是读了这段文字后,从篇章理解的角度,我们可以推断,作者之所以没有选用(16a)和(16b)来代替(15b)和(15c),是因为在这一篇章片段中,作者所要谈论的是那个"an old musical instrument"(一件古乐器)。为了取得上述篇章表达效果,作者在(15a)中引出这个主题之后,在(15b)和(15c)中都选择指称这件古乐器的 it 来作为句子的主题,使这三句话构成一个主题链(topic chain)。这样,读者在读这段文字时,就可以很容易看出,这三句话的共同主题,也就是这个篇章语义段的主题,是那件古乐器。从而读者可以知道,至少在这一篇章片段中,作者所讲述的主题是那件乐器。由此可见,篇章中一个句子的主题对于整个语篇的连贯性等结构组织的理解具有重要作用。

同理,我们可以猜测,(14b)和(14c)中的 she 和 he 也显然是指上文提到的某一个人,而且上文中也很可能已含有以这个人为主题的句子。将 she 和 he 分析为这两句话的主题,可以使这两句话与同一篇章中前面含有同一主题的句子衔接起来,构成一个主题链,同时也凸显了 she 和 he 的篇章构建功能。因为 she 和 he 显然是指篇章中早先提到的某个实体,其解释依赖篇章别处提及的一个实体,从而为篇章提供了"粘连"或"篇章性"(Halliday & Hasan 1976)。说话者把 she 和 he 编码成主题,是向听话者表示,"我还要谈刚才谈论的实体,把我要说的与我以前说的话联系起来"。相反,如果按 Halliday 在例(9)中的分析方法,将"very carefully"和"with sobs and tears"分别分析为(9b)和(9c)的主题性主位,而将 she 和 he 分析为述题的一部分,那么主题链会到此断裂开来。这种分析方法得出的结果是,读者不易看出,在这一篇章片段中,作者所要讲述的主题是 she 或 he 所代表的那个人。

最后,本书对 Halliday 分析框架的修正也考虑到对汉语主题的识别。

修正后的分析框架似乎更适合识别汉语中小句的主题以及描述句子的主述位结构。这一点将在下一节中讨论。

3.3.4　汉语主题的识别

汉语被认为是一种主题显著的(topic-prominent)语言。尽管众所周知,在这样的一种语言中,最容易识别的句子结构关系是主题和述题的关系,而非主语和谓语的关系,而且主题在汉语的篇章组织中也承担着十分重要的作用,但是对于如何识别汉语中句子的主题,研究界似乎还没有取得一致的意见,未能确定一个统一的标准。Li & Thompson (1976, 1981)和Tsao(1979)是最早试图通过检验主语和主题在汉语句子和篇章中的语法、语义功能和形态特点,系统探讨两者之间差别的研究。在汉语小句主题的识别方面,他们采用的一个基本策略是:一个动词前的名词短语,只要它与句中的动词构成清楚的"做"(doing)或"是"(being)的关系(这实际上是两种基本的述谓形式),那么这个名词短语便是句子的主语;否则,便是句中的主题。按这一方法分析,在下面的例(17)中,"象"是句子的主题,因为它与"长"的关系是"关涉"的关系;而"鼻子"则是主语,因为它与"长"的关系是"是"的关系(见 Li & Thompson 1981:93)。

(17)　象鼻子长。

　　　(The elephant has a long nose.)

其结果是,可确认为主题的小句成分,主要局限于那些与动词只有含糊的"关涉"关系的句首名词短语,以及那些主题化了的名词短语。这一分析方法似乎在汉语语言学界有着广泛的影响。

在主语和主题的识别问题上,与 Halliday 以及大多数功能主义研究者(见 Chu 1998:246)一样,本书的观点是:1)主语和主题是分属语言描述中两个不同层面上的结构成分,前者是小句作为一个语法结构中的单位,后者是小句作为一个传递讯息的篇章功能结构(大致相当于 Halliday 的主述位结构)中的单位,因此两者不应该放在同一层面上进行分析;2)在对一个具体句子的分析中,主题与主语并不相互排斥,篇章功能结构中的主题也可以是语法结构中的主语,反之亦然。事实上,所谓的"做"和"是"关系也包括在"关涉"关系中。本书还认为,汉语缺乏诸如主谓一致等形态标志来明确标示主语,却可以通过用"啊(呀)""呢""么""吧"等停顿助词来明确标示主题。这说明,在汉语的小句组织结构中,篇章功能结构比语法结构更受到重视,也较容易分析(这正是主题显著语言的特点)。而且,篇章中句子主题的选择体现了作者的篇章组织意图,特别是反映了篇章各句中所讲述的话语主题的承接与转换,因而它与篇章回指的关系比主语更为密切。正如 Jackendoff (1997)所指出,回指"从根本上来说是两个概念成分,而非句法成分之间的一种关系"(见束定芳 2002:67)。

因此,在一般的汉语"名词短语+动词短语"的结构中,像一般的英语句子一样,我们可以将动词前表示过程参与者的名词短语分析为(概念)主位。而且,汉语中这样的一个主位也通常与主谓结构中的主语重合,是一个无标记主位。但是,与英语不同,汉语中还有不少句子,句中动词前除了有一个表示过程参与者的名词短语之外,还另有一个或一个以上名词短语,这些名词短语往往位于那个表示过程参与者的名词短语之前,前面的例(17)便是这样一个句子。本书认为,在像例(17)这样的句子中,主谓结构(即通常所说的语法结构)只有一个,但主述题结构(topic-comment structure)(即句子的篇章功能结构)却有两个,其中的一个嵌套在另一个之中。也就是说,例(17)在主谓结构上是一个简单的小句,但在主述题结构上却是一个包孕句,是一个具有内部层级关系的复杂主述题结构[6]。虽然在此类句子中,句首的那个名词短语并不是一个动作过程的参与者,也就是说,它与句中的动词并不构成"做"或"是"的关系,但是它与后面的主述题结构构成"关涉"的关系。正是由于汉语中具有较多这样的句子,所以才具有较多的主题显著语言的特征。

这样来看,就句子的篇章功能结构而言,上面的例(17)可以分析为具有下面(18a)或(18b)所示的主述题结构[7],其中(18b)可视为(18a)的简化式(见许余龙 1984,1989a;其中,S=句子/小句,T=主题,C=述题)。

(18)　a.

```
        S
       / \
      T   C
      |   |
          S
         / \
        T   C
        |   |
      象  鼻子  长
```

b.

```
        S
       / \
      T   C
      |  / \
     象 T   C
        |   |
       鼻子  长
```

也就是说,例(17)由主题"象"和述题"鼻子长"构成,而述题本身又含有一个主题"鼻子"和一个述题"长"。这一分析方法与 Chu(1987)的处理方式十分相似,下面是他的一个分析实例(p. 216):

(19)

主题	述题	
	主题	述题
眼镜	他	打破了

Chu 的分析模式形象地反映出 Hockett(1958:201-203)很早就指出的汉语句子结构中这种大箱套小箱的"中国套箱"式结构。

有时,一句汉语句子甚至可能含有两个以上的主题。例如,赵元任先生在 Chao(1968:11)中提到,一次他太太问他:"你花浇的水够不够?"本书作者在其他地方指出(见许余龙 1984, 1989a),这句话的主述题结构可以简单分析如下(同样,(20b)可视为(20a)的简化):

(20)　a.　　　　　　　　　　b.

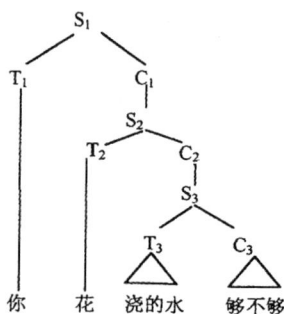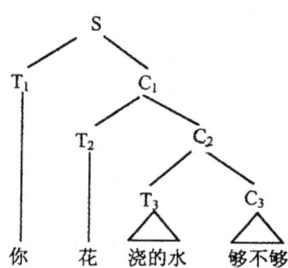

实际上,曹逢甫先生在后来的一些研究中,对他以前的观点也作了修正,不再把诸如例(17)之类的所谓"双主语句"分析为第一个名词短语是主题,第二个名词短语是主语。他认为,更为概括的提法应该是将这类句子中的第二个名词短语看作句子的第二主题,尽管这个主题同时也可能是句子表层结构中的主语(Tsao 1987:25)。这是因为,有时在一个句子的句首可以一连出现三个名词短语,例如(引自 Tsao 1987:48):

(21) 我们家的三个女孩,老大孩子最多,也最聪明。
　　　　1　　　　　　2　　3

在这句话中,第二个名词短语"老大"显然不能再分析为主语,而只能分析为第二主题,因为与句中谓语"多"和"聪明"构成"做"或"是"的关系的是"孩子",而不是"老大"。他的这种观点与上述看法十分相似,例(21)实际上具有与例(20)相似的主述题结构。

不过,他在 Tsao(1990)中,将所有动词前的成分(如表达时间、地点、方式、原因、比较、工具等的短语)都处理为主题。这一主题概念甚至比 Halliday 的主题性主位概念包括的范围还要广。本书只是将谓词前表达动作过程参与者的名词短语,以及虽不是参与者但与它后面的主述题结构构成"关涉"关系的名词短语,视为小句的主题[8]。前面提到,"关涉"的关系其实涵盖了"做"和"是"的关系(即参与者和动作过程的关系)。因此,实际上,谓词前任何一个与它后面的一个直接句子成分构成"关涉"关系的名词短语,都可以识别为句中的主题。

3.3.5 主题识别的原则

综上所述,我们可以提出如下一个在英汉语篇章中识别陈述句主题的一般原则:

(22) 主题识别原则

在一个小句中,谓词[9]前表示句中谓词所描述的过程中的一个参与者(即某个具体或抽象的认知实体)并充当句子的一个直接成分的名词短语,或者虽然不是过程的参与者但与它后面的主述题结构构成"关涉"关系的名词短语,都是小句的主题。

由于主题和主语进入小句中两种不同的结构(一个是小句的主述题结构,另一个是主谓结构),将小句中的某个语言成分识别为主题,并不会自动排除这同一语言成分也可以是主语的可能性。事实上,正如本书前面所提到的,Halliday (1985:44-45)指出,在典型或无标记的情况下,英语陈述句的主题性主位常与主语重合在一起,实现为一个单一的语言表达式,这种主位称为"无标记主位"。

所以,如果我们将上述主题识别原则运用于分析英语,那么在典型无标记的情况下,英语陈述句中,动词前表示句中动词所描述的过程中的一个参与者的名词短语,既是小句的主语,也是小句的主题,我们可以称之为"无标记主题"。而在前面例(7)的两个英语句子中(为了讨论阅读方便重复如下），动词前有两个表示句中动词所描述过程的参与者，那么哪个应该是主题呢？按照上述主题识别原则，两个都应该是主题。我们将把句首那个主题化或左偏置的名词短语，即 those guys（那些家伙），称为"有标记主题"。这是小句中大主述题结构中的主题。而那个靠近动词的名词短语 I（我）是小句中一个内嵌的小主述题结构中的主题[10]。由于 I（我）在小句中既是主题也是主语，所以是一个无标记主题。

（7）a. Those guys, I haven't seen in weeks.

（那些家伙，我有好几个星期没见到了。）

b. Those guys, I haven't seen them in weeks.

（那些家伙，我有好几个星期没见到他们了。）

在汉语中，像上面描述的主题化和左偏置现象还要多一些。而且，一些谓词前句首第一个名词短语并非表示句中谓词所描述的过程中的一个参与者，而只是与它后面的主述题结构构成较松散的"关涉"关系，如"象鼻子长"中的"象"。这便是所谓典型的"汉语式主题"（Chinese-style topic，见 Chafe 1976）。汉语中主题化和左偏置的主题多，再加上汉语式主题的广泛使用，使得汉语中具有较多的有标记主题，也使汉语具有较多的主题显著语言的特点。也正是由于汉语中有标记主题较多，所以汉语中的主题识别较为容易[11]。

3.3.6 主题性的篇章条件

依照上述主题识别原则所识别的主题只是一个小句中的主题。由于本书主要研究的是篇章中的回指问题，关注的是篇章实体的主题性是如何影响篇章回指确认的，所以本书探讨的并不是小句主题本身，而是小句主题是否是整个篇章所讨论的一系列事件过程中的直接参与者。语言中，一些动词，特别是表示说、相信和感知的动词，如"说""相信"和"看见"等，其动作者有时是篇章所描述过程中的一个参与者，但有时作者只是用来交代信息或观点的来源，而并非篇章所描述过程中的一个直接参与者。试比较下面两个例子：

（23）a. 小凤凰负伤。

b. Ø 飞落到地上，

c. Ø 对木匠说，……

　　　　(《百鸟床》)

(24) a. 本岛市长被立即送到医院抢救,

　　　b. 医生说他尚无生命危险。

　　　(《人民日报》1990.1.19)

　　例(23)中的一段文字描写了一系列过程,小句(c)中动词"说"表达了其中的一个过程。因此,小句中的零形代词"Ø"是一个篇章参与者,从而是篇章主题。例(24)选自一篇关于企图暗杀日本长崎市市长的新闻报道。该报道所关注的是本岛市长,描述他如何遭到枪击以及他做了些什么而引起一小撮人仇恨他、想除掉他。显然,本岛市长是篇章的主要参与者。由于整篇报道并没有提及受伤后他在医院中受到何种治疗,(b)中的短语"医生说"只是提供了有关他目前情况的消息来源。同时,我们也会注意到,该短语中的名词短语"医生"是个光杆名词,并没有明确指出(读者也无法确定)是具体的哪位医生。因此,尽管"医生"是小句"医生说"的主题,但它其实并不是一个篇章参与者,从而也不是一个篇章所谈论的主题,因为它不参与篇章中描写的任何一个过程。由此可见,一个小句的主题要成为一个篇章主题,必须满足如下一个篇章条件。

(25) 主题性的篇章条件

　　　一个小句主题可以成为篇章主题,当且仅当它是篇章(或其片断)描述的动作过程中的一个明确参与者。

　　主题性的这个条件并不是主题的输出条件,而是要使一个"孤立小句的主题"成为"篇章主题"的附加条件。也就是说,像上面引用过的(24b)中"医生"那样的名词短语,在满足了前面例(22)中所述的主题识别原则后,我们可以将其确定为孤立小句的主题。但是由于它不能满足例(25)中所述的主题性的篇章条件,所以它并不能成为一个篇章主题。

　　从现在开始,除非另有说明,"主题"这一术语将用于指"篇章主题"。

3.3.7　主语的识别

　　汉语不是一个主语显著的语言,句中的主语不易识别,因而什么是汉语的主语一直是汉语语法界争论的问题。那么汉语中的主语究竟应该如何识别呢?本书认为,似乎可以借助无标记主题这一概念来识别句中的主语。由于句中的无标记主题相对来说较容易识别,这种主语的识别方法具有较大的可操作性。现将陈述句中无标记主题和主语的识别原则分别表述如下：

(26) 无标记主题识别原则

在一个含有单一主述题结构的小句中，句中的主题自动成为一个无标记主题；而在一个含有内嵌主述题结构的小句中，最里层一个主述题结构中的主题是无标记主题。

(27) 主语识别原则

小句中的无标记主题也是该句的主语。

这一主语识别原则实际上同时适用于英语和汉语。

先让我们来看英语中的情况。在前面所举的例(15)中(重复如下)：

(15) a. We have an old musical instrument.

（我们有一件古乐器。）

b. It is called a clavichord.

（它叫古钢琴。）

c. It was made in Germany in 1681.

（它是 1681 年在德国造的。）

三个句子都是只含一个单一主述题结构的小句，所以(a)中的 we 以及(b)和(c)中的 it 都是无标记主题，因而也都是小句的主语。

而在前面所举含有内嵌主述题结构的例(7)中(重复如下)：

(7) a. Those guys, I haven't seen in weeks.

（那些家伙，我有好几个星期没见到了。）

b. Those guys, I haven't seen them in weeks.

（那些家伙，我有好几个星期没见到他们了。）

(a)和(b)中的 I(我)都是内嵌里层一个主述题结构中的主题，因而是个无标记主题，也是小句的主语；those guys（那些家伙）是两句中的有标记主题。

不过，虽然这一主语识别原则也适用于英语，但由于英语中主语与谓语之间有形态上的呼应，通常可以据此直接识别主语，而不必借助无标记主题这一概念，所以上述主语识别原则对分析英语来说并非必须的。

但是在汉语中，主语的识别却无法依赖形态标志，因而制订一项主语识别的原则显得十分有必要。根据上述无标记主题识别原则，在前面所举的例(4)中,从句(b)到句(f)都是只含一个单一主述题结构的小句[12],所以(b)中的"他"、(c)到(e)中的零形代词"Ø"和(f)中的"铁匠"都是句中的无标记主题,也是小句的主语。而例(17)、(20)和(21)中的句子都含有内嵌主述题结构。例(17)含有两层主述题结构(见例(18)的主述题结构分析),里层一个主述题结构中的主题是"鼻子",因而这是一个无标记主题,也是句中的主语。例(20)和(21)都含有三层主述题结构,最里面一层主述题结构中的主题分别为"浇的水"和"孩子",因而这两个是无标记主题,也分别是两句中的主语。

这种识别汉语主语的方法似乎存在一个问题[13]。比如,如果我们用上述方法来分析下面的例(28),那么(a)中的"我"可以识别为无标记主题,因而也是句中的主语,这似乎没有什么问题(此句引自胡裕树、范晓1985,但他们没有讨论(28b)之类的句子结构)。但是,按此方法,(b)中的"鸡"必须识别为无标记主题,因而也必须识别为句子的主语,这似乎与我们的语感和直觉不符。

(28) a. 鸡,我不吃了。

   (Chicken, I don't eat.)

   b. 我,鸡不吃了。

   (*I, chicken don't eat.)

本书认为,之所以将(b)中的"鸡"分析为主语通常不能接受,似乎主要是受流行的汉语主语观的影响(值得注意的是,句(b)的英语直译不合英语语法)。这一汉语主语观深深扎根于受西方传统语法影响的中国传统语法分析中,并在 Li & Thompson(1976, 1981)中似乎得到了最为清楚的表述,即在小句的语法结构中,主语是与句中谓语动词有"做"或"是"的关系的那个名词短语。究其本质,这种关系更多是语义性的,而非句法性的,可以或应该在语义或概念功能(ideational function)层面上得到更为准确的识别。例如,在这个层面上,我们可以说一个名词短语与动词有"做"的关系,因为它是动作者或施事。

而在 Halliday 的理论框架中,主语则是语气结构(mood structure)中的一个成分,承担人际功能(interpersonal function)。在交际中,如果说话者向听话者表明,小句所表达命题的成立与否,取决于句中提到的某个人或事物,那么这个人或事物便是小句的主语。在英语中,主语可以识别为

"在附加问句中以代词形式重复的那个名词性词组"(Halliday 1985：76)。例如,在下面的一句英语句子中:

(29) That film is fantastic, isn't it?
(那部影片棒极了,是吗?)

句中的附加问句是"isn't it?"(是吗?)。在此附加问句中,以代词 it(它)形式重复的名词性词组是"that film"(那部影片),因而这个名词性词组是小句的主语。这或许是因为,小句表达的命题的主项,即命题谓项(谓词)表达的动作或状态所涉及的实体,在附加问句中高度浓缩为一个代词,听话者对说话者所作命题有效性的判断,仅需根据那个代词所指的人或事物,即句中的主语,选得对不对就行了。

汉语中的附加问句在形式上与英语有很大差别。如果说英语附加问句中的代词浓缩了整个命题的主项的话,那么在汉语附加问句中主项则完全省略。因此,如果我们也要借助附加问句来识别汉语主语的话,那么只能将省略部分补出来。我们会发现,如果将(28a)和(28b)两句改为附加疑问句,那么对这两句的回答是不一样的,试比较下面的例(30)和(31):

(30) A：鸡,你不吃了是吗?
(Chicken, you won't eat, will you?)
B：是的,(我)不吃了,你自己吃。
(No, I won't. You may eat it.)
(31) A：你,鸡不吃了是吗?
(You won't eat the chicken, will you?)
B：是的,(鸡)不吃了,鱼还可以吃一点。
(No, I won't. Fish, I can eat some more.)

这似乎表明,(28a)和(28b)中的命题,也就是例(30)和(31)中双方讨论的主要命题,其有效性分别依赖于"我"和"鸡"。如果分别换成"你"和"鱼",这两个命题便不再有效了。也就是说,(28a)和(28b)中述谓结构的主语分别是"我"和"鸡"。如果我们觉得将(28b)中的"鸡"分析为主语有些别扭的话,那么在下面的例(32)中,将"鸡"分析为主语可能会较容易接受一些:

(32) 鸡全部吃完了。

（All the chicken was eaten up. ）

以上简单探讨了主语的定义和识别方法,其目的并非想用 Halliday 功能主义的析句方法来取代传统的和目前流行的句法分析方法,或讨论和比较各自的优劣。本书的主要目的是探讨篇章回指的理解机制。但是,篇章回指现象与句内回指现象总是会有一定的联系。如果一种篇章回指的确认方案与解释句内回指现象毫无关系,那么这种方案从认知心理学上来说是不真实的,因为人的大脑不大可能会用两套独立专用的机制来分别处理篇章回指和句内回指现象。因此,第九章将简要讨论本书提出的篇章回指确认方案对解释句内回指现象的作用。而句内反身代词的回指,便涉及句子主语的识别问题。由于本书在分析句子的篇章功能结构时采用的是 Halliday 的理论框架,为了分析框架的统一,本书试图用这一框架探讨识别主语的可能性。

3.4　主题的类型

本章 3.3.3 节的开头部分曾提到,视其在提及时的信息状态,主题可以分为两大类:一类是回指主题,这主要是 Halliday 所说的主题性主位,是主位和已知信息合二为一的重合体,表达已知信息;另一类是新主题,只是主题性主位而非已知信息,表达新信息。这两大类主题的差别在于,在篇章处理过程中,一个小句中的主题如果是在遇到该小句前便已引入篇章了,那么这是一个回指主题;而如果是在该小句中首次被引入篇章,那么是一个新主题。

3.4.1　回指主题

从前几节的讨论中我们可以看到,在篇章中只有那些回指主题,才具有潜在的"粘连"(Halliday & Hasan 1976)功能,或者说"模型构建"(Prince 1981)的功能。因为,要理解表达这些回指主题的指称词语,必须依赖早先对这些篇章实体的提及;而在这一理解过程中,读者便可以建立起一个关于这一篇章的心理表征模型。同时我们也可以看到,一旦新主题引入篇章,如果它们在其后的篇章中再次被提及,那么便成了回指主题。所以,篇章回指确认的任务,从本质上来说,是确定篇章中表示回指主题的指称词语的指称。

根据 Brown & Yule (1983)对当前实体和被取代实体所作出的区分,回指主题还可以分为两类:一类是当前主题,另一类是被取代主题。当前主题主要是当前实体。不过,本书不仅像 Brown & Yule (1983:173)那样,将最新引入篇章的实体视为当前实体,而且还将那些最新被重新激活的实体也视为当前实体。这主要是因为,Brown & Yule 所分析的主要是简短、受控的实验语料,其中只有为数不多的几个实体出现,而且这些实体往往是引入后简短讨论一下就被取代了;而本书所要分析的是自然篇章,其中的(主要)实体往往是引入、谈论并被其他实体所取代,然后再次被激活并讨论。与当前主题相对应,被取代主题是篇章处理某一刻被取代的那个实体。该实体是在当前主题被引入篇章或重新激活之前,曾被引入或激活的一个实体。这两类主题的区别,可以用下面重复的例(4)来说明:

    (4) a. 从前,有个勤劳的<u>铁匠</u>,
          b. <u>他</u>有个儿子,
          c. <u>Ø</u>快满二十岁了,
          d. <u>Ø</u>人倒生得又高又大,
          e. <u>Ø</u>就是好吃懒做。
          f. <u>铁匠</u>常为这件事发愁。
          (《传家宝》)

此例中,在处理小句(b)前,当前主题是"勤劳的铁匠",该实体是在小句(a)中由名词短语"(一)个勤劳的铁匠"最新引入篇章的。该当前主题由(b)中代词"他"指称,由于这个篇章实体在(b)中被重新提及,即再一次被激活,所以在处理小句(b)的过程中它仍是当前主题。但小句(b)本身又引入了一个新主题"儿子"。暂且把应该如何确定哪个实体更有可能继续作为小句(c)主题的复杂情况搁在一边,我们在这里先假定,回指理解机制在该语境中选择新近引入的实体"儿子"作为主题。因此,到处理小句(c)的那一刻,"铁匠"成为一个被取代主题,当前主题换成了"儿子"。此后,"儿子"在篇章中一直是当前主题,直至遇到小句(f)。在(f)中,名词短语"铁匠"将"铁匠"这个篇章实体重新激活,从而使其成为(f)中的当前主题。

3.4.2　新主题

此处所说的"新主题",是指首次明确引入语篇的主题,因此不仅可以包括 Brown & Yule 分类体系中的新实体(全新实体和未用实体),也包括他们所称的"可推测实体",甚至包括情景唤出实体。因此,一个新主题不仅可以由一个无定名词短语引入语篇,也可以由一个有定名词短语引入语篇。

新主题中情景唤出主题是指有形交际语境中的一个实体,通常由一个指示词语引入语篇,比如在第二章中所举的一个英汉翻译对等的例子中:

(33)　看,<u>那个男孩</u>跑得多快!

　　　 Look, how fast <u>that boy</u> is running!

"那个男孩"和"that boy"是两个带有指示词"那"和 that 的指示词语,表达的那个情景唤出实体都是在语篇中第一次提及,所以是一个情景唤出主题。

可推测主题和某些回指主题(特别是被取代主题)都用相似的有定名词短语表示,试比较下列 Chafe (1976:41)和 Brown & Yule (1983:181)讨论过的两组小句(最初出自 Haviland & Clark 1974):

(34)　a.　Mary got some beer out of the car.

　　　　　　(玛丽从车中取出一些啤酒。)

　　　　b.　The beer was warm.

　　　　　　(啤酒是温的。)

(35)　a.　Mary got some picnic supplies out of the car.

　　　　　　(玛丽从车中取出一些野餐食品。)

　　　　b.　The beer was warm.

　　　　　　(啤酒是温的。)

(34b)中的"the beer"(啤酒)表示的是一个回指主题(anaphoric topic),因为它既是小句中的主位,又是已知信息;而(35b)中的"the beer"(啤酒)表示的是一个新主题,因为它只是小句中的主位而非(Halliday 意义上的)已知信息,尽管它的可知性可以从上下文语境中推断出来。也就是说,

(35b)中的"the beer"是一个可推测的新主题。如果要将两组小句读出来,那么只有(35b)中的"the beer",而非(34b)中的"the beer",在其所处的上下文中可以有语调重音。在上面两例的汉语译文中,"the beer"都译为一个光杆名词短语"啤酒"。但在口语中,也只有(35b)中的"啤酒"可以有语调重音。

汉语中的一个新主题也可以是一个可推测实体,并由一个有定名词短语表示,以下是一个从《儒林外史》中选取的例子:

(36) a. [范进]才去不到两个时辰,

　　 b. 只听得一片声的锣响,

　　 c. 三匹马闯将来。

　　 d. 那三个人下了马,……

　　　　(《儒林外史》,p. 40)

此例(d)中含有指示词"那"的有定名词短语"那三个人",可从(c)中的词语"三匹马"中推断,即三个骑马的人。但是,这个有定名词短语指称的是一个首次明确引入篇章的实体,因此它将被视为新主题,一个可推测的新主题,而非回指主题。

一个新主题也可能是一个未用实体,因为它可以是一个听话者所知晓的,但从未在篇章的前一部分中提及的实体。许多所谓"对比主题"(contrastive topic)(Kuno 1972)属于这一类,例如下面(37b)中的"李四":

(37) a. 张三喜欢听京剧,

　　　　(Zhang San likes Peking opera,)

　　 b. (而)李四(却)喜欢听越剧。

　　　　((whereas) Li Si likes Shaoxing opera.)

在一句陈述句中,当主语以外的一个成分被选为主题时,即在句中含有一个有标记主题的情况下,这一对比的意义可以更清楚地显现出来,例如:

(38) a. 肉,我吃;

　　　　(Meat, I eat;)

　　 b. 鱼,我不吃。

　　　　(fish, I don't.)

(37b)中像"而"和"却"之类的词经常用于帮助传达对比的意义,而

(38b)中有标记主题或主题化的语法过程本身可以表达对比或强调的意义。在这两个例子中,"李四"和"鱼"都是说话者假设对听话者来说是已知的:在前一例中,"李四"应该是听话者认识的人之一;在后一例中,"鱼"应该是听话者文化中的一种常用食品。从上面两例的英语译文中我们可以看到,英语中一个新主题也可以是一个未用实体。而且,英语中的一个对比性新主题,除了用主题化或左偏置的方式表达之外,还可以用"as for"(至于说)或"as to"(至于说)等手段来标示(mark)。例如在下例中,对比主题"fish"(鱼)从句(a)到句(c)分别采用主题化、左偏置和"as for"的方法来标示:

(39) a. Meat, I like; fish, I don't.
    (肉,我喜欢;鱼,我不喜欢。)
   b. Meat, I like; fish, I don't like it.
    (肉,我喜欢;鱼,我不喜欢。)
   c. Meat, I like; as for fish, I don't.
    (肉,我喜欢;至于说鱼嘛,我不喜欢。)

另一类新主题可以是 Wu（1992）所说的可定位实体。在前面例(6)所举 Wu 的一个例子中(现重复如下):

(6) a. 候机室里一片混乱。
    (The airport lounge was in disorder.)
   b. 一位旅客起来维持秩序。
    (A passenger got up to keep order.)

我们可以认为"一位旅客"是(6b)中的一个可定位的新主题。下面是一个选自汉语古典小说的实例:

(40) 一个人飞奔去迎,走到半路,遇着胡屠户来,……
    (One man rushed out to meet (Hu Tuhu), and on his half way there met Hu Tuhu, ...)
    (《儒林外史》,p. 42)

这是小说中一个段落的起始句,在前一段中,范进的邻里在讨论派个人去接从镇上回来的胡屠户。该例中,无定名词短语"一个人"指称一组可识别的人中的一个,即前一段提及的范进邻居中的一个。按 Wu 的观点,这个篇章实体是可定位的,尽管并非是唯一可识别的,因而是句中一个可定位的新主题。同样,从上述两个例子的英语译文中我们可以看出,英语中也可以有可定位的新主题。

最后,本书认为,新主题甚至可以是一个全新实体。这种主题通常由句子中动词前的一个无定名词短语表示,此类句子 Gundel 称之为"全述题引介句",Wu 称之为"无主题句"。Gundel(1988:230)认为,在诸如下面例(41)之类的英语句子中没有明显表示的主题,因此全句都是述题,此类句子的功能是引入和介绍一个主题。

(41) A student walked in.
   (一位学生走了进来。)

据此,Wu(1992:7)将以下的三个汉语句子也视为无主题句(他的例10—12):

(42) a. 一封来信揭开了谜底:……
      (A letter solved the riddle:...)
   b. 三个素不相识的青年闯进女学生的家。
      (Three young strangers rushed into the girl student's home.)
   c. 一会儿,一幅漂亮的山水画画好了:……
      (After a while, a beautiful landscape painting is ready:...)

他之所以认为这些句子中没有主题,是因为他像其他许多研究者一样,认为一个主题除了是句子或小句所谈论的对象之外,还必须具备其他条件。更为明确地说,他认为主题至少必须是可定位的。因为以上句子中的无定名词短语"一封来信""三个素不相识的青年"以及"一幅漂亮的山水画"并不是可推测的或可定位的,所以他只能说这些句子无主题。

然而本书认为,一个小句的主题只是小句谈论的对象。也就是说,本书将主题的两个语用属性——关涉性和(无论如何理解的)已知性——分离开来,只把关涉性作为一个实体成为主题的必要条件,而将已知性视为主题的典型(而非必要)特征。由于例(42)中各句所谈论的对象实际上分别是三句中的"一封来信""三个素不相识的青年"以及"一幅漂亮的山水画",因此尽管这些无定名词短语是引入的新实体,但仍应将其视为各句的主题。由于这些无定名词短语表示的是全新实体,而要使全新实体成为篇章主题,通常需要以更为适当的方式引入篇章(见第六章6.2节中的有关讨论),所以这样的全新主题在实际篇章中并不多见。以上述例(41)

和例(42)中各句的方式引入的主题,往往会使人感到有些突然和意想不到。或许正是由于此类句子具有这种特征,所以有时说话者或作者会有意使用这类句子,以取得某种戏剧性效果或使表达更为生动。我们会注意到,当这种句子用来描述一个动作时,如在(42b)中,句首可以加上"突然"或"忽然"之类的副词,进一步强调突然性。在语言实际使用中,这种情况更为常见,下面选自民间故事语料的一个实例可以说明这一点:

(43) 忽然,一团黑影略过地面,扑啦啦的一片响,……
　　　(《百鸟床》)

3.4.3　主题分类体系

综上所述,我们可以用下图来总结篇章中可能出现的各类主题及其相互关系与特征:

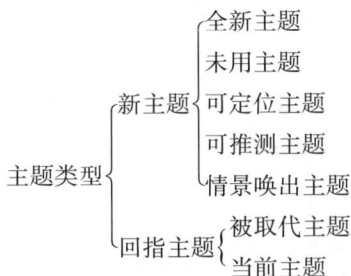

图4：主题的分类

这一主题的分类,看上去与前面 3.2.2 节中图 3 所示 Brown & Yule (1983：183)对语篇实体的信息状态分类有些相似,但实际上有较大的差别。在本书的主题分类系统中,与"主题必须是已知"(无论这种已知是基于情景唤出和篇章唤出,还是基于可推测或可定位)的观点相反,一个篇章实体不论在其提及时的信息状态如何,只要是小句所谈论的对象,实际上都有可能成为篇章主题[14]。这是本书将主题的两个语用属性(即关涉性和已知性)相分离的结果,这一做法同时反映在本书的主题定义和主题识别原则中:一个小句中谓词前所有表示过程参与者的名词短语都视为小句的主题。

3.5 小结

本章讨论了语篇中提及实体的主题性。首先,本章区分了不同的主题概念,并在此基础上提出了一个小句中主题的认知心理学定义。接着,本章讨论了通常认为主题所具有的两个语用属性,即关涉性和已知性。从本研究的主题定义出发,本书认为,关涉性是主题的基本属性,而已知性是主题的典型(但非必备)特征。根据其在篇章中提及时的信息状态,主题可以分为回指主题和新主题两大类。然后,本章根据主题的定义探讨了小句中主题的识别方法,并提出了小句主题和主语的识别原则。进一步指出,根据主题识别原则确定的主题只是小句的主题,要使其成为篇章中讨论的一个主题,还必须满足主题的篇章条件。最后,本章提出了一个主题的分类体系。

在这个分类体系中,由于本书所研究的是书面篇章中的回指问题,所以主要关注的是回指主题的所指对象。新主题中的情景唤出主题是一种语言外的外指(exophoric)主题,即一个指称词语所指称的有形交际语境中的一个实体(如第二章例(2)中的"那个男孩"(that boy)),而篇章回指所涉及的是语言内(篇章中)的内指(endophoric)现象,即一个指称词语(回指语)与同一篇章中另一个指称词语(先行语)之间的同指现象,因此情景唤出主题不是本书所要研究的对象。新主题中的可定位主题和可推测主题虽然也依赖篇章中前面提到的某个实体而获得指称意义,但是这种指称意义的获得是间接的而非直接的,因此这两类主题与回指主题既有某些相似之处,又有本质的不同。本研究只关心可定位主题和可推测主题与其所依赖的实体在篇章中的联系(这实际上也是这两类主题作为新主题引入篇章的方式),至于它们是如何从所依赖的实体中获得它们本身的具体指称意义的,则不是本书所要研究的问题,因为这将涉及与(直接)回指理解完全不同的认知推理过程。新主题中的全新主题和未用主题都是首次引入篇章的、与篇章前面所提及实体没有联系的篇章实体,它们的引入方式会对其后的回指主题的理解产生影响,这一点将在第六章6.2节中讨论。

注释：

[1] 关于将主题视为一个句法单位或句法结构概念的观点,可参见 Shi（1989）、徐烈炯和刘丹青（1998）。

[2] 在 Halliday（1994：52-54）中,这里的"概念意义"这一术语改为较具体明确的"经验意义"(experiential meaning)。他将"概念意义"作为涵盖"经验意义"和"逻辑意义"的一个上位概念。

[3] 但 Gundel(1985, 1988)认为,主题也可能是句子最右边一个相关的成分。

[4] 不过,下面本书马上会讨论对主题性主位识别方法的一些修正。

[5] 本书在这里对 Halliday 识别主题性主位的方式所作的修正,主要是为研究篇章回指服务的,具体来说是为研究主题在回指确认中的作用服务的。至于这一修正会对 Halliday 的整个功能语法分析框架产生什么影响,则不是本书关注的重点,在这方面还可以作进一步深入探讨。

[6] 也就是通常所说的"主谓谓语句",即一个主谓结构在另一个结构中充当谓语。这种说法似有将句子的语法结构与篇章功能结构混为一谈之嫌。就句子的篇章功能结构而言,实际上是一个主述题结构充当另一个主题的述题。

[7] 这里的主述题结构相当于一个简化了的 Halliday 的主述位结构,即其中只包括主题(相当于修正后的 Halliday 分析框架中的主题性主位)和述题(相当于修正后的述位)。如果一个句子中还包括其他成分,那么分析所得的结构仍称为主述位结构,但主题和述题这两个术语按修正后的意义使用。

[8] 徐烈炯、刘丹青(1998：14)认为,我们(Y. L. Xu 1995)对主题的定义比 Li & Thompson（1976, 1981）和 Tsao（1979）的宽松。但从这里的讨论可知,实际上我们的主题概念要比目前许多功能主义研究者(如 Quirk et al. 1985, Tsao 1990, Hallidy 1994)的狭窄,也要比范晓(1996)的主题概念狭窄(他的主题相当于 Halliday 的主题性主位,他的语用平面结构也大致相当于 Halliday 的主述位结构)。

[9] 这里之所以用"谓词"而不用"动词",是由于汉语中一些形容词和名词也可以直接当谓词,如"象鼻子长"中的"长"。因此,谓词包括动词,也包括汉语句子中直接充当谓词的形容词和名词。

[10] 本书假定(7a)和(7b)具有与例(18)和(19)一样的篇章功能结构。

[11] 金积令(1991/1996：315)认为："英语主题结构中的主题均是有标记主题,而汉语有相当一部分主题结构中的主题成分是无标记的。"他之所以会得出这个似乎与本书完全相反的结论,是因为他将英语中大量含有无标记主题的句子,如前面所举例(15)中的三句,都看作没有主题的句子。这与 Davison（1984）对英语主题的分析不一致,Davison（1984）和 Quirk et al.（1985）都将英语陈述句中的主语视为无标记主题。而且,金积令似乎还认为,大多数英语句子没有主题结构(即本书所说的主述题结构或 Halliday 所说的主述位结构),这一观点似乎将主述题结构和主谓结构视为相互对立、相互排斥的结构,与 Halliday 等许多功能主义者的观点不同。这方面相关的研究还有丁任(1993/1996)等。

[12] 句(a)之类的句子将在第六章 6.1.1 节中讨论。

[13] 本书作者在 Y. L. Xu (1995)中已意识到这一潜在的问题,屈承熹教授以及吴东英博士和石定栩博士也分别在不同的场合指出过这一问题,因而这里有必要作一个试探性的解答。

[14] 当然,这并不意味着否定主题通常是已知或有定的。

第四章

指称对象的可及性及其编码

第二章指出，Halliday 篇章组成部分中的要素，加上句子内部一些同指或异指的结构限制，以及诸如句内或句间句法并列关系等一些句法形式，构成了推断篇章中各名词短语之间意在表达的指称关系的语言基础，为读者提供了回指确认的语言提示。在书面篇章中，篇章组成部分中的两个主要语言要素是小句内部主述位结构和句间粘连的语义关系。

第三章讨论了主题的特点和语言编码，提出小句中的主题可以识别为谓词前表示过程参与者的一个名词短语。也就是说，小句主题是小句内部主述位结构中的一个成分。该章还提到，回指主题具有内在的粘连性，因为它的指称对象是篇章上文中已经提及的一个实体。篇章实体的主题性是篇章回指确认的一个重要语言提示。

本章将指出，不同类型的指称词语在篇章中除了通过建立"粘连纽带"（cohesive tie）为篇章提供粘连外，同时还向读者表明其指称对象的可及性，即可从篇章心理表征中提取所指称实体的相对难易程度。指称词语标示的所指对象的可及性是篇章回指确认的另一个重要语言提示。这便意味着，我们最终可以通过深入研究 Halliday 篇章组成部分中两个主要语言要素（即小句内部结构和句间粘连）之间的相互作用，来解释篇章中为表达预期的回指关系而优先选用的结构与形式，从而为篇章回指确认建立一个以功能语用为基础的语言学模式。

4.1 指称对象的可及性

"可及性"（accessibility）是一个从心理学借用过来的心理语言学概念，通常是指一个人在说话时，从大脑记忆系统中提取一个语言单位或记忆单位的便捷或难易程度,因而又可称为"便取度"。在语言学应用中,最有名的可能是 Keenan & Comrie(1977)提出的"名词短语可及性等级体系"(NP accessibility hierarchy)。这一理论认为,在由名词短语充当的主语(SU)、直接宾语(DO)、间接宾语(IO)和旁语(Obl.)等句子成分中,主语的可及性比直接宾语高,而直接宾语的可及性又比间接宾语高,依次类推,构成一个 SU > DO > IO > Obl. 式的、从左到右依次递减的线性可及度等级体系。在运用一些句法规则(如关系从句构成规则)时,位于左边的名词性成分,总是要比位于右边的名词性成分具有更大的适宜性。反之则要受到较大的限制,甚至完全不可能。这被认为是世界语言的一条共性,汉语也不例外(见沈家煊 1998)。可及性的这一用法,是 Matthews(1997)列出的唯一一种用法。

本书所要讨论的可及性也是一个心理语言学概念,并且也是主要由名词短语表达的一种属性。但这一属性不是主要由名词短语的句法位置决定的,而是主要由名词短语本身的形式决定的,是说话者在需要指称某一事物时,通过采用某个指称词语(referring expression),向听话者所表达的这个指称对象的可及程度。在不同的语言中,指称词语表达的可及性,从总体上来说也具有共性。自 Ariel(1988, 1990)发表以来,这一可及性理论日益受到重视,并被运用于分析不同的语言现象(如见 Piwek & Cremers 1996;Gundel 1996;Fretheim & Gundel eds. 1996;van Hoek 1997;Jaszczolt 2001;Kronrod & Engel 2001)。

语言中的指称词语包括专有名词(name)、有定描述语(definite description)、指示词语(demonstrative expression)、代词和零形代词。用于篇章时,它们为篇章提供 Halliday & Hasan(1976)所说的"粘连"。Halliday & Hasan 的粘连是语言的篇章组成部分中的一个要素,是篇章中句与句之间通过词汇语法手段建立起来的一组语义关系。根据表示粘连关系的不同词汇语法形式,粘连可以分成五大类,即指称、替代、省略、连接和词汇粘连。指称词语通过名词性指称建立粘连。在篇章的粘连关系中,指称词语是一个粘连项目(cohesive item),其出现预设了在篇章(通常是上文)中有另外一个名词短语存在,指称词语的理解又依赖那个名词短语,那个名词短语是粘连纽带中的一个预设项目(presupposed item)。在理解这两个词语的过程中,指称词语与其预设的名词短语之间的语义粘连关系便建立起来了,构成了篇章中的一条粘连纽带。

然而,在 Halliday & Hasan（1976）的粘连理论框架中,他们只是将指称词语作为粘连项目讨论,只关注这些词语的篇章组织功能。而且他们把指称词语中的指示词语和代词（或许也包括零形代词）作为指称（或称"照应"）粘连项目,把专有名词和有定描述语作为词汇粘连项目,在粘连理论框架中作不同的处理。他们主要关注的是粘连的篇章功能,对粘连关系是如何建立的这个问题却没有进一步深入讨论。

本书认为,由于语言表达式具有典型的多功能性（Halliday 1985：32）,篇章中使用的指称词语,不仅为篇章提供了粘连这一篇章组织功能,而且还提供了可及性标示的功能,即标示出在理解一个指称词语时,从篇章心理表征中提取所指称实体的相对难易程度,从而提示读者如何在其出现的篇章语境中理解这些指称词语。因此,我们可以将指称词语统一作为可及性标示语（accessibility marker）来处理,研究它们标示的可及性,为理解篇章回指服务。

4.1.1 指称词语与指称对象的"地理"语境

指称词语一般用来指称某个语境中的一个实体。指称词语的形式与指称对象所处的语境之间,似乎有着某种内在的联系。在典型的语篇交际中,特别是在交际的初始阶段,不同形式的指称词语似乎有如下的分工：专有名词和有定描述语用于指称交际者百科语境中的某个实体;指示词语用于指称有形交际语境中的某个实体;而代词（包括零形代词）则用于指称语篇上下文语境中的某个实体。这一点可以用第二章所举的汉英例子来说明,重复如下（划线部分是有关的指称词语）：

（1）有定描述语和专有名词指称百科知识语境中的一个实体

    a. <u>第一个进入宇宙空间的宇航员</u>死于 1968 年的一次事故中。

    <u>The first man who travelled in space</u> died in 1968 in an accident.

    b. <u>爱因斯坦</u>生于 1879 年。

    <u>Einstein</u> was born in 1879.

（2）指示词语指称有形交际语境中的一个实体

    看,<u>那个男孩</u>跑得多快!

    Look, how fast <u>that boy</u> is running!

（3）代词和零形代词指称上下文语境中的一个实体

    a. 从前,有个勤劳的铁匠,

Long ago, there was a hard-working blacksmith,

b. 他有个儿子，

he had a son,

c. Ø 快满二十岁了，

（he）was nearly twenty,

d. Ø 人倒生得又高又大，

（he）was big and tall,

e. Ø 就是好吃懒做。

but（he）was very lazy.

f. 铁匠常为这件事发愁。

The blacksmith was often worried about this.

（《传家宝》；*The Family Heirloom*）

由于指称词语所指的对象，都是说话者认为听话者已知的（given），所不同的只是给出这些已知信息的语境不同，因而这种形式与语境之间的密切联系，导致 Ariel（1985）提出如下理论假设：专有名词和有定描述语是知识已知标示语（knowledge givenness marker），因为它们指称的实体通常是在百科知识语境中已知的；指示词语是有形已知标示语（physical givenness marker），因为它们指称的实体是在话语活动的有形交际语境中已知的；而代词是上下文已知标示语（linguistic givenness marker），因为它们指称的实体是在语篇的上下文语境中已知的。

4.1.2　指称词语与指称对象的可及性

这种 Ariel 称之为语境的"地理"三分法，以及根据指称词语所指实体通常所处的"地理"语境来定义和区分已知性标示语的观点，在 Ariel（1990）中被抛弃了。她认为，与其将不同的指称词语视为根据它们最初在语篇中使用时的"地理"来源或语境类型而编码的已知性标示语，还不如将它们视为可及性标示语，其功能是为记忆结构中所指称实体心理表征的可及性编码。

Ariel 用于反驳根据语境来定义指称词语的指称功能的一个论据是，上述指称词语的形式与语境之间的对应并非是绝对的。例如，她（Ariel 1990：7-8）指出，不仅一个有定描述语可以与上下文语境中的一个先行语同指（如以下例（4）所示），而且一个零形代词也可以指称有形交际语境中存在的一个物体(如例(5)所示)。

(4) The Labour convention meeting today may prove extremely important. The party is scheduled to announce its nuclear policy this afternoon. (the party = 上句提到的"the Labour Party")

(今天召开的工党大会可能是非常重要的。该党定于今天下午宣布其核政策。)

(5) (医生将一瓶含药糖浆递给病人)

Shake Ø before using. (Ø = 医生递给病人的那瓶含药糖浆)

(服用之前请摇晃 Ø。)

在例(4)中,有定描述语"The party"(该党)指的并不是百科知识语境中的一个实体,而是语篇上文语境中提到的"the Labour (Party)"(工党)。同样,(5)中的零形代词指的并不是语篇上下文语境中的一个实体,而是有形交际语境中医生递给病人的那瓶含药糖浆。再比如,上面(3f)中的有定描述语"铁匠"(the blacksmith)也是指篇章上文中提到的一个实体;而在下面的例(6)中,英语的零形代词指的是有形交际语境中的一个实体:

(6) (罐装百事可乐罐口英文警示)

Dispose of Ø properly.

(妥善处置 Ø。)

然而,促使 Ariel 提出可及性理论,并将指称词语视为可及性标示语的一个更重要的因素是,说话者之所以选择某一形式而非另一形式的指称词语,其背后的原因可以用指称词语的指称功能与记忆本质之间的联系来作出更令人满意的解释。在语篇理解过程中,要首次从百科知识中提取某一实体的表征,往往要花费一定的时间与精力。例如,在百科知识竞赛中,并非每个人都能立即说出谁是第一个遨游太空的人,或谁是第一个登上月球的人。这是因为,人们百科知识中的实体表征是储存在长时记忆中的,要从长时记忆中提取某项信息,需要首先将其激活,放入作为工作记忆的短时记忆中。其过程犹如电脑要使用某一信息资料时,先要将其从软盘、硬盘或光盘等永久存储器中读出,载入作为工作存储器的内存中。这一过程需要花一定时间,尽管有时可能很短。

相反,要提取一个在语篇中刚提及的实体,而且在语篇中没有其他与之竞争的实体,那么这是轻而易举,几乎是自动的,因为该实体刚由语篇前一句话中的先行语唤出(evoke)或再次激活,非常有可能仍保留在短时工作记忆中,以便处理当前话语中的信息。也就是说,要提取百科知识中的一个实体,我们首先必须将其从长时记忆中激活(如果说话者在使用一个指称词语时,假定听说者能够这么做的话),这要花些时间和精力。而要提取一个已经在我们的短时工作记忆中激活的心理实体,我们所要做的仅是确认,在继续进行的语篇处理过程中该实体需要再次使用。

因此,Ariel 认为,一个指称对象心理表征的可及程度,与其在记忆系统中的激活状态或激活程度相对应。而就指称词语在语篇中的指称功能而言,不同形式的指称词语正是被用来标示指称对象的不同可及程度,因而可以将它们称为"可及性标示语"。

4.1.3 影响指称对象可及性的因素

既然指称词语并非标示指称对象应该在哪一个"地理"语境中去寻找,而是标示指称对象(即篇章实体的心理表征)在大脑记忆系统中的可及性,那么这种可及性是由哪些因素决定的呢? Ariel (1991: 444–446)认为,总的来说,指称对象的可及性取决于篇章实体的心理表征在大脑中的激活程度(degree of activation)。这是确定指称对象可及性的一条总原则,也是可及性研究的心理语言学基础。根据其激活程度,篇章中的指称对象首先可以区分为"新的"和"已唤出的"两大类。

"新"指称对象是篇章中首次提到的一个实体。作者为了将这个篇章上文从未提及的实体从读者的大脑记忆系统中唤出,会使用一个"新"指称词语来指称这个"新"指称对象。而且,根据作者对这个实体的心理表征在读者大脑记忆系统中储存深度(depth of storage)的判断,会选用一个恰当的指称词语将其唤出。"新"指称对象的储存深度便是它的可及性。例如,许多年前储存在大脑中的一个实体,其储存深度较深,可及性也就较低;而几小时前储存在大脑中的一个实体,其储存深度较浅,可及性也就较高。考虑到这个因素,作者在选用一个"新"指称词语来唤出一个可及性较低的"新"指称对象时,会采用一个较长的有定描述语,或一个较长的全称专有名词,或两者的结合;与此相反,在唤出一个可及性较高的"新"指称对象时,往往会采用一个较短的有定描述语,或专有名词的简称。

上述首次唤出的"新"指称对象是听话者大脑的长时记忆中已有的一

个实体。除此之外,还有一类"新"指称对象是语篇首次引入的一个实体。在语篇交际活动之前,该实体在听话者的大脑记忆系统中并不存在,而是在语篇引入后,新"登记"在大脑记忆系统中的。这类"新"指称对象,读者在首次读故事和小说之类的虚构篇章,或首次读到关于某些不知道的事实的描述时,常常会遇到。

由于上述两类"新"指称对象是篇章中首次唤出或引入的,因此不是篇章中回指语的指称对象。篇章中唤出或引入一个"新"指称对象的名词短语只能充当篇章中的先行语,其唤出或引入的指称对象可以是篇章下文出现的回指语的指称对象。虽然"新"指称对象似乎与本书所要研究的篇章回指没有直接关系,但是一个"新"指称对象(即篇章中作为一个主题谈论的新篇章实体)引入篇章的方式会对其后的提及与回指有着重要的影响,这一点将在第六章中讨论。

"已唤出"指称对象是篇章上文已经提到过的一个实体,是篇章中一个回指语的回指对象,因此与篇章回指直接相关。篇章首次唤出或引入一个指称对象后,可以再次将其激活。篇章中用于唤出或再次激活那个指称对象的指称词语便是先行语,而用于回指那个"已唤出"指称对象的指称词语是回指语。"已唤出"指称对象的激活程度,即在(读者)大脑记忆系统中的可及性,取决于以下四个因素:1)间隔距离;2)竞争度;3)显著性,即作为先行语的指称词语在句子和语篇中的显著性;4)一致性(Ariel 1990:28-29,1991:445-448)。其中,竞争度和显著性可同时影响"新"指称对象和"已唤出"指称对象的可及性,而间隔距离和一致性则只与"已唤出"指称对象的可及性有关。

"间隔距离"(distance)是指先行语与回指语在篇章中出现的前后间隔距离。如果先行语与回指语之间的篇章间隔距离短,那么先行语唤出或激活的那个指称对象,在读者处理回指语时很可能仍留在短时记忆中,因此具有很高的可及性。比如在前面例(3)的篇章片段中,(b)中回指语"他"(he)的先行语是(a)中的"(一)个勤劳的铁匠"(a hard-working blacksmith),这个先行语首次引入一个篇章实体;(c)中回指语"Ø"的先行语是(b)中的"(一)个儿子"(a son),这个先行语引入另一个篇章实体。这两个回指语与它们的先行语之间的间隔距离都很短,因而先行语引入的指称对象的可及性很高。而(f)中的回指语"铁匠"(the blacksmith)在篇章中最近的先行语是(b)中的"他"(he),这个先行语将篇章引入的一个实体再次激活,但由于两者之间的篇章间隔距离较长,因而先行语激活的指称对象的可及性较低。

"竞争度"(competition)表现为在回指语出现之前,篇章中可竞争作为先行语的指称词语的数量。例如在上面的例(3)中,在句(f)中的回指语"铁匠"(the blacksmith)前,有好几个名词短语都可竞争作为"铁匠"(the blacksmith)的先行语。其中,有从(c)到(e)中一连串同指的零形代词"Ø",回指(b)中的"(一)个儿子"(a son);还有(b)中回指(a)中"(一)个勤劳的铁匠"(a hard-working blacksmith)的代词"他"(he)。作者在这里用了一个有定描述语"铁匠"(the blacksmith)作为回指语,是因为想告诉读者,离其最近可竞争作为先行语的那个名词短语,即(e)中的"Ø",并非"铁匠"(the blacksmith)的先行语,其先行语是离之较远的(b)中那个与"(一)个勤劳的铁匠"(a hard-working blacksmith)同指的"他"(he)。

"显著性"(prominence 或 saliency)是指作为先行语的指称词语在句子和语篇中的显著程度。在会话交际中,交际双方、听话者生活中重要的人或事物都在交际语境中具有显著性。在书面篇章中,如果一个先行语是整个篇章的主题或句子/小句主题,那么其唤出或激活的指称对象也具有显著性。例如,Broadbent(1973)曾做过一个实验,请母语为英语的人判断下面一句话中 it 的指称(转引自 Ariel 1990:23):

(7) The feedpipe lubricates the chain, and it should be adjusted to leave a gap half an inch between itself and the sprocket.

（注油管给链条上油,应该调节其位置,使之与链条罩之间有半英寸的空隙。）

此句中的代词 it 既有可能指"the feedpipe"(注油管),也有可能指"the chain"(链条)。但是,由于"the feedpipe"在前一小句中充当主语/主题,所以参加实验的受试者倾向于将后一小句中的 it 视为与"the feedpipe"同指,而不是与"the chain"同指。

"一致性"(unity)相当于 Li & Thompson(1979)和 Chen(1984)等人所说的可结合性(conjoinability),是指先行语是否与回指语同处于一个相同的认知心理框架/世界/观点/语篇片段或段落中,表示先行语所在的语言单位与回指语所在的语言单位之间,在所表达的观点、叙述的事物等方面的紧密联系程度。在汉语中,一组联系紧密的小句往往在第一小句交代了讲述的对象后,在以后的小句中回指语都倾向于使用零形代词。而在联系不够密切的小句之间,回指语往往会用代词。例如,在下面的一个例子中:

(8) a. 二郎休息好了,

　　b. Ø 穿上鞋,

　　c. Ø 拿起扁担,

　　d. Ø 到山上看看太阳在哪里,

　　e. 可是 Ø 总找不着。

　　f. 他正在烦躁,

　　g. 忽然 Ø 看见一个太阳从东边出来。

　　(《二郎捉太阳的故事》)

小句(a)到(e)构成关系密切的一组,讲二郎总是找不到太阳;(f)和(g)构成另一组,讲他找到了太阳,两组小句构成两个句子。因此在这两组小句内部,第一小句用了一个专有名词或代词后,其余各小句都用零形代词来回指"二郎"这个人。而在两组小句之间,特别是代表句子转换的两小句(e)和(f)之间,由于联系不够紧密,即一致性不够高,(f)中用了一个代词"他"来指称前一小句由零形代词"Ø"激活的篇章实体"二郎"。

　　在 Ariel(1994:28-29)中,她进一步将竞争度和显著性归纳为先行语的显著性,因为在可能作为先行语的指称词语中,通常是那个具有显著性的指称词语被优先选作先行语;同时,她又将间隔距离和一致性归纳为回指语与先行语之间的联系性。

4.2　可及性在语言中的编码

　　Ariel(1990:17)在将指称词语视为可及性标示语之后,进一步将可及性标示语区分为三大类:1)那些最初用于指称百科知识语境中的某个实体的指称词语,如专有名词和有定描述语,是低可及性标示语(low accessibility marker);2)那些最初用于指称有形交际语境中的某个实体的指称词语,如指示词语,是中可及性标示语(intermediate accessibility marker);3)那些似乎只用于指称语篇语境中的某个实体的指称词语,如代词及其零形式,是高可及性标示语(high accessibility marker)。

4.2.1 英语中的可及性标示语

为了验证以上三种可及性标示语的分类,Ariel 分析了英语真实书面篇章中指称词语的分布。为此,她选择了四篇出版的英语文章,两篇小说体,两篇非小说体,每篇约 2,200 个词。然后,对其中的指称词语和离它们最近的先行语之间的篇章间隔距离进行了统计分析。

篇章间隔距离根据下列标准分为四档:1)指称词语和先行语在同一句子内(简称"同句内");2)先行语在前一句子中(简称"前一句");3)先行语在同一段落前两句或以上的句子中(简称"同段内");4)先行语在前一段落中(简称"跨段")。其理论依据是:由于指称词语指称的是语篇表征中的一个实体表征,在语篇理解的某一刻,刚刚提及过的实体表征自然是最可及的,因为这一表征往往仍留在听话者的短时记忆中;相反,相隔较长时间以前提到的一个实体,其表征的可及程度就要低得多,因为这一表征在听话者脑子里的印象已变淡。如果将提及相隔时间的长短转换为篇章间隔距离,我们可以认为,指称词语和它的先行语之间的篇章间隔距离越短,指称对象的可及性越高;相反,则可及性越低。因此,我们可以推断,高可及性标示语往往出现于短距篇章环境中,如"同句内";低可及性标示语则往往出现于长距篇章环境中,如"跨段";中可及性标示语介于两者之间。Ariel 对英语语料的分析支持这一推断,她的数据统计分析结果见表 1(根据 Ariel 1990:18,表 0.1,略作改动)。

表 1:英语指称词语的篇章分布

指称词语形式	篇章环境				小计
	同句内	前一句	同段内	跨段	
代词	**110** **(20.8%)**	**320** **(60.5%)**	75 (14.2%)	24 (4.5%)	529 (100%)
指示词语	4 (4.8%)	**50** **(59.5%)**	**17** **(20.2%)**	13 (15.5%)	84 (100%)
专有名词和有定描述语	4 (2.8%)	20 (14.1%)	**65** **(45.8%)**	**53** **(37.3%)**	142 (100%)
总计	118	390	157	90	755

表1共统计了755个英语指称词语的篇章分布。其中,每类指称词语在惯用篇章环境中的出现频率用黑体标出。我们可以看到,在英语中,代词大多用于短距篇章环境中,即同句内或前一句中,在这一篇章环境的出现频率为81.3%(= 20.8% + 60.5%)。指示词语大多用于中距篇章环境中,即前一句和同段内,在这一篇章环境中的出现频率为 79.7%(= 59.5% + 20.2%);而专有名词和有定描述语大多用于长距篇章环境中,即同段内和跨段,在这一篇章环境中的出现频率为83.1%(= 45.8% + 37.3%)。这一结果表明,在英语中,代词是高可及性标示语,指示词语是中可及性标示语,而专有名词和有定描述语是低可及性标示语。

4.2.2　汉语中的可及性标示语

本书用同样的方法对汉语指称词语进行了分析,语料为《中国民间故事选》第一、二集中的18篇故事全文或开头部分,平均每篇约为1,000字。由于在汉语篇章中,特别是接近口语体的民间故事中,出现大量零形代词,所以本书将零形代词单独列为一种指称词语形式。同时,由于约束理论(Binding Theory;如见 Chomsky 1981, 1982)将反身代词与其他代词区分开来,作不同处理,本书也将反身代词单独列为一种指称词语形式。另一方面,由于汉语中没有与英语定冠词对应的词,本书在分析中,将任何名词短语,无论前面有无修饰语,只要是上文出现过的,都作为有定描述语处理。但是,如果前面有一个指示词修饰,则作为指示词语处理。表2列出了本书的统计结果[1]:

表 2：汉语指称词语的篇章分布

指称词语形式	篇章环境				小计
	同句内	前一句	同段内	跨段	
零形代词	**630** **(91.3%)**	53 (7.7%)	4 (0.6%)	3 (0.4%)	690 (100%)
反身代词	**16** **(94.1%)**	1 (5.9%)	0	0	17 (100%)
代词	**90** **(55.2%)**	**69** **(42.3%)**	1 (0.6%)	3 (1.8%)	163 (99.9%)
指示词语	**6** **(35.3%)**	**6** **(35.3%)**	**4** **(23.5%)**	1 (5.9%)	17 (100%)
专有名词和有定描述语	45 (12.9%)	**118** **(33.9%)**	38 (10.9%)	**147** **(42.2%)**	348 (99.9%)
总计	787	247	47	154	1,235

78

表 2 表明,汉语中 91.3% 的零形代词和 94.1% 的反身代词,集中用于同句内指称。如果我们采用 Ariel 的标准,将"同句内"和"前一句"作为短距篇章环境的标志,那么 99.0%(= 91.3% + 7.7%)的零形代词和 100%(= 94.1% + 5.9%)的反身代词用于这一篇章环境。根据这一分布状况,我们完全有理由将汉语中的零形代词和反身代词视为名副其实的高可及性标示语。

在表 2 中,代词基本上均匀地分布在"同句内"(55.2%)和"前一句"(42.3%)这两个篇章环境中,用于这两个短距篇章环境中的代词占代词总数的 97.5%(= 55.2% + 42.3%)。用 Ariel 的标准来衡量,汉语代词似乎比英语代词更有资格称为"高可及性标示语",因为前者在短距篇章环境中出现的频率比后者高(97.5% 比 81.3%)。但我们有理由认为,这并未反映出英汉代词的实际篇章指称功能。下面先分析其中的一个原因,其余将在第七章中结合代词的篇章分布来讨论。

如果对表 1 和表 2 中英汉代词在英汉篇章中使用的频率进行比较,我们会发现,在 Ariel 的英语篇章中,代词占指称词语总数的 70.1%(= 529/755);而在本书的汉语民间故事语料中,代词仅占 13.2%(= 163/1235)。尽管严格来说,两表中的绝对数字是不可比的,因为两项研究的语料量都不大,所选语料的文体也不完全相同。但是,总的来说,代词在英语中用得要比汉语多,这似乎是毫无疑问的。这主要是由于英语代词的大部分指称功能在汉语中由零形代词来承担,这便是为什么在本书的汉语语料中,零形代词在所有指称词语中所占的比例高达 55.9%(= 690/1235)。试比较下面一段汉语短文及其英译(转引自许余龙 1992:248,2002b:222):

(9) 柯灵,生于 1909 年,浙江省绍兴人。Ø 中国现代作家,1926 年 Ø 发表第一篇作品叙事诗《织布的妇人》。1930 年 Ø 任《儿童时代》编辑,1949 年以前 Ø 一直在上海从事报纸编辑工作,并积极投入电影、话剧运动。1949 年后,Ø 曾任《文汇报》副总编辑。Ø 现任上海电影局顾问。
Ke Ling was born in Shaoxing, Zhejiang Province, in 1909. He is a modern Chinese writer. His first writing, a narrative poem *The Woman Weaver* appeared in 1926. He was one of the editors of *Children's Times* from 1930 onwards. Before 1949 he was all along engaged in editorial work in newspaper offices and took an active part in activities of film and modern

drama in Shanghai. After 1949 <u>he</u> filled the post of deputy editor-in-chief of
Wenhui Bao for a period. <u>He</u> is at present adviser to the Shanghai Film
Bureau. (《中国现代散文选读》上册, 北京: 商务印书馆, 1983, 136—
137 页)

在上面的汉语短文中, 开头第一句引入要介绍的作家"柯灵"后, 全文的剩余部分全部使用零形代词来指称这个篇章实体, 共用了 6 个零形代词"Ø"来回指第一句中的"柯灵"。而在英语短文中, 这一短距篇章回指功能全部由代词 he 承担。既然在汉语中, 短距篇章指称大多由零形代词来承担, 那么汉语中的代词并非像英语代词那样, 完全是高可及性标示语。

　　本书作者认为(见许余龙 2000a), Ariel (1990)的分析方法似乎存在两大缺陷。

　　第一, 她将是否跨句和跨段作为衡量篇章间隔距离的标准, 而这一标准本身有其局限性。比如, 有时虽然是跨段的, 但可能是先行语在前一段的最后一句中, 而指称词语在后一段的第一句中, 两者之间相隔也仅仅只是一个句子。从句子间隔的角度来看, 与"前一句"一样, 实际间隔距离可能反而比"同段内"短。更何况, 篇章中的自然句和自然段有长有短。因此, 本书将在第七章中引入另一个篇章间隔距离的概念, 即回指语与先行语之间篇章中出现的其他指称词语的数量。值得注意的是, 本书在前面 4.1.3 节中提到, 影响指称对象可及性的因素共有四个, 即间隔距离、竞争度、显著性和一致性, Ariel 在检验英语中的指称词语表达的可及性时, 所采用的篇章间隔距离概念只是主要考虑到间隔距离这一因素, 部分考虑了一致性因素(因为同在一句或一段内的语言单位表达的内容通常具有较高的一致性)。而本书将引入的另一个篇章间隔距离概念除了考虑这两个因素之外, 还可以反映竞争度, 因为在其他条件相同的情况下, 如果回指语与先行语之间相隔的其他指称词语数量多, 那么既说明间隔距离长以及两者所处语言单位之间的一致性可能较低, 又说明这些指称词语可以竞争作为先行语的竞争度也较高。因此, 将这两种篇章间隔距离概念结合起来, 同时用于分析指称词语的篇章分布可以得出更为全面的结论。

　　第二, 她将指称词语分为三大类可及性标示语的标准, 主要是看指称词语本身的形式及其表达的语义内容。而本书认为, 指称词语在小句中的句法位置也会影响它们标示的指称对象的可及性。这一点将在第七章中结合指称词语的篇章分布再详细讨论。在此有必要先简单讨论一下 Ariel 所说的可及性与前面 4.1 节开头提到的 Keenan & Comrie 所说的可及性之间的联系。虽然这是两个不同的概念：Keenan & Comrie 所说的可及性指的是名词短语作为一个语言单位在大脑记忆系统中的可及性，而 Ariel 所说的可及性指的是指称词语（绝大多数也是名词短语）所指的一个实体表征在大脑记忆系统中的可及性，但两者之间也有联系。我们有理由相信，正是由于作为一个语言单位，名词短语可及性等级体系左边的名词短语（如主语）比其右边的（如宾语或介词宾语）的可及性高，所以这一名词短语也就较容易在大脑记忆系统中唤出其所指的实体表征。也就是说，在其他条件完全相等的情况下，主语位置上的指称词语所指的实体表征，要比宾语位置上的指称词语具有更高的可及性。

鉴于以上两个原因，这里暂时将汉语主语/主题位置上的代词处理为高可及性标示语，其他位置上的代词处理为中可及性标示语，它们在篇章中的具体使用特点和分布将在第七章中讨论。对于汉语中的指示词语本书也暂时作类似的处理，即：本书不像 Ariel 对英语指示词语所作的分类那样，将汉语中的指示词语都视为中可及性标示语，而是根据它们的形式、出现的句法位置及篇章中的指称功能，将主语/主题位置上的指示词语视为高可及性标示语，其他位置上的指示词语视为中可及性标示语。

最后一种指称词语是专有名词和有定描述语。就其篇章分布而言，这似乎是汉语中有疑问的一类。从表 2 中可以看到，它们似乎倾向于出现在跨段的长距篇章环境中，有 42.2% 的专有名词和有定描述语出现在这一篇章环境。但也有超过 1/3（33.9%）的专有名词和有定描述语出现在"前一句"这一相对较短的篇章环境中，剩余部分则分布在"同句内"（12.9%）的短距篇章环境和"同段内"（10.9%）的长距篇章环境中。根据这个分布状况，似乎很难最后确定汉语专有名词和有定描述语究竟属于哪类可及性标示语。

然而，如果我们从另一个不同的角度来看同样的语料，即从篇章环境而非指称词语的角度来看，那么可以看到，在长距篇章环境中明显倾向于使用专有名词和有定描述语。表 3 从这个新角度出发重新分析了语料，列出了在每个篇章环境中出现的各类指称词语的数量和百分比：

表 3：不同篇章环境中各类指称词语的使用频率

篇章环境	指称词语形式					小计
	零代词	反身代词	代词	指示词语	专有名词和有定描述语	
同句内	**630** **(80.1%)**	16 (2.0%)	90 (11.4%)	6 (0.8%)	45 (5.7%)	787 (100%)
前一句	53 (21.5%)	1 (0.4%)	69 (27.9%)	6 (2.4%)	118 (47.8%)	247 (100%)
同段内	4 (8.5%)	0	1 (2.1%)	4 (8.5%)	**38** **(80.9%)**	47 (100%)
跨段	3 (2.0%)	0	3 (2.0%)	1 (0.6%)	**147** **(95.4%)**	154 (100%)
总计	690	17	163	17	348	1,235

从表 3 中我们可以清楚看出，在"跨段"和"同段内"这两个长距篇章环境中，专有名词和有定描述语使用频率最高，分别达到 95.4% 和 80.9%。由此可见，汉语专有名词和有定描述语，典型地用作低可及性标示语。

综上所述，我们暂时可得出如下结论：在汉语中，零形代词、反身代词和出现在主语/主题位置上的代词和指示词语是高可及性标示语；出现在其他位置上的代词和指示词语是中可及性标示语；而专有名词和有定描述语是低可及性标示语。

4.2.3　可及性标示语的编码原则

从以上的讨论中我们可以看到：典型的高可及性标示语，如汉语中的零形代词，在语音和语义上都是空泛的；而低可及性标示语，如专有名词和有定描述语，在语言形式上都较长，表达的语义也较丰富；中可及性标示语，如指示词语，则居中。也就是说，可及性标示语在语言中的编码似乎遵循一条总的原则，即所用的语码越复杂，其标示的可及性就越低；反之亦然——所用的语码越简略，则标示的可及性越高。

事实上，Ariel（1990）试图证明，在这三大类可及性标示语的每一类内部，还可以根据可及性程度作进一步的区分。这是因为，实体表征的可及性表现为该实体在记忆系统中的激活状态,而不同形式的指称词语,正是说话者用来标示实体表征的不同可及程度的手段。由于实体表征的激活状态是一个从低到高的连续体,所以一种语言中所有标示实体表征可及性的不同形式的指称词语,也构成一个从低可及性到高可及性的可及性标示语连续体。她提出了一个英语中的"可及性标示阶"(accessibility marking scale),或称"可及性标示语连续体",可图示如下(引自 Ariel 1990:73,略有改动):

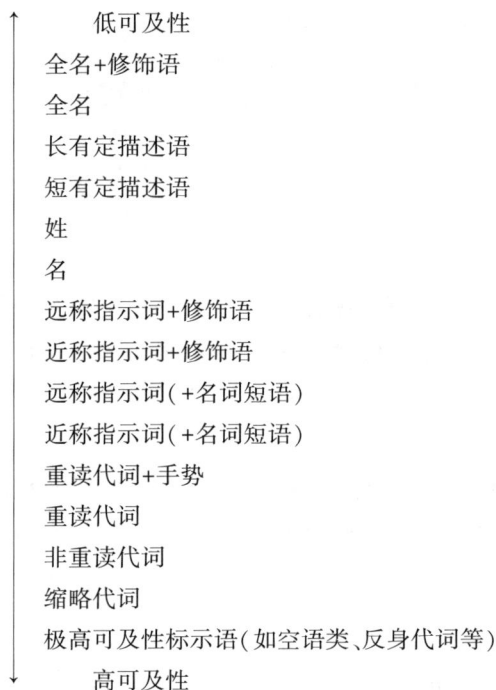

        低可及性
全名+修饰语
全名
长有定描述语
短有定描述语
姓
名
远称指示词+修饰语
近称指示词+修饰语
远称指示词(+名词短语)
近称指示词(+名词短语)
重读代词+手势
重读代词
非重读代词
缩略代词
极高可及性标示语(如空语类、反身代词等)
        高可及性

图 5:可及性标示阶

由于实体表征的可及性是一个独立于语言而存在的心理认知概念,所有语言又都采用不同形式的指称词语来标示不同的可及性,因而总的来说,语言中可及性标示语构成的连续体具有某种共性。Ariel 指出,上图所示的可及性标示阶虽然是根据英语的具体情况提出的,但是具有潜在的普遍性。当然,由于不同语言中的指称词语存在某些差异,某种指称词语在可及性标示阶上的具体位置可能会略有不同。

上图所示的可及性标示阶之所以具有潜在的普遍性,是由于区分这一连续体中不同指称词语标示的可及性是遵循同样的一套编码原则。尽管语言中使用的指称词语可能会有些不同,但是语言对这些指称词语进行可及性编码的原则却具有普遍性。Ariel（1990：80-82，1991：450-451）提出如下可及性编码的三项原则或标准,即:1)信息量;2)确定性;3)简略度。这三者既有联系又有区别,并具有普遍性,总是与某一语言的具体特征相互作用,产生出该语言中特定的可及性标示语系统。

"信息量"（informativity）是指指称词语表达的词汇信息的多少,Ariel认为这是最为重要的一项原则。其原理是:指称词语表达的信息量越大,其编码为低可及性标示语的可能性也越大。因此,位于上面可及性标示语连续体顶部的低可及性标示语,都是含有有关其指称对象的丰富语义信息的指称词语;而位于连续体底部的高可及性标示语,都是在语义上很空泛的指称词语。这是因为,可及性标示语是作者用以帮助读者从记忆系统中提取某个实体的语言提示手段。如果一个篇章实体的可及性较低,那么读者从记忆系统中提取该实体便较为困难,因而需要作者给出一个较清楚的提示。这通常意味着作者必须提供有关该实体的更多信息,即:使用一个能提供足够多信息的低可及性标示语,以便读者能成功提取那个实体。相反,如果要提取一个高可及性实体(如篇章上文刚提及的一个实体),那么这种搜索和提取过程基本上是自动的,因为这个实体很可能仍保留在读者的短时记忆中。作者所要做的只是向读者表明,该实体在篇章的当前部分仍将再次被谈论,读者可以将该实体仍保留在短时记忆中,并将当前小句中的信息与该实体联系起来。对像汉语这样的语言来说,这常常意味着,小句主题位置上的一个空名词短语,即零形代词,便足以起到这样一个作用。

Ariel认为,根据信息量这一原则,我们可以区分如下五对指称词语所标示的不同可及性:1)空语类(零形代词"Ø")与代词;2)空语类或代词与全指示词语(=指示词+名词)或有定描述语;3)单个指示词(如this"这")与全指示词语或有定描述语(如this/the book"这本书");4)部分名字(姓或名)与全名;5)总的来说,X与X+修饰语。在上述五对指称词语中,前一类指称词语标示的可及性比后一类高,因为它们表达的信息量要比后一类低。但是,仅靠信息量这一原则,无法区分下列六对指称词语标示的不同可及性:1)有定描述语与全指示词语;2)远称指示词与近称指示词;3)单个指示词与代词;4)重读与非重读代词;5)全名与有定描述语;6)姓与名。因而仍需要另外两项原则,即确定性和简略度。

"确定性"(rigidity)是指在有一组实体可以竞争作为指称对象的语境中,一个指称词语明确指称某个实体的能力。一个指称词语越是能确定无疑地指称某一实体,其编码为低可及性标示语的可能性就越大。这一原则与上述信息量原则部分重叠,因为确定性在很大程度上与信息量成正比;也就是说,指称词语包含的信息量越大,通常越能明确无误地指称一个实体。

然而,Ariel 认为,确定性有其独立的作用。要区分上述信息量原则不能区分的六类指称词语中的第 5、第 6 两类时,即在区分全名与有定描述语以及不同种类的专有名词时,确定性可以发挥作用。这是因为,全名所含的信息量并不比有定描述语大,但它们在一个含有多个潜在指称对象的语境中,明确指称某个特定实体的能力通常较强,因而所标示的可及性通常比有定描述语低。比如,如果要用 Noam Chomsky 和 "the greatest contemporary linguist"(当代最伟大的语言学家)来指称一位语言学家的话,那么 Noam Chomsky 这个全名指称的确定性要较高些。而 "the greatest contemporary linguist" 这个有定描述语,对许多较熟悉语言学的人来说,可能会联想到 Noam Chomsky,但是对不认为 Noam Chomsky 是当代最伟大的语言学家的人来说,可能不会联想到 Noam Chomsky,因而其指称的确定性要低一些。

姓与名之间在表达的信息量方面也没有多少区别,两者之间在表达可及性方面的差别也要看哪一类在指称上具有较大确定性。在英语中(总的来说在西方语言文化中),姓的数量要比名的数量大,因此如果同样单独使用一个姓或一个名,那么姓的区分度较高,较有可能明确指称某一个人,其标示的可及性因而要比名低。例如,在迄今担任过美国总统的人中,除了 John Adams 父子以及 George Bush 父子同姓外,只有两个人同姓 Roosevelt(Theodore Roosevelt 和 Franklin D. Roosevelt),但却有三人同名 John(除了 John Adams 和 John Q. Adams 父子之外,还有 John F. Kennedy),三人同名 George(除了 George Bush 父子之外,还有 George Washington),四人同名 William(William H. Harrison、William McKinley、William H. Taft 和 William J. Clinton),五人同名 James(James Madison、James Monroe、James K. Polk、James Buchanan 和 James A. Garfield)。在汉语中,名的数量要大于姓,因此根据确定性原则,汉语中姓标示的可及性应该高于名。

　　此外，人称代词不含任何词汇语义信息，所以要区分第一、第二人称代词与第三人称代词之间在表达可及性方面的差异，也不能根据信息量标准来判断，而得依据确定性。由于第一、第二人称代词在会话交际中通常只能分别指说话者和听话者，而第三人称代词可以指除了这两者之外任何在性和数方面一致的第三者，因此第一、第二人称代词标示的可及性要低于第三人称代词。

　　"简略度"（degree of attenuation）是指一个指称词语采用的语言形式的大小，这一概念与 Givón（1983b）提出的"语音形式大小"（phonological size）概念相近。一个指称词语形式的简略程度越高，其编码为高可及性标示语的可能性就越大。简略度在某种程度上也和信息量有联系，因为一个指称词语的语言形式越大，其可能提供的信息量也越大。但是，这一可及性编码原则可以用来解释一些具有相同信息内容，并具有相同确定性，但语言形式长短不同的指称词语所表达的不同可及性。例如，United States of America 和 USA 表达的信息量相同，又具有相同的确定性，但简略度不同，因此简略程度高的后者，其标示的可及性要比前者高。

　　Ariel 认为，简略度还可以区分重读代词和非重读代词标示的不同可及性。按照她的观点（1990：66），重读代词是代词的有标记形式，指称一个有标记先行语，因而标示的可及性比非重读代词低。试比较下面两组她讨论的例子（引自 Ariel 1990：65；具有相同下标的指称词语表示两者具有相同的指称对象，重读在英语中用小型大写字母表示，在汉语译文中加点表示）：

（10）　a.　Jane$_i$ kissed Mary$_j$, and then she$_i$ kissed Harry.

　　　　　　（简$_i$ 吻了玛丽$_j$，然后她$_i$ 吻了哈利。）

　　　　b.　Jane$_i$ kissed Mary$_j$, and then Harry kissed her$_j$.

　　　　　　（简$_i$ 吻了玛丽$_j$，然后哈利吻了她$_j$。）

（11）　a.　Jane$_i$ kissed Mary$_j$, and then SHE$_j$ kissed Harry.

　　　　　　（简$_i$ 吻了玛丽$_j$，然后她$_j$ 吻了哈利。）

　　　　b.　Jane$_i$ kissed Mary$_j$, and then Harry kissed HER$_i$.

　　　　　　（简$_i$ 吻了玛丽$_j$，然后哈利吻了她$_i$。）

例（10）第二小句中的两个代词——（a）中以主格出现的 she（她）和（b）中以宾格出现的 her（她）——都是非重读代词，因此分别与第一小句中主语位置上的 Jane 和宾语位置上的 Mary 同指;而例(11)第二小句中的两个代词——(a)中以主格出现的 SHE(她)和(b)中以宾格出现的 HER(她)——都是重读代词,因此表达的指称关系正好与(10)中相对应的两句相反,分别与第一小句中宾语位置上的 Mary 和主语位置上的 Jane 同指。Ariel 认为,非重读代词表示的指称关系是无标记的指称关系,而重读代词表示的指称关系是有标记的指称关系,因而重读代词标示的可及性比非重读代词低。

在这一问题上,本书的观点与 Ariel 略有不同。本书认为,从本质上来说,指称关系的标记性和指称词语标示的可及性是两个不同的概念。无标记的指称关系是指(对指称词语所作的)常规理解的指称关系,而有标记的指称关系则是与常规理解不同的指称关系。在例(10)中,(a)和(b)两句第二小句中的两个非重读代词,分别指称第一小句中主语位置上的 Jane 和宾语位置上的 Mary,这是主要是由于(a)和(b)两句中的两个小句之间有着密切的语义联系,是非重读代词表达的常规指称关系。因为在两个语义密切联系的小句中,第一小句表达的相关语义关系(如动作者与动作的关系)倾向于在第二小句中保持不变,产生 Levinson(1987b:115)所说的"与前一小句相同的施事/受事"的效应:(a)中第一小句主语位置上的 Jane 是施事,因而第二小句主语位置上的非重读代词 she 通常指代同一个施事 Jane;(b)中第一小句宾语位置上的 Mary 是受事,因而第二小句宾语位置上的非重读代词 her 通常指代同一个受事 Mary。而在例(11)中,(a)和(b)两句中的重读代词表示,所表达的指称关系正好与上述常规指称关系相反,两个代词分别与第一小句中宾语位置上的受事 Mary 和主语位置上的施事 Jane 同指。

Ariel 的可及性理论可以解释上面两例(a)句中的非重读和重读代词 she 和 SHE 的指称,却不能解释(b)句中的非重读和重读代词 her 和 HER 的指称。根据 Ariel 上述对重读和非重读代词标示的可及性所作的区分,(11a)第二小句主语位置上的重读代词 SHE 标示的可及性比(10a)中非重读代词 she 低。同时,根据前面 4.1.3 节中所说的显著性因素,第一小句中的主语 Jane 因为是主题,所以显著性比宾语 Mary 高,可及性也要比 Mary 高。因此,作为高可及性标示语的非重读代词 she 指称可及性高的 Jane;而由于重读代词 SHE 标示的可及性比非重读的 she 低,所以指称的是具有较低可及性的 Mary。但是,如果我们用同样的方法来分析上面两例(b)句中宾语位置上的非重读和重读代词 her 和 HER,那么并不能得到通常所理解的指称,因为可及性理论会预测:作为高可及性标示语的非重读代词 her,指称可及性高的 Jane;而由于重读代词 HER 标示的可及性较低,所以指称具有较低可及性的 Mary。由此可见,用可及性理论对小句主语/主题位置上的非重读和重读代词所作的指称差异方面的解释,正好与非重读和重读代词表达的常规和非常规指称关系一致,但可及性理论似乎并不能解释小句宾语位置上的非重读和重读代词所表达的指称关系。

Ariel (1990:86)还认为,某些指称词语(如有定描述语与全指示词语、远称指示词与近称指示词、单个指示词与代词)之间在可及性编码方面的差别并不能完全用上述三项原则来解释,因而语言对可及性的编码有其理据性,也有其约定俗成的一面,即具有一定的任意性。

Ariel 对可及性标示语细分的目的,似乎是想用她的可及性理论来解释尽可能多的回指现象,如上面例(10)和(11)中提到的重读和非重读代词之间的指称区别。本书认为,指称词语表达的可及性固然是回指确认(特别是篇章回指确认)的重要依据,但并非所有回指现象都是可以通过对可及性标示语作精细的分类所能解释的。就篇章回指的使用和理解而言,可及性标示语的分类不必过细,分为高、中、低三大类就够了。这主要是基于两个理由。第一,作者在使用一个指称词语时,不可能仔细考虑如图 5 所示的可及性标示语连续体中各指称词语之间的细微差别后,选用一个合适的指称词语来表达他想表达的指称关系,读者也不可能根据该指称词语在连续体中具体精确的排位来理解其表达的指称关系。语言总是具有一定的模糊性。第二,影响指称关系(特别是句内指称关系)的还有其他一些结构、语义和语用方面的因素(详见第九章),这些因素与指称词语表达的可及性相互作用,共同决定了所要表达的指称关系。

此外,Ariel 的上述可及性标示语的编码三原则,完全是建立在指称词语的内在形式和语义特征基础上的。简言之,她的三项原则可归纳为:一个指称词语的形式越空泛(信息量越小、确定性越低及简略度越高),其标示的可及性越高(见 Ariel 1990:99)。这一形式与功能之间的联系,不仅是区分三大类可及性标示语的依据,而且也可解释如图 5 所示大部分指称词语之间在标示可及性方面的细微差别。然而,可及性标示语连续体中也有不符合这一形式与功能联系的反例。其中,最为明显的是反身代词。与代词(如 him)相比,英语中的反身代词(如 himself)在形式上要长一些,表达的信息量要大一些,确定性要高一些,但是它们在图 5 中被列为标示最高可及性的指称词语,所表达的可及性不仅比非重读代词高,而且甚至比缩略代词都高。Ariel 将语言形式与指称功能之间的这种不匹配,归因于可及性编码的任意性。

本书则认为,如果我们不仅考察指称词语的内在特征,而且也观察指称词语出现的语境(即句法或篇章位置),以及指称词语在该位置所起的语法和指称功能的话,那么会发现,上面似乎是任意的可及性编码,实际上也同样具有语用上的理据性。因为真正的反身代词(即用于反身指称,而非为了对比或强调)典型地用于局域指称,通常指称小句主语位置上一个名词短语表示的实体,如下面的英汉例句所示:

(12) John cheated himself.
    (小明欺骗了自己。)

小句中的反身代词 himself 和"自己"通常理解为指称小句主语 John 和"小明"。对于小句内名词短语之间的指称,Farmer & Harnish(1987:557)曾提出一项他们称之为"异指假定"(disjoint reference presumption)的语用原则,支配小句谓词(predicate)的主目(argument)之间的指称关系,该原则规定"一个谓词的主目之间意在异指,除非另有标示"。Levinson(1991:127)指出,这个语用原则来源于一个原型及物小句描述的典型情景,即"一个行为者将动作施加于一个与自己不同的实体"。因此,在下面的英汉及物小句中:

(13) John cheated him.
    (小明欺骗了他。)

根据异指假定原则,代词 him 和"他"必须理解为与 John 和"小明"异指。如果在这同一语境中使用了一个反身代词,如像上面的例(12),那么其目的正是明确取消谓词的主目之间异指的假定。在这个语境中,使用一个较长、信息较丰富的形式(试比较汉语中的"(他)自己"与"他",以及英语中的 himself 与 him),并不像使用一个内容丰富的有定描述语那样,是因为其指称的实体可及性较低,较难以提取;而是因为作者想表明,该及物小句所描述的情景是一个行为者将动作施加于自己身上的异常情景。换言之,反身代词中附加的语言成分,即汉语"(他)自己"中的"自己"以及英语 himself 中的 self,正是用来标示这个异常情景,而不是为了提取一个较不可及的实体而提供额外的语义信息。实际上,这些场合中的指称对象具有很高的可及性,因而在汉语中,只要使用其基本形式"自己"就可以了。汉语中的"自己"可视为"Ø+自己",即一个高可及性标示语加"自己"。这意味着,诸如汉语中的"Ø+自己"或"他自己"和英语中的 himself 这样的反身代词,在指称上具有多功能性。只有反身代词中的"Ø"或代词(如"他"或 him)部分才与可及性标示有关;而反身代词中的反身语素"自己"或 self,则具有另外的指称功能,与可及性标示并没有直接的关系,是为了标示一个及物谓词的两个主目之间同指,以便取消异指假定。

在可及性标示方面,另一类似乎形式与功能不匹配的指称词语是指示词语。Ariel 认为,英语中的指示词语是中可及性标示语;而本书对汉语篇章中指示词语的分析则表明(详见第七章 7.4 节),汉语指示词语与代词一样,两者的指称对象的可及性基本相同[2]。在汉语指示词语中,单独使用的指示词(如"这"和"那")与代词在形式上没有多大区别,因而这一结果是可以预料的。但是,以"指示词+名词短语"(如下例中的"那老妈妈")形式出现的指示词语(我们将其称为"指示短语"),显然在形式上要比代词(如"她")长,表达的信息量也要大一些:

(14) a. 在那石头移开的地方,坐着一个老妈妈,

b. 那老妈妈大声问道:……

(《宫女图》)

那么为什么上面例句(b)主语/主题位置上的指示短语"那老妈妈"也和出现于同样句法位置上的代词一样,是一个高可及性标示语,而不是一个中可及性标示语呢? 本书认为,这是由于篇章中的指示词语(包括指示短语)和代词通常并不构成可及性标示方面的对比,而是表达聚焦(focusing)方面的对比。也就是说,虽然指示词语和代词在形式的长短上有些差异,但是它们在可及性标示方面的功能是基本相同的。所不同的是,形式较丰富的指示词语具有附加的聚焦功能,即表示其指称对象是说话者在当前篇章中所关注和重点描述的焦点;而形式较空泛的代词则在聚焦功能上是中性的。这在很大程度上解释了 Ariel 所观察到的形式与功能不匹配的情况。

综上所述,我们可以得出一个结论,即语言的形式与功能在可及性表达方面具有密切联系,形式越空泛,其标示的可及性越高。有时这种联系

似乎不存在,究其原因,是由于较复杂或附加的形式另有其他的语用功能,如否定异指假定,或标示一个重点描述的实体。本书认为,如果考虑到语言编码通常遵循"形式越丰富,表示内容越多"这一概念性隐喻(conceptual metaphor,见 Lakoff & Johnson 1980)的话,那么 Ariel 的第一和第三项标准,即信息量和简略度,可以合二为一,作为区分各类可及性标示语的单一标准。这个合并后的标准反映了形式与功能在可及性标示方面的联系,我们将其称为"可及性标示原则"。

(15) 可及性标示原则

　　在其他条件相同的情况下,指称词语形式的简略度越高,其标示的可及性越高。

　　而她的第二项标准(即确定性)是一个相对的概念,并不与指称词语的内在形式发生直接联系。其辨别指称的能力主要依赖语境。例如,尽管如 Ariel 所指出,通常全名比长有定描述语能更明确地指称某个特定实体,但是在只描述一个男性和一个女性人物的语境中,英语中的代词 he 或 she 也同样可以明确指称一个特定实体。由于汉语代词的使用频率小于英语代词,加上本书中民间故事语料中的民间故事大多只提到了少数几个人物,所以许多短有定描述语如"铁匠""八哥"和"娘",以及专有名词如"二郎"被用作"总体指称跟踪方式"(global reference-tracking device)(Comrie 1989),指称语境中提到的一个特定实体。

　　可及性标示原则是以关联性为导向的,旨在使读者在理解可及性标示语的过程中,能以最低的处理代价获得最大的语境效果(见第二章 2.3 节的简略讨论)。在其他条件相同的情况下,低可及性标示语的形式较长,要处理这些标示语需要花费较多的处理精力。但用于理解这些词语的努力由于能获得较多的语境效果而得到补偿,因为在理解这些可及性标示语的过程中,可以从篇章模型中提取较为不可及的实体。而要处理高可及性标示语需要花费的努力很小,这些可及性标示语实际上是提示读者,由于其指称对象的可及性很高,很容易提取,所以不应该花费不必要的精力去处理这些词语。

　　根据上述可及性标示原则,我们完全可以依照指称词语的形式及其(为标示可及性而)表达的语义内容,并结合指称词语出现的句法位置,将指称词语区分为三大类型。这一处理方法的好处是,我们不必像 Ariel 那样,求助于语言编码的任意性[3]。因为一旦我们引入语言在可及性编码上的任意性,那么便意味着我们再也无法根据其自身的形式语义特征和句法位置来区分不同指称词语表达的不同可及性。我们只能根据其实际表达的可及性(即其指称对象的可及性)将指称词语分为三类可及性标示语。这样,我们不得不一方面根据指称对象的可及性来划分三类可及性标示语,另一方面又声称可及性标示语为我们提供了寻找其指称对象的提示,标示了指称对象的可及性,最终陷入循环论证的怪圈。

相反,如果我们摒弃在可及性的编码中存在一定任意性的观点,认为语言对可及性的编码完全是有理据的,那么便可以将指称对象的可及性和可及性在语言中的编码这两个概念完全区分开:指称对象的可及性取决于间隔距离、竞争度、显著性和一致性这四个篇章因素;而可及性在语言中的编码则是依据信息量、确定性和简略度这三项标准,或依据上面(15)中所表述的可及性标示原则,并结合指称词语的句法位置。由于这是两个独立定义、依照两套完全不同的原则和标准作内部分类的概念,所以我们可利用两者之间的联系和相互作用来解释篇章回指。

4.3　可及性、主题性和篇章回指

本章的前两节分别讨论了 Ariel 可及性理论中的两个方面,即指称对象的可及性以及可及性在语言中的编码。那么 Ariel 所说的可及性与本书第三章中讨论的主题性之间有什么联系? 如何利用这两个概念为理解篇章回指服务? 这是本节所要讨论的两个问题。

4.3.1　指称对象的可及性与篇章实体的主题性

在篇章中,一个指称词语的所指对象是先行语唤出或激活的一个篇章实体,也就是 Ariel 所说的"已唤出"指称对象(见上面4.1.3节中的讨论)。本书认为,篇章中指称对象的可及性最充分地体现为第三章中讨论的篇章实体的主题性。

篇章实体的主题性对篇章回指的理解有着非常重要的影响。Norman et al. (1975)曾做过一项研究,以主题作为主要标准,制订了如下三条简单的原则,用以确定篇章中回指语的先行语(转引自 Ariel 1990:24):

(16) a. 搜寻主题(＝已经采用代词的形式,或前一句中的主语);

b. 核查数与性方面的一致;

c. 如果不一致,重复(a)项工作,回头重新搜寻。

这三条规则虽然简单,但成功率却达到90%。

应当指出的是,Norman et al. 的主题基本上是一个静态的主题概念,而本书第三章中所讨论的篇章实体的主题性是一个动态的概念。根据主题在篇章处理某一刻的信息状态,本书将主题区分为当前主题、被取代主题和各类新主题。如果在此刻遇到一个回指语,那么当前主题是其最可及的一个指称对象,被取代主题次之。这是因为:1)当前主题是篇章处理的那一刻激活程度最高的一个篇章实体;2)这个实体因而具有作为指称对象的最强的竞争力;3)激活这个实体的先行语离回指语最近,原因在于这个实体是最新激活的;4)相邻两句的一致性通常也较高,除非作者以其他方式,如分段或像前面的(8f)中使用代词作为回指语,来表示相邻两句不具有密切的联系;5)如前面例(8)所示,篇章中主要谈论的实体往往编码为句子/小句的主语/主题,因而具有很高的显著性。

由此可见,本书中动态的篇章实体的主题性概念,与 Ariel (1990) 的指称对象的可及性概念基本一致。她的"新"指称对象大致相当于本书中所指的"新主题",而她的"已唤出"指称对象大致相当于本书中所指的"回指主题"。确定篇章实体主题性的基本心理语言学原则(即激活程度)与指称对象的可及性相同,影响主题性的具体篇章因素也与指称对象的可及性相同。因此,我们有理由说,指称对象的可及性,表现为由先行语唤出的某个篇章实体的主题性。

实际上,Ariel 对指称对象可及性的研究与 Givón 等人对篇章中名词短语主题性的研究十分相似,得出的结果也十分相近。例如,Givón (1983a:10) 总结出如下一个主题可及性/连续性等级体系 (topic accessibility/continuity hierarchy):

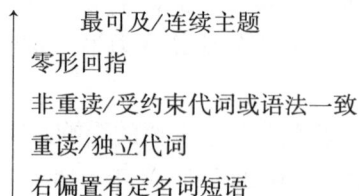

       最可及/连续主题

零形回指

非重读/受约束代词或语法一致

重读/独立代词

右偏置有定名词短语

中性语序位置上的有定名词短语

左偏置有定名词短语

Y 移位有定名词短语("对比主题化")

分裂/焦点结构

指称性无定名词短语

　　最不可及/连续主题

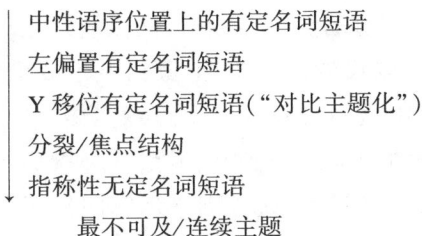

图 6：主题可及性/连续性等级体系

　　Givón 的这一主题可及性/连续性等级体系,与前面图 5 所示 Ariel 的可及性标示语连续体看上去十分相似,只是位置全部倒了一下,Givón 最上面的"最可及/连续主题"相当于 Ariel 最下面的具有最高可及性的指称词语。

　　上面图 6 所示的主题可及性/连续性等级体系,是 Givón 等人通过对名词短语的定量篇章分析得出的。值得注意的是,Givón（1992：19）指出,这一研究的产物也带来了一些有害的负面影响,给人造成主题性是一个级差连续体的印象。他认为,从语言的编码和人类的认知这两个角度来看,主题性不应该是一个级差连续体,而是一个离散(discrete)系统。从语言对主题性的编码角度来说,语法区分的主题不超过三类:主要主题(主语)、次要主题(直接宾语)和非主题(其他成分)。从人类认知的角度来说,提取一个篇章实体可选择的记忆系统也是三个:短时记忆、情节记忆和长时语义词汇记忆。这与前面 4.2.3 中所说的可及性标示语只需分为三类的观点一致,但是本书中的主题概念与 Givón 的主题既有联系,又不完全一样。

4.3.2　篇章回指确认原则

　　第三章讨论篇章实体的主题性时提到,本书中的主题是指实体主题,可分为两大类:一类是回指主题,另一类是新主题。通常,篇章中使用的指称词语指称的是回指主题,即一个已引入篇章或"已唤出"的实体。在篇章处理的某一刻,回指主题又可以分为两类:一类是篇章上文刚谈论过的当前主题;另一类是在当前主题以前提及的被取代主题。根据篇章处理过程中被取代时间的长短,一个被取代主题可能很久以前就被取代了,也可能刚刚被取代。

　　因此,对读者而言,在篇章处理某一刻,当前主题是一个具有最高可及性的篇章实体,因为这是他刚处理过的实体,最有可能仍清楚地保留在大脑的短时记忆中;刚被当前主题取代的那个主题,其可及性要低一些;而被取代已久的主题是回指主题中最不可及的一个篇章实体。此时,如果在篇章中遇到一个作为回指语的指称词语,那么根据这个指称词语所标示的可及性,可以按照如下的篇章回指确认原则来理解回指语所要表达的指称关系:

(17) 篇章回指确认原则

在其他条件相同的情况下,在篇章处理的某一特定时刻:

a. 使用一个高可及性标示语表明,其指称对象是当前主题;

b. 使用一个中可及性标示语表明,其指称对象是一个新近被取代主题;

c. 使用一个低可及性标示语表明,其指称对象是一个被取代已久的主题。

这一篇章回指确认的认知原则是建立在对指称词语的功能语用选择基础上的,是将先行语引入或激活的篇章实体的主题性与回指语标示的指称对象的可及性相结合。这一回指确认原则是本书的基本理论假设。该原则在篇章回指理解认知过程中的作用和有效性,及其与影响指称关系的其他因素之间的相互作用,本书将在以后几章中讨论和检验。

在这里想先简单指出的是,如果将这一篇章回指确认原则与上面例(16)所列 Norman et al.(1975)的三条规则作一比较,我们会不难发现,本书中的回指确认原则在好几个方面有了重要的改进。首先,他们规则中的主题除了是静态的之外,也没有分类,因而只能一个接一个地试,直到找到一个在数和性方面相匹配的为止[4]。而本书中的主题是动态的,并根据其在篇章处理某一刻的信息或激活状态加以分类。其次,他们的规则完全忽视了回指语的作用,无论在篇章中遇到一个什么类型的回指语,都是逐个试用篇章前面出现过的主题来理解那个回指语,而本书中的回指确认原则的主要理论基础是回指语表达的指称对象的可及性。本书将回指语根据其形式语义特征分为三类,并根据这三类不同的回指语制订出三条不同的规则。最后,本书在对主题和回指语进行分类的基础上,在两者之间建立起联系,并以三条规则确定了这种联系。这三条规则构成三条明确的指令,告诉读者在篇章处理过程中遇到哪类回指语应该寻找哪类主题作为其指称对象,而 Norman et al.（1975）的主题搜寻规则似乎具有很大的盲目性。既然他们的成功率可以达到90%,那么有理由相信,本书中的篇章回指确认原则的成功率应该更高。

4.4　小结

　　本章首先讨论了指称对象的可及性,即在理解篇章中使用一个指称词语时,从记忆系统中提取一个篇章实体的相对难易程度。本书认为,篇章中使用的指称词语不仅为篇章创建了名词性指称粘连的句间语义关系,而且也提供了引导读者成功理解这些语义关系的语言线索。也就是说,篇章中使用的指称词语不仅是 Halliday & Hasan（1976）所说的"粘连项目",而且也是 Ariel（1990）所说的可及性标示语,标示其指称对象在记忆系统中的可及性。由先行语引入或激活的指称对象的可及性,取决于间隔距离、竞争度、显著性和一致性这四个篇章因素。

　　本章接着讨论了可及性标示语的分类及其在语言中的编码。本书认为,就篇章回指来说,可及性标示语可以根据其形式语义特征而分为高、中、低三类。低可及性标示语在英汉两种语言中都由专有名词和有定描述语充当。但是高可及性标示语在汉语中由零形代词、反身代词和出现在主语/主题位置上的代词及指示词语充当,而在英语中则主要由代词（包括反身代词）充当。中可及性标示语在汉语中由出现在其他位置上的代词和指示词语充当,在英语中则主要是由指示词语充当。可及性在语言中的编码原则可归纳为:指称词语形式的简略度越高,其标示的可及性越高。这一编码原则与 Keenan & Comrie（1977）提出的名词短语可及性等级体系相互作用,决定了指称词语标示的可及性。

　　最后,本章讨论了"主题性"和"可及性"这两个概念之间的关系和相互作用,并在此基础上提出了篇章回指确认的认知原则。本书的基本理论假设是,作者所选择使用的某一特定类型的可及性标示语,是与指称对象的主题类型紧密相关的,其作用是提示读者去搜寻某一特定类型的主题。本书认为,在篇章理解的过程中,这一认知原则和其他语义、语用、结构等方面的制约规则相互作用,共同决定了指称词语表达的指称关系。本书后几章将检验这个原则的有效性,并根据汉语自然篇章中观察到的

96

语言事实,对该原则作适当的修正。在进行这项工作之前,本书将在下一章中先交代一下所采用的检验方法。

注释:

[1] 表中(以及在全书中),"句子"和"段"分别指篇章中由标点符号和排版方式区分的自然句和自然段。也就是说,本书采用 Halliday & Hasan (1976)、Ariel (1990)和其他许多研究者的做法,将习惯上用于表示句子结束的句末标点符号(如句号、问号、感叹号和分号)作为划分句子的标准。同样,本书根据篇章中使用的分段习惯来区分段落。当然,根据标点和段落首行缩排来划分汉语书面篇章中的句子和段落因人而异,很不一致。但是,这似乎是迄今为止唯一简便可行的客观标准。要找出一个更有意义的方法来确定篇章中的句子和段落的界线,还需要进行大量深入的研究,Chu(1998)在汉语篇章语法的整体理论框架下所做的研究,代表了近年来向这一目标努力的最新成果。

[2] 实际上从前面的表 1 来看,英语中大部分代词(60.5%)和指示词语(59.5%)也同样指称前一句中提及的某个实体,因此至少大部分英语代词和指示词语的指称对象的可及性是相同的。

[3] Ariel 持这一观点的主要理由似乎是,正是由于可及性编码存在一定的任意性,所以关联理论和 Levinson (1987b)的最简化原则等一些总的语用原则并不能完全解释语言对可及性编码的事实,因而她的可及性理论具有独立存在的价值(见 Ariel 1990: 82-86)。本书认为,她因此而必须付出的循环论证的代价太大,加上她试图将语言中一些并非主要表达可及性的功能也从可及性的角度加以解释,其结果反而削弱了可及性理论的可信性。本书将可及性理论视为在总的认知语用原则指导下,一种关于语言表达指称关系功能的理论。这样来定义可及性理论在整个语言学理论中的位置,并非否认了该理论的独立存在价值,因为语言学除了需要一般抽象的理论(关于语言的总的理论)之外,也需要具体的理论来阐述某一具体的语言现象(如语音学理论、形态学理论、句法理论等)。

[4] 核查数与性方面的一致在任何回指确认过程中都是必不可少的,在本书中的回指确认原则中没有包括此项。这是因为本书中回指确认原则的立足点是篇章中名词短语的功能语用含义,即它们在篇章中表达的主题性和可及性。数与性方面的匹配虽然对理解指称关系非常重要,但是数与性这两个语法范畴并非主要是为表达指称关系服务的。至于回指确认原则与数和性的匹配等影响指称关系的其他因素之间的相互作用,本书将会在后几章中讨论。

第五章

验证方法与数据库建设

前一章根据篇章实体的主题性和指称词语标示的可及性，提出了一个篇章回指理解的理论假设，即篇章回指确认原则。为了验证这一原则，同时也为了使对主题性和可及性的分析更符合自然篇章中指称词语的使用与分布的实际情况，以便修正和完善这一原则，本书作者建立了一个小型语料数据库。本章将介绍建立这一数据库的目的和方法，以及数据库的构成和可分析的内容。

5.1 建立数据库的目的和方法

5.1.1 建立数据库的目的

本书在篇章回指确认原则中，区分了高、中、低三类可及性标示语，这是根据作为回指语的指称词语的形式语义特征及其在句子中的句法位置确定的。为了识别和区分这三类可及性标示语，并统计它们在自然篇章中出现的数量和表达的指称关系，我们需要对篇章中出现的每一个回指语，都记录下其形式语义特征以及出现的句法位置。这是本书作者建立数据库的第一个目的。

本书中的篇章回指确认原则还区分了三类不同的主题，即当前主题、新近被取代的主题和被取代已久的主题。此处所说的主题是篇章谈论的实体，是回指语指称的对象，由先行语引入篇章或重新激活。要理解这三类主题，我们首先需要了解自然篇章是如何引入一个实体作为谈论的主题的，并了解一个主题被引入后，在其后的篇章中是仍然作为谈论的对象，还是被其他实体所取代。要了解这些，我们需要研究自然篇章为引入一个主题而采用的方式以及篇章中主题维持与转换的方式。为此，我们需要记录下篇章中用于引入主题的每个名词短语的形式及其所在句子的结构，记录下这些主题在篇章中被继续谈论或替换的情况。这是本书作者建立数据库的第二个目的。这些数据的统计和分析结果将在下一章中讨论。

三类主题中的当前主题是一个刚由先行语引入或重新激活的实体，是回指语的高可及性指称对象；新近被取代的主题是一个由先行语引入或重新激活后不久、被另一个名词短语引入或重新激活的实体所取代的实体，是回指语的中可及性指称对象；被取代已久的主题是一个由先行语引入或重新激活后、被其他名词短语引入或重新激活的实体取代了较长一段时间后的实体，是回指语的低可及性指称对象。要识别和区分这三类主题，我们需要记录下篇章中出现的每一个先行语的形式语义特征以及所处的句法位置，并且记录下每个先行语与其回指语之间相隔多少个其他名词短语以及相隔多少个小句、句子和段落。如果先行语与回指语之间无间隔或间隔距离非常短，那么说明先行语刚引入或重新激活一个实体，便被回指语指称，因此该实体是一个当前主题。相反，如果先行语与回指语之间相隔了许多其他名词短语和句、段等结构段，那么说明先行语引入或重新激活的一个实体对回指语来说是一个被取代已久的主题，具有很低的可及性。这样我们便能区分三类不同的主题。这是本书作者建立数据库的第三个目的。

最后，通过识别和区分实际出现于自然篇章中的三类可及性标示语和三类主题，我们便有可能检验上一章提出的篇章回指确认原则，即检验三类可及性标示语与三类主题的指称关系是否相对应。更为重要的是，对自然篇章中表达的实际指称关系的分析，一方面可以使我们对建立在理论假设基础上的三类可及性标示语及三类主题有更具体、更清楚的认识，从而作出更确切的分类；另一方面可以使我们发现在自然篇章中影响实际指称关系的其他因素，以及这些因素是如何与篇章回指确认原则共同作用、决定篇章中指称词语表达的指称关系的，从而使我们有可能对篇章回指确认原则做些修正，使之表述更为准确，更符合自然篇章中表达的指称关系的实际情况。

5.1.2　建立数据库的方法

本书所要研究的是名词短语回指，而对于名词短语回指来说，指称词语包括了几乎所有的指称某一实体的名词短语。无定名词短语虽不包括其中,但这类名词短语在篇章中往往用作首次将某个实体引入篇章的先行语。篇章中出现的其他名词短语,即代词(包括零形代词和反身代词等)、指示词语、专有名词和有定描述语,在篇章中绝大多数既是上文先行语的回指语,又是下文回指语的先行语。请看下面两个民间故事的第一段:

(1) a. 从前有<u>一个很厉害的老太婆</u>,
  b. <u>她</u>有<u>一个儿子</u>、一个闺女。
  c. <u>儿子</u>娶了媳妇不多日子,
  d. <u>Ø</u> 就下关东去了。
  e. <u>老太婆</u>只亲自己的闺女,
  f. <u>Ø</u> 对待儿媳妇十分狠毒。
  (《找姑鸟》)

(2) a. 从前,有<u>个勤劳的铁匠</u>,
  b. <u>他</u>有<u>个儿子</u>,
  c. <u>Ø</u> 快满二十岁了,
  d. <u>Ø</u> 人倒生得又高又大,
  e. <u>Ø</u> 就是好吃懒做。
  f. <u>铁匠</u>常为这件事发愁。
  (《传家宝》)

在(1)中,(b)中的"她"既是(a)中"一个很厉害的老太婆"的回指语,又是(e)中"老太婆"的先行语。同样,(c)中的"儿子"既是(b)中"一个儿(子)"的回指语,又是(d)中"Ø"的先行语。在(2)中,(c)中"Ø"的先行语是(b)中的"(一)个儿子",它的回指语是(d)中的"Ø",而(d)中"Ø"又是(e)中"Ø"的先行语,构成一个主题链。在一个主题链中,一个篇章实体一次又一次地被先行语重新激活,作为下一个回指语的指称对象。

由此可见,为了达到上面5.1.1节中所述的目的,本研究建立的数据库应该为篇章中出现的每一个明确指称某一实体的名词短语建立一条记录,并为每个作为回指语的名词短语确定它的先行语。这样,我们便能统计出回指语与先行语之间的间隔距离,检验回指语所用的可及性标示语类型是否与先行语引入或重新激活的篇章实体的主题性相匹配。

为此,本书首先从《中国民间故事选》(第一、二集)中选择了18篇民间故事,作为数据库分析的语料。选择民间故事作为研究篇章回指的语料具有如下几个优点。

第一,"这些故事都是鲁迅所说的'不识字的小说家的作品'"(《中国民间故事选》(第一集)前记,p. 1),经口头流传,在搜集编入故事集的过程中,又遵循"忠实记录,慎重整理"的原则(《中国民间故事选》(第二集)再版后记,p. 560),保留了大部分口述故事的特点。其中与本研究相关的最大特点是指称明确,因为讲述者不能依赖读者重新看一遍来确定指称,同时也往往不会故意指称含糊,以制造悬念。

第二,民间故事一般比较短小,故事性强,有清楚的故事情节以及明确的参与者,即故事篇章中谈论的主题。这些主题典型地符合本书在第三章中对主题所下的定义,并很容易识别。

第三,民间故事一般比较简单,故事中作为主题谈论的主要人物不多,读者可以较清楚地看出故事是如何将一个人物作为谈论的主题引入篇章,以后又是如何维持这一主题或转换为另一个主题的。

第四,民间故事由于最接近口述故事,所以故事中的句子比较短,结构也较为简单,较适用于分析小句和句子之间的篇章回指现象,较少受到复杂内嵌句句内回指的干扰。

为了充分发挥上述民间故事语料的优点,在抽样选择时,本研究采用了如下几项原则:1)只选汉族民间故事,其他民族的一律不选,以免故事的语言受到其他民族语言特点的干扰;2)只选古代民间故事,现代民间故事一律不选,以免因为读者对故事中一些现代人物(如毛泽东、朱德等)较熟悉,故事在引入(或唤出)和指称这些人物时采用一些非常规、非典型的指称手段;3)选择主要讲述人物、情节性强的故事,不选那些以讲述事物(如地名的来源等)为主的故事,以便使篇章中具有明确的参与者,即典型的篇章谈论的主题。

在符合上述条件的民间故事中,本书作者随机抽取了18篇。这18篇故事中,全文不超过两页的取全文;超过两页的,视其情节完整性和自然分段情况,取最前面的一页到一页半多一点。平均每篇的长度约为600汉字,共约11,000字。

语料确定后,我们首先在复印的故事篇章中添上零形代词。原则上,一个动词在上下文中有明确的动作者和动作对象而没有用显性形式表达出来的,都添上零形代词。例外的是,在具有(S)V_1NV_2结构的所谓兼语式(黄伯荣、廖序东主编 1991:63,112;胡裕树主编 1995:332—334),又称"递系结构"(吴竞存、梁伯枢 1992:210—264)中,V_2前不再增添零形代词。原因主要有两个:1)既然 N 是兼语,那么可以不必增加过多的零形代词;2)整个 V_1NV_2 结构通常分析为 S 的谓语,其中涉及的回指是内嵌句句内回指,不是本书主要研究的篇章回指[1]。

　　然后,本书作者将每篇故事中的自然段落、句子、小句和所有名词短语[2]按在篇章中出现的先后顺序编号。段落按在整篇故事中出现的顺序编号,句子按在段落中出现的顺序编号,小句按在句子中出现的顺序编号。名词短语先按在段落中出现的顺序编号,以便在输入出现遗漏或发生错误时更改。核对无误后,再转换为按在整篇故事中出现的顺序编号。

　　接着本书作者采用数据库系统软件 dBASE IV(同样可以采用 FoxPro等软件,两者的基本结构和命令相同),设计建立了数据库的结构(将于下一节中介绍),将故事篇章中出现的每一个名词短语作为一条记录输入电脑并核对,以求无误。

　　最后,本书作者对数据库进行整理,并生成一些基本的统计量,主要工作包括:1)删除那些首次将某个实体引入篇章的名词短语的记录,因为这些名词短语在篇章中只充当先行语,不用作回指语,所以不应包括在需要进行可及性标示语分类的指称词语中(只有回指语才标示其指称对象的可及性);2)利用先行语和回指语所在的段落、句子和小句的顺序号,计算出两者之间间隔的段落、句子和小句数;3)利用代表先行语和回指语的名词短语在篇章中的顺序号,计算出两者之间相隔的其他名词短语的数量。

5.2　数据库内容与结构

　　为了研究各类指称词语的篇章分布特点及其指称规律,本书作者设计了如下一个数据库结构表:

表 4：篇章回指研究数据库结构表

编号	字段名	类型	宽度	字段名含义
1	T_type	C	1	篇章类型
2	T_title	C	10	篇名
3	R_chapter	N	2	名词短语所在章的顺序号
4	R_paragra	N	2	名词短语所在段落的顺序号
5	R_sentence	N	2	名词短语在段落中所在句子的顺序号
6	R_clause	N	2	名词短语在句中所在小句的顺序号
7	R_np_no	N	3	名词短语在段落中的顺序号
8	R_np_noh	N	3	名词短语在整篇文章中的顺序号
9	R_sentcon	C	10	名词短语所在句子中的句间连接词,包括一些表达承接意义的副词
10	R_claucon	C	10	名词短语所在小句子中的小句间连接词,包括一些表达承接语气的副词
11	R_claufun	C	3	名词短语所在小句在全句中的句法功能
12	R_nptype	C	3	名词短语类型
13	R_gender	C	1	名词短语的性
14	R_number	C	1	名词短语的数
15	R_syntac	C	2	名词短语在小句中的句法位置
16	R_seman	C	1	名词短语在小句中的语义功能
17	R_type	C	1	名词短语的指称类型
18	A_chapter	N	2	先行语所在章的顺序号
19	A_paragra	N	2	先行语所在段落的顺序号
20	A_sentence	N	2	先行语在段落中所在句子的顺序号

（续表）

编号	字段名	类型	宽度	字段名含义
21	A_clause	N	2	先行语在句中所在小句的顺序号
22	A_np_no	N	3	先行语在段落中的顺序号
23	A_np_noh	N	3	先行语在整篇文章中的顺序号
24	A_sentcon	C	10	先行语所在句子中的句间连接词,包括一些表达承接意义的副词
25	A_claucon	C	10	先行语所在小句子中的小句间连接词,包括一些表达承接语气的副词
26	A_claufun	C	3	先行语所在小句在全句中的句法功能
27	A_nptype	C	3	先行语类型
28	A_gender	C	1	先行语的性
29	A_number	C	1	先行语的数
30	A_syntac	C	2	先行语在小句中的句法位置
31	A_seman	C	1	先行语在小句中的语义功能
32	dp	N	2	回指语与先行语在篇章中的段落间隔距离
33	ds	N	2	回指语与先行语在段落中的句子间隔距离
34	dc	N	2	回指语与先行语在句子中的小句间隔距离
35	dnp	N	3	回指语和先行语之间其他名词短语的间隔距离

　　这一数据库由四大部分组成,提供了关于每个名词短语的四类信息:1)总的篇章信息;2)关于名词短语本身的信息;3)关于其先行语(如有的话)的信息;4)回指语与先行语之间的篇章间隔距离信息。下面从这四个方面分别介绍。

5.2.1　总的篇章信息

　　数据库结构表中第 1、第 2 两个字段用于记录每个名词短语所在篇章的篇章类型和篇名。这两个字段的类型都是字符型(C)。

第 1 个字段 T_type 允许的最大字符数是一个,可输入的篇章类型选项为:A(argumentative)= 辩论体;D(descriptive)= 描写体;E(expository)= 说明体;N(narrative)= 叙述体。虽然这一语料数据库中只包括叙述体的语料,但其数据库结构可以为今后进一步研究服务。

第 2 个字段 T_title 允许的最大字符数为 10,故事篇名短的可输入全名,长的可输入开头 5 个字。

5.2.2 关于回指语的信息

数据库结构表中第 3 到第 17 个字段提供了关于名词短语本身的信息,其中又可以分为两部分:第 3 到第 11 个字段交代了名词短语的篇章位置以及句间连接情况;第 12 到第 17 个字段用于记录名词短语的类型、形态特征、句法语义功能及指称类型。

第 3 个字段 R_chapter、第 4 个字段 R_paragra、第 5 个字段 R_sentence和第 6 个字段 R_clause 都是数值型(N)字段,宽度为两位数字,分别用于输入名词短语所在章(如有的话)、所在段落、在段落中所在句子和在句子中所在小句的顺序号。采用数值型字段的目的是,以后可以利用这些字段中的数字进行计算,推算出回指语与先行语之间的各类篇章间隔距离。

第 7 个字段 R_np_no 和第 8 个字段 R_np_noh 也是数值型字段,宽度为三位数字,分别用于输入名词短语在段落中和在整篇文章中的顺序号。在建立数据库时,可先逐个在第 7 个字段中输入名词短语在段落中的顺序号。核对无误后,可利用第 7 个字段中的顺序号,算出第 8 个字段中的顺序号。

第 9 个字段 R_sentcon 和第 10 个字段 R_claucon 为字符型字段,分别用于输入名词短语所在句子和所在小句中的句间连接词,包括一些表达承接语气的副词(如"就""便""马上"等)。需要这些信息是因为句子或小句间密切的语义联系,有时会影响指称词语的使用和表达的指称关系。

第 11 个字段 R_claufun 是一个字符型字段,宽度为三个字符,用于输入名词短语所在小句在整个复杂句中的句法功能。可输入的选项为:AdC=状语从句;ApC=同位语从句;AtC=定语从句;MC=主句;OC=宾语从句;SC=主语从句。它们分别表示名词短语所在的小句在复杂句中充当状语从句、同位语从句、定语从句、主句、宾语从句和主语从句。

第 12 个字段 R_nptype 也是一个字符型字段，宽度为三个字符，用于输入名词短语的类型。本书采用以下名词短语的分类及输入代码：

表 5：名词短语类型及输入代码表

名词短语类型		输入代码
专有名词	全名+修饰语	MN
	全名	FN
	姓	JN
	名	GN
	绰号	NN
有定/无定描述语	长有定描述语	LN
	短有定描述语	SN
	无定名词短语	IN
	有定名词短语	DN
	光杆名词短语	BN
指示词语	远称指示词+修饰语	DDM
	近称指示词+修饰语	PDM
	远称指示词+名词短语	DDN
	近称指示词+名词短语	PDN
	远称指示词	DD
	近称指示词	PD
代词	人称代词	PP
	有生命代词	AP
	无生命代词	IP
	全称代词	UP
	代词+反身代词	PR
	反身代词	BR
零形代词		ZE

从上面的名词短语类型及输入代码表中我们可以看出，将名词短语分为专有名词、有定/无定描述语、指示词语、代词和零形代词等五大类。

除了零形代词之外,其余各类又分为若干个细类。

由于在用作指称词语时,专有名词和有定描述语通常都是低可及性标示语,所以所用的输入代码中的第二个字符都是 N。这样在统计分析时,我们既可以按细类统计,研究它们各自的特点,又可以让电脑将 R_nptype 第二个字符等于 N 的所有名词短语列出[3],统计它们在篇章中的分布,研究它们共同的使用规律。同样,所有指示词语的输入代码都具有一个相同的第二个字符 D。

由于汉语中的代词和反身代词的指称特点不同,因此"代词+反身代词"和"反身代词"的第二个字符相同(R),构成一类;其余代词都具有另外一个相同的第二个字符(P),构成另一类,以便分类统计。代词中的"全称代词"(universal pronoun)是仿照全称量词(universal quantifier)而采用的一个术语,指"谁也不喜欢他"中的"谁"之类的代词[4]。

第 13 个字段 R_gender 是一个字符型字段,宽度为一个字符,用于输入名词短语的性。可输入的选项为:F=女性;M=男性;B=男性和女性;A=有生命名词;I=无生命名词;T=抽象名词。

第 14 个字段 R_number 也是一个字符型字段,宽度为一个字符,用于输入名词短语的数。可输入的选项为:I=不定;P=复数;S=单数。

第 15 个字段 R_syntac 为字符型字段,宽度为两个字符,用于输入名词短语在小句中的句法位置。本书采用以下的分类及输入代码("_____"表示名词短语在小句中出现的句法位置):

表 6：名词短语在小句中的句法位置分类及输入代码表

句法位置		输入代码
动词前	_____ V	11
	_____和_____ V	12
	_____ NP V	13
	NP _____ V	14
动词后	V _____	21
	有_____	22
	V NP _____	23
	V _____ NP	24

（续表）

句法位置		输入代码
动词间	V _____ V	31
介词后	把 _____	41
	被 _____	42
修饰语	_____ N	51
	_____ 的 N	52

　　从上面的名词短语在小句中的句法位置分类及输入代码表中我们可以看出,名词短语在小句中的句法位置被分为五大类,每类的第一个输入代码的数字符号相同。值得指出的是,本书已将这个字段定义为字符型字段,因此虽然字符代码用的是数字,但是这些数字将被作为字符看待。当需要按大类分析时,我们仍可指令电脑将第一个字符相同的名词短语归为一个大类处理。

　　第 16 个字段 R_seman 是一个字符型字段,宽度为一个字符,用于输入名词短语在小句中的语义功能。名词短语在小句中的语义功能,反映了名词短语代表的实体在动词描述的过程中担任的具体角色,在某些语法理论中称为"语义格"(semantic case),在另一些理论中称为"题元角色"(thematic role,或 θ-role)。本书主要参照 Cowper(1992)的分类和定义,并结合 Jackendoff(1972,1990)的讨论,采用如下的语义功能分类及输入代码(以下语义格的英文名称中带下划线的字母为该语义格的输入代码,例句中带下划线的名词短语表示该短语在句中具有所说的语义格的作用,中英文例句基本对应,但并不完全翻译对等):

　　(3) 名词短语在小句中的语义功能分类及输入代码

1. 施事(Agent/Actor)——动作的执行者或发起者,如:

　　John hit Mike.

　　张三打了李四。

　　A falling rock hit Mike.

　　一块掉下的石头砸了李四。

　　John accidentally broke the glass.

　　张三不小心打碎了玻璃。

Without meaning to, John insulted Mike.

张三无意中侮辱了李四。

2. 受事（Patient）——动作的承受者，如：

The dog bit the boy.

那只狗咬了那个男孩。

The arrow hit the apple.

箭射中了苹果。

The president fired the treasurer.

总裁解雇了财务主管。

3. 目标（Goal）——具体或抽象的物体运动的终点，如：

John went from Montreal to Toronto.

张三从北京到上海。

John gave the book to Mike.

张三把书给了李四。

John went from angry to furious.

张三从生气变得狂怒。

The teacher gave the highest mark to Mike.

老师将最高分给了李四。

4. 源点（Source）——具体或抽象的物体运动的起始点，如：

John went from Montreal to Toronto.

张三从北京到上海。

John gave the book to Mike.

张三把书给了李四。

John went from angry to furious.

张三从生气变得狂怒。

The teacher gave the highest mark to Mike.

老师将最高分给了李四。

5. 处所（Location）——某个实体所处的某个具体或抽象的位置，如：

John stayed in Toronto.

张三留在上海。

John kept the book.

张三保存了那本书。

John stayed angry.

张三仍在生气。

John kept all the glory for himself.

张三将所有的荣耀留给了自己。

6. 题元(Theme)——句子所描述的处于某一运动或处所中的实体,如:

John gave a book to Mike.

张三给了李四一本书。

John kept the book.

张三保存了那本书。

John stayed angry.

张三仍在生气。

John stole a car.

张三偷了一辆车。

7. 感事(Experiencer/Senser)——事件的感觉或体验者,如:

John likes chocolate.

张三喜欢巧克力。

It seemed to me that there was something wrong with the machine.

我觉得那台机器似乎出了点毛病。

John saw the eclipse.

张三看到了日全食。

8. 感受对象(Percept/Phenomenon;Perceived Object)——感受或体验到的具体或抽象的实体,如:

John saw the monster.

张三看到了那个怪物。

It seemed to me that there was something wrong with the machine.

我觉得似乎那机器出了点毛病。

The story frightened the children.

这个故事吓坏了那些孩子。

9. 接受者(Recipient)——目标的一个分类,表示授受关系动词的东西接受者,如:

John gave Mike a present.

张三送给李四一件礼物。

Mike received money from John.

李四收到了张三送的钱。

10. 工具(Instrument)——做一项工作的工具,如:

John cut the meat with a knife.

张三用<u>刀</u>切肉。

This <u>key</u> will open that door.

<u>这把钥匙</u>可以开这扇门。

11. 受益者(<u>Beneficiary/Benefactive</u>)——事件的得益者,如:

John bought that book for <u>Mike</u>.

张三买了那本书给<u>李四</u>。

John cooked <u>him</u> dinner.

张三给<u>他</u>做饭。

应当指出的是,有些名词短语在小句中的语义功能可能是兼类的。例如,Jackendoff(1972:32)指出,在像"John rolled down the hill"(约翰滚下了山)这样的句子中,John 可以既是施事,即动作的执行者或发起者,又是题元,即句子所描述的处于某一运动或处所中的实体。当然,如果前面另有一小句说明施事,如"Mike pushed John, and John rolled down the hill"(迈克推了约翰,约翰滚下了山),那么后一小句中的 John 只是一个题元。因此,我们在遇到像"John rolled down the hill"(约翰滚下了山)这样的句子时,可以将 John 处理为题元。只有在小句中另有一个明确的受事时,才将动作的执行者或发起者定为施事。

第 17 个字段 R_type 是一个字符型字段,宽度为一个字符,用于输入名词短语的指称类型。可输入的选项为:A=回指;C=下指;N=新引入实体。如果一个名词短语代表的是一个新引入的篇章实体,那么说明它在篇章中只是用作先行语,而不是一个回指语。这类名词短语通常是无定名词短语,关于这类名词短语的记录在数据库整理时最终会被删去。因而,在最终整理完的数据库里,第 3 到第 17 个字段所记录的实际上将是关于篇章中回指语的信息。

5.2.3 关于先行语的信息

接下来的第 18 到第 31 个字段记录的是与每个回指语相对应的先行语的信息。

第 18 个字段 A_chapter、第 19 个字段 A_paragra、第 20 个字段 A_sentence、第 21 个字段 A_clause、第 22 个字段 A_np_no 和第 23 个字段 A_np_noh 都是数值型字段,分别与 R_chapter、R_paragra、R_sentence、R_clause、R_np_no 和 R_np_noh 相对应,用于输入先行语所在章的序号、

先行语所在段落的序号、先行语在段落中所在句子的序号、先行语在句中所在小句的序号、先行语在段落中的名词短语序号和先行语在整篇文章中的名词短语序号。

第 24 个字段 A_sentcon 和第 25 个字段 A_claucon 都是字符型字段，分别与 R_sentcon 和 R_claucon 相对应，用于输入先行语所在句子和小句中的句间连接词，包括一些表达承接语气的副词。

第 26 个字段 A_claufun、第 27 个字段 A_nptype、第 28 个字段 A_gender、第 29 个字段 A_number、第 30 个字段 A_syntac 和第 31 个字段 A_seman 也都是字符型字段，分别与 R_claufun、R_nptype、R_gender、R_number、R_syntac 和 R_seman 相对应，分类与输入代码也相同，分别用于输入先行语所在小句在句中的句法功能、先行语的名词短语类型、先行语的性、先行语的数、先行语在小句中的句法位置和语义功能。

5.2.4　回指语与先行语之间的篇章间隔距离信息

数据库结构表中提供的最后一类信息是回指语与先行语之间的篇章间隔距离。这类信息是派生的信息，不必在数据输入时输入，而是在数据输入并经核对和整理后，输入数值运算表达式，由电脑计算获得。表达这些信息的字段都是数值型字段。

第 32 个字段 dp 表示回指语与先行语在篇章中的段落间隔距离，可通过将回指语所在段落的顺序号减去先行语所在段落的顺序号获得，数值运算表达式是：dp＝R_paragra−A_paragra。

第 33 个字段 ds 表示回指语与先行语在段落中的句子间隔距离，可通过将回指语在段落中所在句子的顺序号减去先行语在段落中所在句子的顺序号获得，数值运算表达式是：ds＝R_sentence−A_sentence。只有当回指语与先行语在篇章中的段落间隔距离为零（即 dp＝0）时，才有回指语与先行语在段落中的句子间隔距离。也就是说，如果 dp>0，那么我们便不再计算 ds。

第 34 个字段 dc 表示回指语与先行语在句子中的小句间隔距离，可通过将回指语在句中所在小句的顺序号减去先行语在句中所在小句的顺序号获得，数值运算表达式是：dc＝R_clause−A_clause。同样，只有当回指语与先行语的句子间隔距离为零（即 ds＝0）时（此时 dp 也必定是零），才有回指语与先行语在句子中的小句间隔距离。也就是说，如果 ds>0，那么我们也不再计算 dc。

第 35 个字段 dnp 表示回指语和先行语之间相隔的其他名词短语的数量,可通过将回指语在整个篇章中的顺序号减去先行语在整个篇章中的顺序号获得,数值运算表达式是:dnp＝R_np_noh-A_np_noh。

5.3 建立数据库的方法和步骤

5.3.1 建立数据库的方法

从 5.2 节的数据库结构表中我们可以看出,该数据库共含有 35 个字段。这意味着,每一条记录都含有 35 项内容,而篇章中所出现的每一个名词短语,都需要作为一条记录输入数据库。由此可见,数据库的建立是一项非常费时的工作,而且也较容易出错。不过,在建立数据库的过程中,我们可以采用某些简单的方法,减轻数据输入的工作量,提高数据库的质量。我们只要具有应用 dBASE IV 或 FoxPro 等数据库系统的基本知识,都可以掌握和运用这些方法。

首先,数据库结构表中第 8、第 23 及第 32 到第 35 个字段,即 R_np_noh、A_np_noh、dp、ds、dc 和 dnp 这 6 个字段的内容无须输入,可以在数据全部输入并核对无误后,利用电脑进行计算。dBASE IV 和 FoxPro 等数据库系统软件都提供了数据替换功能,很容易解决此类问题。

其次,数据库结构表中第 18 到第 31 个字段,即 A_chapter、A_paragra、A_sentence、A_clause、A_np_no、A_np_noh、A_sentcon、A_claucon、A_claufun、A_nptype、A_gender、A_number、A_syntac 和 A_seman 这 14 个关于先行语字段的内容,与第 3 到第 16 个字段,即 R_chapter、R_paragra、R_sentence、R_clause、R_np_no、R_np_noh、R_sentcon、R_claucon、R_claufun、R_nptype、R_gender、R_number、R_syntac 和 R_seman 这 14 个关于回指语字段的内容大多是重复的。这是因为,正如本书前面 5.1.2 节中所指出,绝大多数名词短语在篇章中既是上文先行语的回指语,又是下文回指语的先行语,而 dBASE IV 和 FoxPro 等数据库系统都提供了数据库结构修改和数据库连接的功能。所以,除了 A_paragra 和 A_np_no 这两个字段外,其余第 18 到第 31 个字段的内容都可以不输入,待数据全部输入并核对无误后,利用原始数据库经修改结构后产生一个新的数据库,再将两个数据库连接合并[5],产生第三个最终需要的数据库。

采用上述方法后,实际需要输入内容的字段数共为 18 个,减少了近一半。

5.3.2　建立数据库的步骤

按照上述方法,本书作者采用下列具体步骤,逐步完成数据库的建立工作。

第一,先建立一个数据库结构,文件名为 DIS_ANA1,所含字段包括 5.2 节数据库结构表中第 1 到第 17 个字段中除了第 8 个字段 R_np_noh 之外的全部字段,再加上 A_paragra 和 A_np_no 这两个字段,共 18 个字段;然后将篇章中出现的每一个名词短语作为一条记录,逐个输入这个数据库,直至全部输入完毕;再逐条记录、逐个字段地核对输入的内容,发现错误加以修改,确保输入数据无误。这是一项最基础的工作。

第二,利用 dBASE IV 或 FoxPro 的修改结构功能,用 MODIFY STRUCTURE 命令方式,在 DIS_ANA1 数据库结构的第 7 个字段 R_np_no 的后面,插入一个新的字段 R_np_noh。在修改结构之前,系统会自动复制一个后备文件,修改生效后,选择将数据从后备文件中取回(如用 FoxPro 的话,系统会自动取回)。然后,利用数据库软件系统的字段内容替换功能,用命令方式按每篇故事的输入顺序,逐段用 R_np_no 字段中的数值,计算出 R_np_noh 字段中的数值。具体方法如下:

USE DIS_ANA1 ↵

REPLACE ALL R_np_noh WITH R_np_no + X FOR T_TITLE = "XXXXX" ↵

其中,WITH 后面的 X 是到上一段为止,篇章中共出现的名词短语的数量。如果是每篇的第一段,那么 X = 0,执行这一命令的结果为 R_np_noh = R_np_no。也就是说,每篇故事第一段中名词短语在整篇故事中的顺序号与在段落中的顺序号相同。如果第一段中共有 15 个名词短语,那么对于第二段来说,X = 15。执行这一命令的结果是,第二段中的名词短语在篇章中的顺序号等于在本段中的顺序号加上 15。如果第二段中共有 18 个名词短语,那么对于第三段来说,X = (15 + 18) = 33。接下去依次类推。

　　FOR 后面的 XXXXX 是故事的篇名，说明这项工作需要一篇故事接一篇故事逐步进行，因为每篇故事各段落中的名词短语数量是不等的。（电脑高手应该可以编一个程序一次执行。）

　　第三，利用 DIS_ANA1 复制另一个文件名为 DIS_ANA2 的数据库，命令方式为：

　　COPY FILE DIS_ANA1. DBF TO DIS_ANA2. DBF ↵

　　再用 MODIFY STRUCTURE 命令修改 DIS_ANA2 的数据库结构。首先删除 R_type、A_paragra 和 A_np_no 这三个字段，修改生效后选择将数据从后备文件中取回。然后再一次用 MODIFY STRUCTURE 命令修改 DIS_ANA2 的数据库结构，将第 3 到第 16 个字段所有以 R 开头的字段名，全部改为以 A 开头。修改生效后选择将数据从后备文件中取回。这样，DIS_ANA2 的数据库便成为一个关于先行语信息的数据库，其中只含有关于先行语的篇章位置[6]以及先行语的形式语义特征等方面的信息。

　　第四，将 DIS_ANA1 和 DIS_ANA2 这两个数据库文件中的内容组合起来，产生一个新的数据库文件 DIS_ANA3，使之既含有关于回指语的信息，又含有关于其先行语的信息。命令方式为：

　　USE DIS_ANA1 ↵

　　SELECT 2 ↵

　　USE DIS_ANA2 ↵

　　SELECT 1 ↵

　　USE DIS_ANA1 ↵

　　JOIN WITH B TO DIS _ ANA3 FOR T _ title = B - > T_title . AND.
　　　A_paragra = B->A_paragra . AND.　A_np_no = B->A_np_no ↵

　　（此条命令在 dBASE IV 和 FoxPro 中通用，在 FoxPro 中还可写为：）
　　JOIN WITH B TO DIS _ ANA3 FOR T _ title = B. T _ title AND
　　　A_paragra = B. A_paragra AND A_np_no = B. A_np_no ↵

　　FOR 后面的命令规定了两个数据库组合的条件。由于两个数据库中都含有 T_title、A_paragra 和 A_np_no 这三个字段，即关于每个先行语所在的篇章和所在的段落以及在段落中的顺序号，所以系统会用 DIS_

ANA1 库中的每条记录与 DIS_ANA2 库中的各条记录相比较,如发现 T_title、A_paragra 和 A_np_no 这三个字段的字符或数值相同,便会将两个库中相应记录的内容组合为新数据库 DIS_ANA3 中的记录。

在连接合并后生成的新数据库 DIS_ANA3 中,将不包含所有 R_type＝N 的记录,即所有在篇章中用于引入一个新实体的名词短语的记录。这是因为,如果一个名词短语在篇章中是用来引入一个新实体的,那么这个名词短语便在篇章没有先行语,自然也就没有关于先行语的 A_paragra 和 A_np_no 这两个字段中的内容,因而系统在两个数据库中找不到相匹配的记录。这样产生的新数据库 DIS_ANA3 正是我们所需要的数据库,因为在这个数据库里,包含了所有用作回指语的指称词语的信息,而且只包含这类指称词语的信息,便于我们分析和统计这类指称词语在篇章中的分布和表达的指称关系。

第五,用 MODIFY STRUCTURE 命令方式,在 DIS_ANA3 数据库的最后插入 dp、ds、dc 和 dnp 这四个新字段。再利用数据库软件系统的字段内容替换功能,用命令方式计算出这四个字段中的数值。具体方法如下：

USE DIS_ANA3 ↵

REPLACE ALL dp WITH R_paragra−A_paragra ↵

REPLACE ALL ds WITH R_sentence−A_sentence ↵

REPLACE ALL dc WITH R_clause−A_clause ↵

REPLACE ALL dnp WITH R_np_noh−A_np_noh ↵

至此,篇章回指研究数据库 DIS_ANA3 便建成了。在我们的 DIS_ANA1 数据库中共有 1,389 条记录,其中 R_type＝N 的记录共有 154 条。在 DIS_ANA3 数据库中,这 154 条记录被删除,剩下的 1,235 条都是篇章中用作回指语的指称词语的记录。

本书分析所用的数据库是用 dBASE IV 建立的,下面使用 Microsoft Visual FoxPro 6.0 来具体说明如何按照上述步骤建立一个数据库。这两个数据库应用软件中的命令绝大多数是互相通用的。为了节约版面及排版方便,此处只选用 5.2 节数据库结构表中的几个关键字段,建立一个关于前面例(2)一段汉语篇章的数据库。那段汉语篇章重复如下,并对篇章中出现的名词短语用下标编出顺序号[7]。

(4) a. 从前,有<u>个勤劳的铁匠</u>$_1$,

b. <u>他</u>$_2$有<u>个儿子</u>$_3$,

c. <u>Ø</u>$_4$快满二十岁了,

d. <u>Ø</u>$_5$人倒生得又高又大,

e. <u>Ø</u>$_6$就是好吃懒做。

f. <u>铁匠</u>$_7$常为这件事发愁。

(《传家宝》)

首先,用 CREATE 命令建立一个文件名为 TEST1 的数据库结构。可在命令窗口中键入:

CREATE TEST1 ↵

屏幕上跳出表设计器,在表设计器中输入如下几个字段名:R_np_no、R_nptype、R_syntac、R_type、A_np_no,并按 5.2 节中的数据库结构表,指定字段的类型及宽度。结束后单击[确定]按钮,出现"现在输入数据记录吗?"的对话框。选择[是],便进入了数据输入窗口,可向这一数据库输入数据(如果选择[否],那么以后用 APPEND 命令同样可以进入数据输入窗口)。结束后退出,系统会自动存档。此时,再在命令窗口键入:

BROWSE ↵

便可见到如下一个数据表:

表 7: TEST1 数据表

R_np_no	R_nptype	R_syntac	R_type	A_np_no
1	IN	22	N	
2	PP	11	A	1
3	IN	22	N	
4	ZE	11	A	3
5	ZE	11	A	4
6	ZE	11	A	5
7	DN	11	A	2

该数据库主要包含了关于回指语的信息。其中,R_np_no 是名词短语在段落中的顺序号,此段文字共出现 7 个名词短语,因此共有 7 条记录。R_nptype 代表了名词短语的类型,类型的代码见 5.2.2 节表 5 中的名词

短语类型及输入代码表。R_syntac 代表了每个名词短语在小句中的句法位置,代码见 5.2.2 节表 6 中的名词短语在小句中的句法位置分类及输入代码表。R_type 代表了每个名词短语的指称类型,N 表示该名词短语引入一个新实体,A 表示该名词短语是一个回指语。A_np_no 表示该名词短语的先行语在段落中的顺序号,只有 R_type＝A 的名词短语才有先行语,因而才有先行语在段落中的顺序号。数据库第 1、第 2 两条记录告诉我们:此段故事中的第一个名词短语"(一)个勤劳的铁匠"是个无定名词短语,出现在动词"有"的后面,引入一个新篇章实体,因而没有先行语,也没有先行语在段落中的顺序号;第二个名词短语是一个人称代词,出现在动词前面,用作回指语,其先行语是此段的第一个名词短语。

　　然后,用 COPY 命令将 TEST1 复制一个文件名为 TEST2 的数据库。可在命令窗口中键入:

　　COPY FILE TEST1. DBF TO TEST2. DBF ↵

再用 MODIFY STRUCTURE 的命令修改 TEST2 数据库的结构。可在命令窗口中键入:

　　USE TEST2 ↵

　　MODI(FY) STRU(CTURE) ↵(括号中的字母可省略不打)

跳出表设计器及原有的字段名。删除 R_type 和 A_np_no 两个字段,单击[确定]按钮,出现"结构更改为永久性更改?"的对话框,选择[是]。再次在命令窗口中键入:

　　MODI STRU ↵

在跳出的表设计器中,将字段名 R_np_no、R_nptype 和 R_syntac 分别改为 A_np_no、A_nptype 和 A_syntac,单击[确定]按钮,出现"结构更改为永久性更改?"的对话框,选择[是]。这时,再在命令窗口键入:

　　BROWSE ↵

便可见到下面一个 TEST2 数据表:

表 8：TEST2 数据表

A_np_no	A_nptype	A_syntac
1	IN	22
2	PP	11

118

A_np_no	A_nptype	A_syntac
3	IN	22
4	ZE	11
5	ZE	11
6	ZE	11
7	DN	11

该数据库成为一个关于先行语信息的数据库。

最后，再用 JOIN 命令将 TEST1 和 TEST2 的内容合并起来，生成一个文件名为 TEST3 的新数据库，条件是两个数据库中都含有的 A_np_no 字段中的数值相等。可在命令窗口中键入：

USE TEST1 ↵

SELECT 2 ↵

USE TEST2 ↵

SELECT 1 ↵

USE TEST1 ↵

JOIN WITH B TO TEST3 FOR A_np_no=B. A_np_no ↵

屏幕下端显示"5 条记录已连接"，说明连接成功。此时，再在命令窗口键入：

USE TEST3 ↵

BROWSE ↵

便可见到如下一个 TEST3 数据表：

表 9：TEST3 数据表

R_np_no	R_nptype	R_syntac	R_type	A_np_no	A_nptype	A_syntac
2	PP	11	A	1	IN	22
4	ZE	11	A	3	IN	22
5	ZE	11	A	4	ZE	11
6	ZE	11	A	5	ZE	11
7	DN	11	A	2	PP	11

该数据库同时包含了回指语及其先行语的基本信息。其中,前 4 个字段的字段名及字段中的内容与 TEST1 中前 4 个字段相同;最后 2 个字段的字段名及字段中的内容与 TEST2 中后 2 个字段相同;而第 5 个字段 A_np_no 是 TEST1 和 TEST2 中所共有的字段,确保两个数据库中只有 A_np_no 字段数值相同的两条记录才能连接合并。其结果是,TEST1 中 5 个用作回指语的名词短语的记录后面,在 TEST3 中都添上了与其对应的先行语的信息;而 TEST1 中两个用于引入新实体的名词短语的记录,即 R_type = N 的记录,都没有包括在 TEST3 中。

5.4　小结

为了研究和分析自然篇章中指称词语使用分布的规律和表达的指称关系,验证上一章提出的篇章回指确认原则,发现在自然篇章中影响实际指称关系的其他因素,研究这些因素与篇章回指确认原则之间的相互影响,本书作者建立了一个篇章回指研究语料数据库。本章介绍了建立数据库的目的、方法和所包含的内容,并介绍了建立这一数据库的具体步骤。

有了这一数据库,我们不仅可以像 Ariel（1990）那样,根据各类指称词语本身的形态语义特征来区分和检验它们表达的可及性,而且还能分析和检验它们在小句中的句法位置和语义功能对表达可及性的影响。同时,我们还可以利用数据库来分析和研究篇章中所谈论主题的引入、维持和转换规律。通过对自然篇章中表达的实际指称关系的分析,我们能够对建立在理论假设基础上的三类可及性标示语及三类主题有更具体、更清楚的认识,作出更确切的分类和表述,从而可以使我们有可能对篇章回指确认原则作某些修正,使之更符合自然篇章中表达的指称关系的实际情况。

在利用数据库验证上一章中提出的篇章回指确认原则之前,有必要先利用数据库来分析和研究自然篇章中主题引入、维持和转换的规律。这将是下一章所要讨论的内容。

注释：

[1] 当然,如果为了统一处理所谓的主语控制和宾语控制的零形代词,在 V_2 前添上零形代词也无妨。

[2] 根据第三章 3.3.6 节关于主题性篇章条件的规定,只有在篇章(或其片断)描述的动作过程中的一个明确参与者才能成为篇章谈论的一个主题。因此这里所说的"名词短语"是指篇章中明确指称某一具体篇章实体的名词短语,并不包括那些没有明确指称,或指称对象并不是一个具体的篇章实体的名词短语。在本研究的民间故事语料中,那些没有明确指称或指称对象不是一个具体的篇章实体的名词短语并不多。

[3] 有定/无定描述语中的无定名词(短语)在篇章中用作首次引入的一个实体,因此不是一个可及性标示语。但是,这些名词短语将会在数据库整理时被删除,因此不会影响可及性标示语的分类统计。本书在下面将还会提到。

[4] 石毓智(2002:33)将"谁"的这种用法称为疑问代词的一种引申用法,即用作"遍指",其他疑问代词用作遍指的例子有:

    (i) 什么他都吃过。

    (ii) 她哪里都去过。

除了疑问代词可以用作遍指之外,汉语中部分名词和个体量词重叠也可以表示遍指,如(同上):

    (iii) 我<u>人人</u>都通知到了。

    (iv) <u>个个</u>我都问过了。

    (v) <u>家家</u>我都调查了。

    (vi) <u>件件</u>我都试过了。

[5] 需要输入 A_paragra 和 A_np_no 这两个字段的内容,正是为了确保将每个先行语的信息正确连接到与它对应的回指语的那条记录上。

[6] 这一位置与 DIS_ANA1 中先行语的篇章位置相同,以便在连接时,保证每条先行语的记录连接到其回指语的记录上。

[7] 此段中另外还有两个名词短语,即(d)中的"人"和(f)中的"这件事"。但由于"人"没有明确的指称,而"这件事"的指称对象并不是一个具体的篇章实体,也不是动词所描述的过程中的一个参与者,所以都没有列为要分析的名词短语。

第六章

篇章中的主题管理

第三章指出,虽然主题可以定义为一个句子或小句所谈论的实体,而且这一主题实现为——从而也可以识别为——小句中的一个成分,但是就篇章回指来说,我们最感兴趣的,是主题在篇章中作为一个过程参与者的属性,因为主题的这一属性与篇章中的指称跟踪和处理直接相关。换言之,正如 Givón(1990:740)所指出:"主题性并不是指称对象依赖小句而获得的一种属性,而是依赖语篇而获得的一种属性"(着重号原有)。

通常,作者在篇章中会提到许多不同的实体,有的是作者想谈论的重要主题,有的是次要主题,有的则只是提及而已。语言也为作者提供了不同的表达手段,使作者有可能向读者暗示篇章中不同实体的不同主题性。因而,作者在篇章组织中的一项重要任务便是对主题的管理。主题管理(topic management)至少包括如下两项工作:1)在实体首次引入篇章或其后再次提及它们时,将某些实体标示为(潜在的)重要主题;2)随着篇章的展开,向读者提示主题的维持或转换。而对于读者来说,理解作者在篇章中运用的主题管理方式,对于理解篇章中指称词语表达的指称关系十分重要。因此,本章将利用按前一章的方法建立起来的民间故事语料数据库,并利用报刊语料,来分析和讨论上述有关主题管理的两个方面的问题。

6.1 主题标示

语言中的主题标示(topic marking)手段可以分为两大类:一类是句法手段,另一类是形态手段。作者可以在篇章中利用这些手段来向读者提示,某个实体将成为或已经是篇章某一部分的主题。根据 Givón(1990:

Chap. 17)对世界上许多不同语言的研究,从语言类型学的角度来说,句法主题标示手段有:1)存现结构(existential-presentative construction);2)Y移位(Y-movement);3)左偏置(left dislocation);4)右偏置(right dislocation);5)与格转移(dative-shifting);6)提升(raising);等等。形态主题标示手段包括使用指示词、冠词和代词来表明篇章中某个主题的引入或重新引入,以及表明所引入主题的相对重要性。

不过,Givón 所说的主题是指所有篇章中提及的参与者,涵盖的范围比本书第三章中所定义和识别的主题范围要广一些。因此本节将着重讨论那些与我们的主题概念直接相关并在汉语篇章中广泛使用的主题标示手段。

6.1.1 存现结构

语言中的存现结构典型地用于将一个新的重要实体作为主题引入篇章。存现结构中表达存现意义的动词包括以下四种主要类型:1)存在动词"有";2)表示某人或某物出现或消失的动词,如"出(了)""来(了)";3)表示某人或某物所在处所的动词,如"住(着)""坐(着)";4)表示作为某一事件或经历的结果,某人或某物出现于情景中的动词,如"养(了)""生(了)""娶(了)"(见 C.-T. J. Huang 1987)。下面是四个存现结构的例子,分别包含了上述四类存现动词中的一个(加下划线的是存现动词):

(1) a. 含有存在动词的存现结构:
从前<u>有</u>个泥水匠叫刘善。
(《八哥》)

b. 含有出现动词的存现结构:
正在这个时候,<u>出</u>了个汉子叫二郎。
(《二郎捉太阳的故事》)

c. 含有处所动词的存现结构:
鲁家湾里<u>住</u>着一个姓鲁的老木匠。
(《鲁班学艺》)

d. 含有作为事件的结果而出现动词的存现结构:
春天里<u>娶</u>了个媳妇,叫玉花。
(《红泉的故事》)

存现结构在篇章中不仅用于引入一个新主题,而且特别用来说明所引入的实体是一个重要的新主题,即那些最有可能在其后的篇章中重点谈论的主题。这一点可以从用存现结构和非存现结构引入的新主题在其后的篇章中提及的次数对比中看出。提及次数多的主题说明是作者重点谈论的主题。为此,本书利用上一章建立的篇章回指语料数据库,统计分析了 18 个民间故事中所有的人物参与者和那些至少在篇章中提及两次的非人物参与者。该数据库共含有 154 个这样的参与者,在其后的篇章中,这些实体共提及 1,235 次。本书按这 154 个实体在引入篇章时所采用的句法结构,分类统计了它们在其后篇章中提及的次数。统计结果见下表。

表 10：篇章中引入主题的句法结构分类统计

句法结构	引入主题数量	其后提及次数	
		提及总数	平均数
存现句	41	919	22.4
非存现句	113	316	2.8
合计	154	1,235	8.0

　　表 10 显示,在故事里提到的 154 个篇章实体中,41 个是由存现结构引入篇章的。这些实体在其后的篇章中共提及 919 次,平均每个实体提及 22.4 次。而其余用非存现结构引入的 113 个实体,平均每个实体在其后的篇章中只提及 2.8 次。由此可见,如果一个实体是采用存现结构引入篇章的,那么这一实体非常有可能会在篇章下文中详细描述与谈论,成为篇章中的一个重要主题;相反,如果一个实体是用非存现结构引入篇章的,那么很有可能那只是一个次要主题,在篇章中只是过渡性地简单提及一下,为发展主要主题服务。

6.1.2　Y 移位

　　如果说篇章中的存现句是典型地用于引入新的重要主题,或者说将新引入的主题标示为重要主题的话,那么 Y 移位[1]——或称主题化(topicalization)——则是篇章中典型地用于将某个通常已引入篇章或至少可以假定是可推测的实体标示为重要的、通常是对比性的主题的一种句法手段。这一点可以用下面的一个例句来说明:

（2）这,笔者是清楚的。(《人民日报》1990.1.13)

在此例中,经过 Y 移位或主题化的名词短语"这"是句子的有标记主题。这个主题指称的是一个抽象的实体,即某种说法或断言。这一说法在篇章上文的前一句中已经作了交代。在篇章中,Y 移位典型地用于选择一个新近引入的主题作为重点谈论的对象,并表明或暗示,这个重点谈论的实体与同一语义场中其他可能的实体形成对比。在上面的例子中,所隐含的对比双方是"这"一说法和其他说法。该句表达的大意是,"我对其他的说法或许了解得不多,但对于这一说法,我是很清楚的"。

Y 移位虽然也用于书面篇章中,但在口头话语中用得更多一些,常用来标示一个对比主题。Y 移位的这一功能与另一个句法手段——左偏置——十分相似。试比较下面一对例句。

（3） a. 小王,我还没有通知过。

　　　b. 小王,我还没有通知过他。

在上面的一对例句中,句(a)采用的是 Y 移位;句(b)则是采用左偏置,其中的重复代词(resumptive pronoun)"他"占据了左偏置的名词短语"小王"原先所处的位置。这两种句法结构都用来标示一个对比主题。由于左偏置和右偏置大多用于口头话语中,所以本书不把它们列为(书面)篇章中主要的主题标示手段。

6.1.3　前置副动词表达式与副主题

汉语中有一种句法手段,广泛地用于标示小句中的一个"次要主题"(secondary topic,见 Tsao 1987, 1990)。这一手段在 Givón(1990：Chap. 17)讨论的主题标示手段中没有提到。该句法手段采用一个副动词表达式(co-verbal expression)[2],将动词的宾语从动词后的位置前移到动词前。通过采用副动词(co-verb)而前置的宾语不但可以是一个与格(dative)或受益格(benefactive)名词短语,即通常为指人的名词短语,也可以是一个非指人的名词短语。请看下面的两个例子：

（4） a. 有这么一家有钱的,他白价黑夜的光打算怎么会发财,总想占人家的便宜。

　　　b. 天长日久,谁也不敢靠近他,背地给他起了个绰号叫"三刀子"。(《元宝》)

(5) a. 第二天,他妈妈又偷偷地给他一块钱。……

　　 b. 他……把钱交给他父亲。

　　　(《传家宝》)

　　在(4b)中,副动词表达式"给他"中的与格代词"他"被置于动词表达式"起了个绰号"的前面。尽管在含有汉语动词表达式"起绰号"的小句中,与格名词短语似乎通常都是采用一个副动词短语,将其置于动词的前面,但是同样的意思可以用下面三句句子中的任何一句来表达,在没有上下文的情况下,这三句孤立的句子表达的语义基本相同。

(6) a. 人们送了一个绰号给他。

　　 b. 人们送他一个绰号。

　　 c. 人们给他送了一个绰号。

　　与格代词"他"在句(a)中编码为一个间接宾语,在句(b)中编码为一个直接宾语[3],而在句(c)中编码为一个动词前副动词"给"的宾语。在其他条件相同的情况下,编码为直接宾语的与格名词短语,比编码为间接宾语的与格名词短语更有可能指称一个先前谈论过的实体;而编码为一个动词前的副动词宾语的与格名词短语,比编码为直接宾语的与格名词短语更有可能指称一个在篇章中已确立的实体[4]。

　　然而,与存现句的用法不同的是,使用前置副动词短语的目的通常并不是引入一个新主题,并将其标示为一个将要谈论的潜在重要主题,而是标示一个上文提及的已确立的实体。这一点可以从上面的例(4)中清楚地看出。在该例中,一个有钱的人在句(4a)的第一小句中用存现结构引入篇章,然后成为下面两小句的谈论对象。因此,到了句(4b),这个有钱的人已经确立为篇章中的一个重要主题,句子中的前置副动词短语"给他"完全是用于标示一个已确立的重要主题。

　　同样,在上面的(5b)中,无生命名词宾语"钱"在副动词结构(即"把"字结构)中被提升到动词的前面。这个前置宾语所指称的,也是一个已引入篇章的实体,即句(5a)中提到的"一块钱"。如有必要,汉语有可能将两个宾语同时采用副动词结构前置。例如,在下面的例句中,两个副动词短语"把钱"和"给他"都置于动词"送"的前面。通常在这样的句子中,副动词宾语"钱"和"他"都是上文提到过的实体。

(7) 老李及时把钱给他送了去。

Tsao（1987，1990）指出[5]，"把"字结构中的那个名词短语，或者总的来说，一个前置副动词表达式中的名词短语，是句子的"次要主题"（secondary topic），而句中主语/主题位置上的那个名词短语是句子的"主要主题"（primary topic）。本书将把句子中前置副动词短语中的那个宾语名词短语表达的实体称为"副主题"（co-topic）[6]，因为从某种意义上来说，含有副主题的句子也是一个关于那个副主题的句子。我们可以给副主题下如下一个正式的定义：

（8）副主题的定义

　　一个实体 E 是句子 S 的副主题，当且仅当 E 是篇章上文刚提到的一个动作过程中的参与者，并且读者在处理 S 时，他可以推测作者写这句话的意图是向他进一步提供关于 E 与 S 的主题相关的信息。

本书的副主题与 Tsao 的次要主题之间的主要区别是：Tsao 的次要主题主要是根据名词短语在句子中的句法位置确定的；而本书的副主题则主要是从篇章处理的认知心理角度确定的。对他来说，任何前置副动词短语中的名词短语，都可以自动识别为一个次要主题。而本书认为，只有篇章中新近提到一个实体，并且在这个实体再次成为某个动作过程中的一个参与者时，才能成为一个副主题。因此，并非所有的动词前的名词短语都能成为副主题，也并非动词后的名词短语都不能成为副主题。例如，在下面的例子（与前面脚注 4 中的例句相同）中：

（9）候选人给选民或送钱，或赠物，或开列期约，或报知股票明牌。
　　　（《人民日报》1989. 11. 30）

"选民"虽然是前置副动词"给"的宾语，但是本书并不认为它是一个副主题，因为它在篇章上文中并没有提到，全文谈论的也只是候选人在选举中的各种舞弊行为；而 Tsao 则可能会认为它是一个次要主题，因为它出现在动词的前面。

另一方面，虽然副主题典型地编码为一个前置名词短语，但是在少数情况下，甚至一个动词后的名词短语，只要符合上面副主题定义规定的篇章条件，也能成为一个副主题。下面便是这样的一个例子：

（10）a. 师傅们都挺爱这只八哥，
　　　b. Ø 还常教它说话、唱小调。
　　　（《八哥》）

在上面的例子中，"八哥"这一实体在句(a)中提及，句(b)中的"它"又再次指称这一实体。作为读者，我们会感到，在写句(b)时，作者的意图不仅是向我们进一步提供关于"师傅们"的信息，同时也是向我们进一步提供关于"八哥"的信息。因此，虽然"它"位于动词后，但它所指称的实体在上文中刚提及，与小句主题"师傅们"的关系密切，因此我们可以将其识别为句(b)所谈论的一个副主题。但是对于 Tsao 来说，由于句(b)中的代词"它"出现在动词后的句法位置上，或许他不会认为"它"是一个次要主题。本书的副主题与 van Hoek（1997：56）所说的次要参照点（secondary reference point）更为接近。由于英语中没有类似的"把"字或"被"字结构，她将动词的直接宾语视为次要参照点。她认为小句中的主要参照点（primary reference point）是小句的主语。

我们之所以需要将"再次提及"作为副主题识别的一个条件，是因为在小句中一个非主语/主题位置上的名词短语表达的实体首次提及时，它本身并不是一个副主题，而只是篇章下文中的一个潜在副主题，正如存现句中名词短语首次引入篇章的实体并不是存现句本身的主题，而只是篇章下文的一个潜在（重要）主题一样。如果这个潜在副主题在其后的篇章中并未再次提及，那么我们会将其理解为只是篇章中顺便提及的一个实体，在句子中是谓语的一个组成部分。相反，如果它在其后的篇章中被再次提及，那么我们可以推测，作者在谈论主题的同时，也想谈论这一实体，因而它是一个副主题。例如，在上面的例(9)中，由于"选民"在篇章上文中并没有提到，所以这句话实际上只是讲那些"候选人"在竞选期间有些什么贿选行为，而并不是讲"选民"干了些什么。而在例(10)中，由于"八哥"这一实体在句(b)中再次提及，所以有资格成为该小句的副主题。在这一篇章语境中的句(b)，确实使人产生这样一种印象，即该句要谈的不仅是那些师傅们，而且也是那个八哥，或者说是师傅们与八哥之间的关系。

由于存现句典型地用于引入和标示一个新的重要实体，作为篇章下面一句的主题，而前置副动词表达式用于标示一个已确立的实体，作为小句的副主题，所以存现句中用于引入一个新实体的名词短语通常是一个无定名词短语，而前置副动词短语中的名词短语通常是一个代词或有定名词短语。这一点可以从本书的民间故事语料中无定名词短语的分布中得到部分验证。在本书的民间故事语料中，共出现 63 个无定名词短语，其中 41 个出现在存现句中,而没有一个用于前置副动词表达式中。

如果一个前置副动词短语中的名词短语表达的指称对象具有很高的可及性,那么这个名词短语有可能编码为一个零形代词。下面是自然篇章中的一个实际例子:

(11) a. 有一个地主,

   b. Ø 爱财如命。

   c. 一个麻钱 Ø 看得比磨盘还大,

   d. Ø 看到有利的事,

   e. Ø 恨不得 Ø 把脑袋削尖,

   f. Ø 钻进钱眼去。

   g. 平素 Ø 对待佃户们,

   h. Ø 又悭吝又刻薄。

   i. 因此,众人给 Ø 起了个绰号:

   j. Ø 叫"财迷精"。

   (《金马驹和火龙衣》)

在上例中,句(i)里的前置副动词短语"给 Ø"中的零形代词,指称的是前面几句一直在谈论的一个实体,即那个地主。该实体在句(a)中由一个存现结构引入,并成为句(b)到句(h)中的主题。到了句(i),由于这个实体具有非常高的可及性,所以作者用了一个零形代词来指称,尽管这个零形代词在小句中是副动词"给"的宾语。

一些研究者认为,汉语中的副动词一般不能流落(stranded),即不能因为没有一个显性的宾语而成为一个孤立无援的成分。例如,黄衍(Y. Huang 1994:131)认为,下面例(12)中的句子(他的例(5.30a),其中表示不合语法的星号为原有)"不合语法,因为在汉语中副动词的宾语一般不能省略"。L. J. Xu & Langendoen (1985:11)也认为,下面(13a)(他们的例(44a),星号原有)如果表达的是(13b)的意思,那么是一句结构不合法的句子。

(12) *小明的坏脾气给 Ø 带来了许多麻烦。

(13) a. *张三我被打了。

   b. 我被张三打了。

   c. 我被打了。

而(13c)是一句合乎语法的句子,因为"被"在该句中并不是用作副动词,而是用作一个表示被动的语法功能小品词(particle)。汉语中的"给"有时也可以用作被动小品词,如见下例:

(14) 苹果全给吃光了。

但是,上面(11i)中的"给"无疑是一个副动词,而不是一个表示被动的小品词,因为句中的主语"众人"显然是动词短语"起了个绰号"的施事,而非受事。此例说明,尽管汉语中的副动词或许通常不能流落,但这并非是汉语中的一条绝对的句法规则。而要解释为什么汉语中的副动词有时可以流落,最为有效的办法是检验语篇中影响其使用的因素。从例(11i)中我们可以看出,有可能使副动词流落的一个篇章语境因素是:副动词宾语的指称对象是一个具有很高可及性的篇章实体。如果这一篇章条件得到满足,那么至少像"给"这样的副动词是有可能流落的。

6.1.4　形态手段

要将名词短语标示为篇章中谈论的一个主题,除了可以采用上述句法手段之外,汉语中也有一些形态手段可以利用。这些形态手段有时与一些句法手段同时使用,有时单独使用,其功能是向读者暗示它们所标示的主题在篇章中的相对重要性。总的来说,汉语用于标示篇章中名词短语主题性的形态手段可以分为两大类:第一类用于标示新引入篇章的实体作为下文中的潜在主题的相对重要性;而第二类则用于标示已引入篇章的实体作为下文(某一部分)的主要主题的相对重要性。

在汉语篇章使用的第一类主题标示形态手段中,最显著的是在将一个新实体首次引入篇章时,所采用的无定名词短语和光杆名词短语之间的对比[7]。在汉语中,表达名词短语无定性的形态手段主要包括数词加名量词(如果是单数名词短语的话,数词可省略),如"(一)个""两个"等,以及复数名词短语中表示指定(specific)或非指定(non-specific)的数量性词语,如"(一)些""很多"等。

由无定名词短语引入篇章的实体作为篇章中主要主题的相对重要性部分反映为它们在其后的篇章中提及的次数,所以我们可以通过统计它们在篇章下文中提及的次数来加以验证。前面6.1.1节中提到,在本书的民间故事语料数据库中,共有154个实体引入篇章。其中,63个实体由无定名词短语引入,84 个由光杆名词短语引入,7 个由零形代词和代词引入[8]。这些实体引入篇章后在下文中提及的总次数和平均次数列表如下:

表 11：篇章中引入主题的名词短语分类统计

名词短语类型	引入主题数量	其后提及次数	
		提及总数	平均数
无定名词短语	63	994	15.8
光杆名词短语	84	236	2.8
零形代词	5	3	0.6
代词	2	2	1.0
合计	154	1,235	8.0

表 11 显示,由无定名词短语引入篇章的实体,在其后的篇章中平均提及 15.8 次;而由光杆名词短语引入篇章的实体,在其后的篇章中平均提及的次数仅为 2.8 次。这清楚表明,总的来说,无定名词短语在汉语篇章中主要用于引入一个(潜在的)重要主题。

通过无定名词短语和光杆名词短语的对比来标示引入实体的相对重要性,还反映在这些实体在其后的篇章中是否还会再次提及。在本书的民间故事语料数据库中,154 个实体引入篇章后,有 50 个在其后的篇章中再未被提及过。表 12 分类统计了这 50 个实体(由于零形代词和代词用于引入一些非指定的任意指称对象,在其后的篇章中无法再确切地指称这些实体,所以在表中没有统计由这两类指称词语引入的实体在其后篇章中从未再次提及的百分比)。

表 12：名词短语引入的实体在其后的篇章中
从未再次提及的数量分类统计

名词短语类型	引入实体的数量	从未再次提及的实体数	百分比
无定名词短语	63	3	4.8%
光杆名词短语	84	45	53.8%
零形代词	5	2	
代词	2	0	
合计	154	50	

表 12 显示,一半以上由光杆名词短语引入篇章的实体在其后的篇章中从未再次提及,而从未再次提及的实体仅占由无定名词短语引入篇章的实体总数的 4.8%。这一结果再次说明,总的来说,无定名词短语主要用于将较重要的实体引入篇章。

有时,汉语无定名词短语的前面可以加上一个指示形容词"这么",用于引入一个非常重要的篇章主题。这个"这么"是一个无定指示词,其功能与(美式)英语口语中的无定指示词 this(这)十分相似,两者都用于标示一个重要主题。但是在用法上,汉语中的"这么"用于一个无定名词短语的前面,进一步强调该名词短语引入的篇章实体的重要性;而英语中的 this 则用于取代一个不定冠词,作为引入一个重要主题的强调形式。用于这一功能的"这么"已出现于前面的(4a)中,这里重复为下面的例(15),以便与例(16)中表达相似功能的英语无定指示词 this(引自 Wald 1983:98)相比较。

(15)　有这么一家有钱的,他白价黑夜的光打算怎么会发财,总想占人家的便宜。

　　　(《元宝》)

(16)　There's this guy that goes into the next door neighbors'es [原文如此] house.

　　　(有这么一个家伙,他专门私入邻居的家。)

在用于将一个新的重要主题引入篇章时,无定名词短语典型地出现在存现句结构中。在本书的民间故事语料数据库里的 63 个无定名词短语中,41 个用于存现结构中。在表 12 中,虽然有 3 个无定名词短语引入的实体在以后的篇章中从未再次提及,但这 3 个无定名词短语都不是用于存现句中。本书数据库中出现于存现结构中的所有名词短语,都是无定名词短语。因此,将表 11 与表 10 作一比较,我们可以发现,如果无定名词短语用于存现结构中,那么它们引入的实体在其后篇章中提及的平均次数进一步提高,从表 11 中的 15.8 次提高到表 10 中的 22.4 次。

在汉语篇章中使用的第二类主题标示形态手段中,最显著的是用于小句主语/主题位置上的指示词语。这些指示词语可以是一个单独的指示词,也可以是一个指示短语[9],用于标示一个已引入篇章的重要实体。这些指示词语指称的实体立即成为该句所关注的焦点,并很有可能成为篇章下文中的句子所谈论的一个主要主题。例如,在本书的民间故事语料中,有两篇故事中的主人公,其名字用作故事的标题,而这两个主人公首次引入篇章时,都是由存现句中的一个无定名词短语引入,然后在紧接着的第二句中由主语/主题位置上的一个指示词语指称。请看下面的两个具体例子:

(17) a. 从前有个泥水匠叫刘善,

　　　b. 他养了一只八哥。

　　　c. 这八哥十分伶俐,

　　　d. 每天清早 Ø 就跳到窗檐上叫几声:……

　　　(《八哥》)

(18) a. 过了不多日子,他们生了一个小孩。

　　　b. 无巧不成故事,这小孩正好像枣核那么点,……

　　　(《枣核》)

　　　由于存现句结构中的无定名词短语是用于引入一个新的重要主题,而主语/主题位置上的指示词语用于标示一个已引入篇章的重要主题,所以将故事中最重要的主题——故事中的主人公——以上面两例所示的方式引入篇章并再次提及,是最自然不过的了。

　　　通过对上面的讨论作一小结,可以得出这样一个结论:在汉语中,将一个实体标示为(潜在的)篇章主要主题的最重要手段是存现句结构和无定名词短语,两者常结合使用,后者有时可以在前面加上一个无定指示形容词"这么",来进一步强调所引入实体的主题性;而将一个已引入篇章的实体标示为主要主题的最重要手段是在句子的主语/主题位置上使用指示词语;前置副动词短语则用于标示一个重要的副主题。

6.2　主题引入

　　　在上一小节的讨论中,我们已经看到,存现结构是将一个重要主题引入篇章的常用手段。那么,其他的主题是如何引入篇章的呢? 为了研究这一问题,本书分析了民间故事语料中不同类型的名词短语在将实体引入篇章时所出现的句法位置。分析结果列表如下[10]。

表 13：篇章中主题引入的不同方式统计分析

名词短语类型	句法位置	数量	小计
无定名词短语	存现结构中	41	60
	动词宾语[11]	16	
	主语	3	
光杆名词短语	动词宾语	16	39
	主语	20	
	副动词宾语	1	
	名词短语修饰语	2	
零形代词	主语	3	3
代词	主语	2	2
合计			104

表 13 显示，存现结构只用于将无定名词短语表达的实体作为新主题引入篇章，但主题除了可以由存现结构引入篇章之外，还可以由主语、宾语，甚至名词短语修饰语位置上的名词短语引入篇章。下面来进一步观察各类名词短语是如何用于引入新主题的。本处将不再关心零形代词和代词在引入新主题方面的作用，因为关于这两类名词短语是如何引入一些任指实体的，第 146 页上的脚注 8 中简单交代过，并给出过一些相关实例。

6.2.1　无定名词短语

6.1.4 节中提到，无定名词短语典型地用于存现句中，引入新的重要主题。然而，表 13 同时显示，也有相当一部分无定名词短语（16 例，占总数的 26.7%）用作非存现动词的宾语。仔细分析这些无定名词短语后我们发现，它们一般用作两类动词表达式的宾语：第一类动词表达式包括一些感悟动词，如"（看）见"，以及含有后缀"出"的动词表达式；第二类是一些使役动词和行为动词。在本书的民间故事语料中，有一半作为动词宾语的无定名词短语出现在第一类动词表达式的后面；另一半出现在第二类动词的后面。下面是每一类的实际例子：

（19）a. 无定名词短语出现在感悟动词后：

忽然看见<u>一个太阳</u>从东边出来了。

(《二郎捉太阳》)

    b. 无定名词短语出现在含有"出"的动词表达式后：

       从柜里头取出<u>一块黑得发亮的铁</u>来。

       (《一块黑铁的故事》)

    c. 无定名词短语出现在使役动词后：

       让<u>一个能说会道的佃户</u>，拉着瘦马，去见财迷精。

       (《金马驹和火龙衣》)

    d. 无定名词短语出现在行为动词后：

       只见一只伞大的鹞子正在追赶<u>一只小凤凰</u>。

       (《百鸟床》)

从上面的例子中我们可以看到，第一类动词表达式实际上是准存现动词表达式，因为从某种意义上来说，这些动词表达式同样也是将某个新实体展现于情景之中。

无定名词短语有时也可能出现在句子的主语/主题位置上。第三章3.4节在讨论主题的类型时曾指出，如果一个句子以一个无定名词短语开头，那么这样的句子常常带有一种突然或意想不到的含义。因而，这类句子常含有一个表达突然或意想不到意义的副词，下面便是一个曾用过的例子，也是本书的民间故事语料中唯一一个此类例子。

（20）忽然，<u>一团黑影</u>掠过地面，噗啦啦地一片响，……

     (《百鸟床》)

但有时一个无定名词短语被置于主语/主题位置上是出于文体上句式变化的考虑，并没有意想不到的含义。事实上，在本书的民间故事语料的3个动词前无定名词短语中，有2个是用于这一目的。下面三句句子是一个民间故事中三个连续段落的起始句。

（21）a. 一天，<u>一个地主的儿子</u>骑着马来了，……

      b. 第二天，又来了<u>一个大商人的儿子</u>，……

      c. 最后，<u>一个身强力壮的年轻小伙子</u>来了，……

        (《一块黑铁的故事》)

在这三句中，句(b)是一句典型的存现句，句中的无定名词短语置于存现动词"来（了）"之后。其余两句中用的动词相同，但是句中的无定名词短语却都置于动词前的主语/主题位置上。这或许是为了防止连续三个段落用同样的句式开头，以便使文章中的句式多样化，因此是出于文体上的考虑而选用的一种句式变化，其篇章功能实际上相当于存现句。

6.2.2　光杆名词短语

表 13 显示，光杆名词短语用于引入一个新实体时，通常出现在动词的主语或宾语的位置上。进一步的观察显示，当光杆名词出现在主语位置上时，大部分（共 14 例，占总数的 70%）前面有一个有定名词短语修饰，因此从某种意义上来说也是有定的。下面是其中的一个例子：

（22）县太爷的管家对刘善说：……
　　　（《八哥》）

在上面的例子中，"县太爷"是一个已引入篇章的人物。因此，按第三章3.4 节中的主题分类，"县太爷的管家"是一个可推测主题。这是因为，根据一般的百科知识，我们可以推测，像县太爷这样的人会有一个管家。

有些主语位置上的光杆名词短语虽然前面没有有定名词短语修饰，但表达的同样是一个可推测主题（共 3 例，占总数的 15%）。另一些主语位置上的光杆名词短语根据 3.4 节中的主题分类，则是可定位的主题（2例，占总数的 10%）。这可以用下面一个民间故事中的两个连续小句来说明：

（23）a. 邻舍百家都夸奖起枣核来，
　　　b. 有的埋怨自己的孩子说：……
　　　（《枣核》）

在句（a）中，"邻舍百家"表达的是一个可推测主题，因为我们根据已有的百科知识判断，人们通常会有邻居。因此我们可以推测，这个光杆名词短语是指枣核（该故事中的主人公，已在故事开头交代过）的邻居；而句（b）中的"有的"表达的则是一个可定位主题，因为这个光杆名词短语指的是一个可确定的集（即枣核的所有邻居）中的一部分。

如果一个出现在主语/主题位置上的光杆名词短语表达的实体是不可确定的，或者是非指定的，即说话者假定，该名词短语的指称对象对他本人和听话者来说都是无法确定的（见 Chu 1983：11），那么这样的光杆名词短语似乎更多出现在一个从属小句中，因为从属小句表达的信息通常是背景化了的(backgrounded)信息。屈承熹先生认为(个人交流),这可能是受一条更一般的原则制约的结果,即非指定名词短语只能出现在背景中。下面是本书的民间故事语料中的一个例子:

(24) 当<u>别人</u>要拜他为师学艺的时候,他总是推辞说:……

　　　(《鲁班学艺》)

上面例句中的"别人"不仅是不可确定的,而且也是非指定的。由于例(24)中的从属小句是一个非断言性(non-assertive)的小句,这类小句中的主语/主题也不必是一个预设(presupposed)实体,所以一个非指定名词短语自然可以出现在一个从属小句的主语/主题位置上。

　　一个新的篇章实体也可以通过出现在动词宾语位置上的一个光杆名词短语引入,或者通过一个副动词宾语位置上的一个光杆名词短语引入,虽然后者出现的频率要低得多。下面是两个这方面的例子:

(25) 县太爷立刻派<u>兵丁</u>去捉拿刘善。

　　　(《八哥》)

(26) a. Ø [二恍恍]就向<u>老丈人</u>借粮来了。

　　　b. 老丈人存心教育他,……

　　　　(《种田全靠功夫深》)

在(25)中,光杆名词短语"兵丁"是动词"派"的宾语;而在(26a)中,光杆名词短语"老丈人"是副动词"向"的宾语。如果一个由动词或副动词宾语位置上的光杆名词短语引入的实体要成为篇章谈论的主题,那么那个名词短语通常必须重复出现在其后篇章中的一句句子的主语/主题位置上,这一点我们可以从上面的(26b)中看出。

　　有时,一个新的实体也可以由一个名词短语修饰语位置上的光杆名词短语引入,如:

(27) 明子和前村<u>姑姑</u>家的闺女小彩很要好。

　　　(《三根金头发》)

在上例中,"姑姑"是篇章首次引入的一个实体,这个名词短语在另一个名词短语"姑姑家"中是一个修饰语。

　　从上面的例(25)到(27)这三个例子中我们可以看到,光杆名词短语无论是用于动词或副动词的宾语位置上,还是用在名词短语的修饰语位置上,当它们用于首次引入某个实体时,它们所引入的实体都是可推测实体,而不是全新实体,因为我们可以推测,(25)中的"兵丁"是"县太爷"手下的兵丁,(26a)中的"老丈人"是"他"(即故事中的主人公、一个诨名叫"二恍恍"的农民)的丈人,而(27)中的"姑姑"是"明子"的姑姑。

从上面的讨论中我们可以发现,主题标示和主题引入具有紧密的联系。那些用于标示新的重要篇章主题的句法和形态手段,即存现句结构和无定名词短语,通常也是那些用于将全新的重要主题引入篇章的语言手段。而那些出现于主语、宾语或修饰语位置上的光杆名词短语,虽然在某些场合也可用于引入一个新主题,但它们引入的主题主要是那些可推测或可定位的主题,而并非是全新的主题。

6.3　主题维持和转换

6.3.1　主题维持、期待主题和期待副主题

在篇章的主题管理中,作者的另一项任务是向读者提示,一个小句或句子的主题在下一句中是维持不变还是转换为另一个主题。这项任务似乎也与主题标示和引入具有密切的联系,特别是在篇章的开头部分。

如果作者在篇章的开头用了一个存现句,句中含有一个无定名词短语,那么他会使读者产生一种强烈的期待,期待那个由无定名词短语引入的实体成为篇章下文的主题,至少是紧接着的几个句子中的主题。这是因为,正如我们在前面的讨论中所看到的,用于存现结构中的无定名词短语是引入一个新的重要主题的典型方式。因此,无论用于下一句主语/主题位置上的指称词语是何种类型,这个指称词语所指的通常总是前一句引入的那个实体,因为这个实体是篇章中到此为止唯一清楚地标示为潜在重要主题的一个实体。请看下面的三个例子:

(28) a. 从前,山里头有个姑娘,
　　 b. Ø 生得聪明美丽,……
　　　　(《一块黑铁的故事》)
(29) a. 从前,有个勤劳的铁匠,
　　 b. 他有个儿子,……
　　　　(《传家宝》)

(30) a. 沂山上,有个地方叫九龙口,

　　　b. 有个地方叫七龙口。

　　　c. 在叫九龙口的山洼里,有一个不大的山庄,

　　　d. 庄里有一个穷老妈妈,

　　　e. <u>老妈妈</u>只有一个儿子,……

　　　(《宫女图》)

　　这三个例子中的句子都是故事开头的几句。在(28b)(29b)和(30e)的主语/主题位置上,分别用的是零形代词"Ø"、代词"他"和有定描述语"老妈妈"。虽然这些指称词语属于不同的类型,但是它们的指称对象都是前一小句存现结构中的那个无定名词短语所引入的主题,即"(一)个姑娘""(一)个勤劳的铁匠"和"一个穷老妈妈"。

　　作者之所以在这三个小句中会用三个不同类型的指称词语,似乎主要是想向读者提示,这些不同类型的指称词语所指的主题具有不同的潜在延续性。在其他条件相同的情况下,零形代词用于表示所谈论的主题将会延续或维持;而有定描述语表示所谈论的主题将在下一小句或句子中转换为另一个新主题;代词则介于两者之间。这在 Givón 等人(如见 Givón ed. 1983;Sun & Givón 1985)采用篇章分析统计的方法,对世界上许多语言(包括汉语和英语)进行研究后已得到了证实。Givón(1992:5)指出:"将一个指称对象编码为零形代词或非重读代词,是表示该指称对象是当前活跃主题,这一激活状态应继续维持,并应该把即将进入的信息继续储存在以该指称对象为标签的档案之中。"

　　本书对民间故事语料进行的分析也证实了这一点。例如,在句(28b)之后,接下来的两小句还是继续以那个姑娘为主题,但在(29b)和(30e)之后,主题转换为这两个小句引入的一个新实体,即"(一)个儿子"和"一个儿子"。事实上,在本书的民间故事语料中,共有 15 例在第二小句中用零形代词来指称第一小句存现结构引入的主题,而在所有这 15 例中,这一主题在接下来的几个小句或句子中都维持不变。这或许部分是由于可及性具有累积性。即在其他条件相同的情况下,高可及性标示语指称的实体比一个低可及性标示语指称的实体具有较高的可及性。将一个实体标示为具有很高的可及性,作者似乎同时也向读者提示,他将继续谈论该实体,直至他采用一个低可及性标示语来表示主题的转换。

　　在一个主题被引入并被第二小句主语/主题位置上的一个名词短语

指称之后,一般来说在以后的各小句中,主语/主题位置上的那个名词短语所指称的实体,就像一个存现句中无定名词短语表达的实体一样,成为读者在处理后一小句时所期待的主题(简称"期待主题"(expected topic)),即读者期待这一实体成为后一小句的主题。参照主题的定义,我们可以给期待主题下如下一个定义。

(31) 期待主题的定义

　　一个实体 E 是下一小句 S 的期待主题,当且仅当读者在处理完上一小句后可以推测,作者在 S 中将向他进一步提供关于 E 的信息。[12]

　　如果作者的意图是维持指称关系不变,那么如果是同句内指称,即前后两个小句在同一句句子中,他通常会在后一小句中用一个零形代词来指称那个期待主题;如果是跨句指称,他会较多采用一个代词来指称那个期待主题。请看下面一个实例:

(32) a. 正在这时候,出了个汉子叫二郎,

　　b. Ø 高个子,黑红脸,

　　c. Ø 身体又结实有力。

　　d. 本来他就恨太阳太多,……

　　(《二郎捉太阳的故事》)

上例显示,"二郎"由小句(a)中的存现结构引入篇章,成为小句(b)的期待主题。这一期待主题在(b)中由主语/主题位置上的一个零形代词指称,又成了小句(c)的期待主题。同样,这一期待主题在(c)中由主语/主题位置上的一个零形代词指称,这一主题又成了下一句(d)的期待主题。但是,这次由于是跨句,所以指称这一期待主题的是(d)中主语/主题位置上的一个代词,而不是零形代词。

　　由于有些存现结构本身在主语/主题位置上有一个名词短语,而这些存现结构宾语位置上的一个名词短语又引入另一个潜在主题,所以在处理完此类句子后,可以同时出现两个期待主题:一个是存现句主语位置上那个名词短语表示的实体;另一个是宾语位置上那个名词短语新引入篇章的实体。出现这种情况时,究竟哪个期待主题将成为下一句的真正主题,似乎主要是由语义和语用方面的因素决定的。例如,在下面的例子中:

(33) a. 老妈妈只有一个儿子,

b1. Ø 叫天台。

(《宫女图》)

b2. Ø 没有女儿。

句(a)是个存现句,其主语位置上的"老妈妈"是一个已引入篇章的实体,而宾语位置上的"一个儿子"则是该句新引入的一个实体。在句(a)处理完毕后,"老妈妈"和"一个儿子"都成为下一个小句的期待主题,因为前者是一个主语/主题位置上的名词短语,而后者是存现结构中的一个无定名词短语。如果紧接着(a)后面的小句是(b1)(这是故事中的实际句子),那么我们的语用知识会告诉我们,在引见一个人时,通常会交代他(或她)的名字。由于"一个儿子"是一个新引入篇章的人物,而"老妈妈"是一个在篇章上文已交代的人物,所以我们自然会将(b1)中的零形代词理解为是指称"一个儿子",而不是"老妈妈"。相反,如果(a)后面的小句是(b2),那么(a)和(b2)两小句中"只有"和"没有"的语义对立和句法结构并列会向我们强烈暗示,这两个小句的述谓结构所谈论的是同一个主题。因而,(b2)中的零形代词会更自然地理解为是指称"老妈妈",而不是"一个儿子"。

如果在相邻的两个小句中同时含有一个及物动词,那么在前一小句主语/主题位置上的那个名词短语表达的实体成为后一小句的期待主题的同时,前一小句宾语位置上的名词短语,特别是行为动词的宾语,可以是后一小句的一个期待副主题(expected co-topic)。我们可以给期待副主题下如下一个定义:

(34) 期待副主题的定义

一个实体 E 是下一小句 S 的期待副主题,当且仅当读者在处理完上一小句后可以推测,作者在 S 中将向他进一步提供关于 E 与 S 的期待主题相关的信息。[13]

如果前一小句中主题和副主题之间的语义或题元关系在后一小句中维持不变,而且也不会产生潜在的指称歧义,那么后一小句的期待主题和期待副主题有可能同时实现为零形代词。例如:

(35) a. 起初,二郎在追赶太阳的时候,

b. Ø 捉住第一个,

c. Ø 没处放 Ø,……

(《二郎捉太阳的故事》)

在上例中,句(a)处理完毕之后,"二郎"成为句(b)的期待主题,因为它出现在(a)的主语/主题位置上。这一期待主题在(b)中实现为主语/主题位置上的一个零形代词。而在(b)的宾语位置上有另一个名词短语"第一个(太阳)"。因此,当句(b)处理完毕后,"二郎"这一篇章实体成为下一小句(c)的期待主题,而"第一个太阳"成为期待副主题。我们可以看到,这两个期待主题和期待副主题在句(c)中同时实现为零形代词。这是因为,两者在句(b)中表达的语义关系在句(c)中保持不变:"二郎"都是施事,而"第一个太阳"都是受事。

如果作者的意图是维持指称关系和语义关系不变,那么也可能用一个代词来指称一个期待副主题,如下例:

(36) a. 师傅们都挺爱这只八哥,

　　　b. Ø 还常教它说话、唱小调。

　　　(《八哥》)

在此例中,句(b)的期待主题实现为一个零形代词,而期待副主题实现为一个代词"它",两者表达的指称关系和语义关系与句(a)中主题"师傅们"和副主题"这只八哥"相同。

6.3.2　主题转换

从上面的讨论中我们可以看到,篇章中的主题维持,一般采用零形代词或(非重读)代词来提示;而篇章中的主题转换,则一般采用小句主语/主题位置上的有定描述语来提示,请看下面的三个例子:

(37) a. Ø [县太爷]伸手去招八哥。

　　　b. 八哥展开翅膀,

　　　c. Ø 呼一声就飞了。

　　　(《八哥》)

(38) a. Ø [大土霸]气势汹汹地对老渔翁说:……

　　　b. 老渔翁听了,

　　　c. Ø 知道是土霸故意习难他,

　　　d. Ø 又怒又恨,……

　　　(《鲤鱼姑娘》)

（39） a. 木匠赶急对准鹞子飞出一斧，

b. Ø 正中鹞子的脚。

c. 鹞子一蹦，

d. Ø 蹦得两三丈高，

e. Ø 抖落了斧头，

f. Ø 飞走了。

（《百鸟床》）

在上面的例子中，(37a)的宾语"八哥"、(38a)中的副动词宾语"老渔翁"和(39b)中的名词修饰语"鹞子"，分别在下一小句中取代期待主题"县太爷""大土霸"和"木匠"而成为主题。这些例句显示，如果要将主题从一个实体转换为另一个实体，那么表示那个实体的有定描述语一般需要在小句的主语/主题位置上重复，才能成为该小句的主题。

在许多情况下，即便一个即将转换为主题的实体已经成为一个副主题，并已经在前一小句（或几句）中用代词来指称，通常仍需要在主语/主题位置上采用一个有定描述语来提示主题的转换。例如：

（40） a. 他爹临死时告诉他：……

b. 张郎把爹说的每一句话都记在心里，……

（《张郎赛宝》）

（41） a. 老百姓把太阳找来了，

b. 二郎对他说：……

c. 太阳连忙都答应了。

（《二郎捉太阳的故事》）

（42） a. Ø［二恍恍］请来了老丈人，

b. Ø 两眼不住地察看他的脸色。

c. 老丈人走近船舷，……

（《种田全靠功夫深》）

与前面的例(37)到(39)相比，在(40)到(42)中，出现在(40a)的宾语位置上、(41b)中的副动词宾语位置上和(42b)中的名词修饰语位置上的指称词语，都是一个代词"他"，而不是一个有定描述语。我们可以看到，当这些代词指称的实体在下一小句中转换为主题时，用于小句主语/主题位置上的指称词语仍然是有定描述语"张郎""太阳"和"老丈人"，而不是代词。在(40b)和(41c)中，即便使用代词"他"来取代句中的有定描述语，似乎也不会造成指称歧义。但是,在本书的民间故事语料中,主题转换几乎全部是采用在主语/主题位置上使用有定描述语的方法来实现的。

篇章中,主题转换的作用是表示一个实体被另一个实体所取代,作为篇章的当前主题。在此过程中,一个实体被取消作为当前实体的资格,同时又重新引入某个实体作为当前主题。当那个重新引入的实体成为小句的当前主题之后,这个实体往往会在接下来的一句或几句中继续保持其主题的地位。事实上,在前面所引的(37)到(42)这 6 个例子中,除了(41)是故事中的最后一句之外,在其余 5 例中,经过主题转换之后,所有重新引入的主题都继续成为接下来的一句或几句的主题。

6.4　小结

6.4.1　篇章中主题管理的一般规律

本章首先讨论了篇章采用的主题标示手段。通过对语料的统计和分析,我们发现,篇章中常用的句法标示手段是存现结构和 Y 移位,前者典型地用于引入一个新的重要主题,后者则典型地用于将某个通常已引入篇章或至少可以假定是可推测的实体,标示为重要的、通常是对比性的主题。篇章采用的形态标示手段主要是用于标示主题在篇章中的相对重要性,这些形态手段有时与一些句法手段同时使用,有时单独使用。篇章中常用的形态手段可以分为两大类:一类用于标示新引入篇章的实体作为下文中的潜在主题的相对重要性,另一类则用于标示已引入篇章的实体作为下文主要主题的相对重要性。无定名词短语属于前一类形态标示手段,典型地与存现结构配合使用,标示一个新的潜在的重要主题。有时,一个无定名词短语前面还可以加上一个无定指示形容词"这么",来进一步强调所引入实体的重要主题性。后一类形态标示手段主要是出现在小句主语/主题位置上的指示词语,用于标示一个已引入篇章的重要实体。前置副动词短语则用于标示一个重要的副主题。

然后,本章讨论了主题的引入。研究发现,主题引入和主题标示具有紧密的联系。那些用于标示新的重要篇章主题的句法和形态手段,即存现句结构和无定名词短语,通常也是那些用于将全新的重要主题引入篇章的语言手段。虽然出现于主语、宾语或修饰语位置上的光杆名词短语在某些场合也用于引入一个新主题,但它们引入的主题主要是那些可推测或可定位的主题,而并非是全新的主题。

最后,本章分析和研究了篇章中主题的维持和转换。研究发现,这与主题标示和引入也具有密切的联系。在篇章的开头部分,如果作者用了一个含有无定名词短语的存现句,那么这个存现句中的无定名词短语代表的实体将是篇章下一句的期待主题。这个期待主题在下一句中可以用三种不同类型的指称词语来指称,主要是标示所指主题的潜在延续性。在其他条件相同的情况下,汉语中零形代词是用于暗示所谈论主题将会延续或维持,而有定描述语和代词则暗示所谈论主题将会在下一句中转换为另一个新主题。在主题被引入并被第二小句主语/主题位置上的一个名词短语指称之后,在以后的各小句中,主语/主题位置上的那个名词短语所指称的实体成为后一小句的期待主题。如果作者的意图是维持指称关系不变,那么他通常会在同一句的后一小句中用一个零形代词来指称那个期待主题,而在跨句指称的情况下,他会较多采用一个代词来指称那个期待主题。小句宾语或副动词宾语表达的实体,通常是下一小句的期待副主题。篇章中的主题转换是表示一个实体被另一个实体所取代,成为篇章的当前主题。篇章中的主题转换一般采用小句主语/主题位置上的有定描述语来提示。

6.4.2 对篇章回指确认原则的初步修正

从以上对篇章主题动态管理的分析和讨论中我们可以看到,与篇章回指确认密切相关的不仅是篇章实体在篇章中提及时所表现出来的主题性,而且更为重要的是篇章实体在理解下一小句时所具有的潜在的主题性。前者可以根据篇章实体在篇章中提及时的信息状态分为当前主题、新近被取代的主题、被取代已久的主题和新主题等不同的类型(见第三章3.4节和第四章4.3.2节的讨论),本书在第四章中提出的篇章回指确认原则主要是根据这一篇章实体的主题性与指称词语所标示的可及性之间的相互关系而提出的一种理论假设。而后者则可以根据作者在当前小句中引入或提及某个篇章实体时所采用的句法和形态手段,来推测该实体在下一小句中可能具有的潜在主题性,反映了篇章主题引入、维持和转换的特点。据此,本章提出了"期待主题"和"期待副主题"这两个概念。

显然,如果我们假设篇章处理是以成对循环式的方式进行的(见第一和第二章中的相关讨论），那么后一种主题性对篇章回指确认，特别是在像汉语这样的语言中的篇章回指确认，尤为重要。这是因为，作者在当前小句中为读者如何理解下一小句作了提示，读者在很大程度上可以根据这种提示来正确理解下一小句中将出现的回指语。尤其是在汉语篇章中，因为有大量零形代词用作高可及性标示语，所以对于这类回指语的理解，更要依赖作者在前一小句中所作的主题维持的提示。因此，结合本章的讨论，我们可以对第四章中提出的篇章回指确认原则作如下的初步修正：

(43) 篇章回指确认原则的初步修正

在其他条件相同的情况下，在篇章处理的某一特定时刻

a. 使用一个高可及性标示语表明，其指称对象是当前主题或期待主题；

b. 使用一个中可及性标示语表明，其指称对象是一个新近被取代主题或期待副主题；

c. 使用一个低可及性标示语表明，其指称对象是一个被取代已久的主题，表示主题转换。

下一章将进一步利用按第五章的方法建立起来的语料数据库，根据指称词语在篇章中的分布特点和指称功能，来验证这一初步修正后的篇章回指确认原则。

注释：

[1] 根据 Givón（1990：754）的了解，这一术语通常认为是 Paul Postal 首先使用的。Paul Postal 将这种主题化移位视为母语为依地语（Yiddish，犹太人使用的一种国际语）的人所说英语的一种特征，因而称之为"Y 移位"。

[2] 或称"介词结构"。由于汉语中的介词几乎都是由动词虚化而来，而且其中不少仍或多或少保留了某些动词的属性，并在句子中协助动词表达各种语义格关系，因而称为"副动词"（又称"次动词"或"同动词"，如见丁声树等 1961；再以前的语法书一般称之为"副动词"，见黎锦熙、刘世儒 1954：444）。关于汉语中不同副动词的虚化程度，见 Chang（1977）。

[3] 这里为了表述方便，本书采用关系语法（relational grammar）和词汇功能语法（lexical-functional grammar）等语法理论对英语的分析方法，将不带 to 的间接宾语，如"I give him a book"（我给他一本书）中的"him"（他）称为"直接宾语"。

[4] 这里本书不想声称，将一个副动词短语从一个动词后的句法位置提升到动词前

的一个句法位置完全是一种主题标示句法手段。这是因为,除了标示副动词宾语是一个篇章上文提到过的实体、是小句的一个次要主题之外,副动词短语提升有时是出于其他原因而引起的一种句式变化。例如,在下面的例句中:

(i) 候选人给选民或送钱,或赠物,或开列期约,或报知股票明牌。
(《人民日报》1989.11.30)

副动词短语"给选民"被置于动词的前面,似乎是由于句中有一长串并列的动词短语,而并不是用于表明,"选民"是篇章上文提到过的一个实体(实际上,该句中的"选民"在篇章中是首次提到)。

[5] 他的观点可能是受了 Chu (1983) 的影响。

[6] "副主题"这一术语是仿照"副动词"这一术语而创造的。也就是说,本书并不认为副主题本身完全具有资格成为主题,虽然它们可能不同程度地具有某些主题的属性。所以,正如本书下面所要讨论的,虽然副主题通常编码为前置副动词的宾语,但是有时它们也可以是动词后的一个直接或间接宾语,这样的名词短语表达的实体显然不符合本书在第三章中规定的主题识别原则。

[7] 由于本节讨论的是汉语中名词短语的形态标记,所以这里的"无定名词短语"这一术语仅用于指前面所说的形态上的无定。至于什么样的名词短语在语义上是无定的,则不是本书关心的主要问题。而"光杆名词短语"这一术语,在这里是指一个将某个实体首次引入篇章的名词短语,这个名词短语在形态上既没有标记为无定又没有被"这""那"等指示词修饰而标记为有定。如果同样形式的名词短语在其后的篇章中用于指称一个已引入篇章的实体,那么这样的光杆名词短语将被认为是一个有定描述语。

[8] 这些零形代词和代词用于引入一些任意指称对象(arbitrary referent)。所谓"任意指称对象",其实并非真正是完全任意的,而是指在某一个集(set)中的任意一个实体。代词引入一个任指对象的例子见前面(4b)中的全称代词"谁",意为"无论什么人"。下面是一个零形代词引入一个任指对象的例子:

(i) 老辈人说过:Ø 走过南山的桂树林,在一个万丈高崖上,有一株宝树……
(《百鸟床》)

其中的零形代词指称的是一个任指对象,整句的意思为:任何一个人只要走过南山的桂树林,就可以看到长在万丈高崖上的一株宝树。

[9] 这里使用的"指示短语"这一术语,并不包括那些用于引入一个关系从句的指示词(通常是远指词"那")加名量词再加名词这样的结构,如见下例:

(i) 昨天来看你的那个人又来了。

实际上,在本书的民间故事语料中,并没有用于这种结构中的指示词。

[10] 在本书的民间故事语料中,共引入了 154 个实体,其中 50 个在其后的篇章中从未再次提及(见表 12)。由于这些实体是在篇章谈论其他实体时顺便提到的,所以根据第三章中主题的篇章条件,这些实体并不具有篇章中主题的资格,因而在表 13 的统计中未包括这些实体。

[11] 这里的"动词宾语"并不包括存现结构中存现动词后的名词短语。根据 Wald

(1983：98) 和 C. -T. J. Huang（1987：232）的分析方法，本书假定，存现句中表明某实体存在的那个无定名词短语是存现动词的宾语。Givón（1990：741）所持的观点与此不同，他将存现句中的无定名词短语处理为存现动词的无定主语。

[12] 至于如何来确定一个实体是下一小句的期待主题，本书将在下一章中结合指称词语在篇章中的分布特点和篇章回指的动态处理作一个明确的规定。

[13] 同样，究竟如何来确定一个实体是下一小句的期待副主题，本书也将在下一章中结合指称词语在篇章中的分布特点和篇章回指的动态处理作一个明确的规定。

第七章

回指确认原则与篇章回指

在分析和研究了自然篇章中主题的标示手段以及主题的引入、维持和转换规律以后,本书便可以利用按第五章所说的方法建立起来的民间故事语料数据库,并利用报刊语料,来验证本书提出的篇章回指确认原则。验证的过程中将参照上一章所讨论和总结的篇章中主题引入、维持和转换规律,并结合本章将要分析的自然篇章中各类指称词语的使用和分布特点与规律,对篇章回指确认原则作进一步修正,使之更加符合自然篇章中回指理解的实际情况。

本书提出的篇章回指确认原则,是建立在指称词语标示的可及性和指称对象在篇章处理某一刻的主题性这两者之间相互作用的基础之上的。本书假设,高可及性标示语用于指称篇章处理过程中某一刻的当前主题或期待主题,中可及性标示语用于指称篇章处理过程中某一刻的一个新近被取代主题或期待副主题,而低可及性标示语用于指称篇章处理过程中某一刻的一个被取代已久主题,表示主题转换。为了验证这一篇章回指确认原则,本书将仔细分析每一类指称词语在篇章中的分布以及它们的指称对象的主题性。

验证的方法主要是分析作为指称对象的篇章实体引入篇章的特点,以及篇章中回指语与先行语之间的间隔距离。对间隔距离的分析,本书除了采用 Ariel(1990)的方法,将是否跨句和跨段作为衡量篇章间隔距离的一个标准之外,更主要的是分析在回指语与先行语之间篇章中出现的其他指称词语的数量。正如第四章 4.2.2 节中所指出,Ariel 的篇章间隔距离概念有其局限性。第四章 4.1.3 节中提到,影响指称对象可及性的因素共有四个,即间隔距离、竞争度、显著性和一致性。Ariel 在检验英语中的指称词语表达的可及性时,所采用的篇章间隔距离概念只是主要考虑了间隔距离这一因素,部分考虑了一致性因素。而且,她所采用的衡量篇章间隔距离的标准也是不全面的。

　　本书的篇章间隔距离概念除了考虑到上述两个因素之外,还可以反映竞争度,因为在其他条件相同的情况下,如果回指语与先行语之间相隔的其他指称词语数量多,那么既说明间隔距离长以及两者所处语言单位之间的一致性可能较低,也说明这些指称词语可以作为先行语的竞争度也高。因此,将这两种篇章间隔距离概念结合起来,同时用于分析指称词语的篇章分布,可以得出更为全面的结论。至于显著性,本书将通过分析先行语在小句中的句法位置来确定。如果先行语位于小句的主语/主题的位置上,那么说明其表示的指称对象具有较高的显著性。这一点我们可以很方便地利用本书建立的语料数据库来分析,因为本书的语料数据库中含有先行语所处的句法位置的信息。

　　此外,Ariel 将指称词语分为三大类可及性标示语的标准,主要是依据用作回指语的指称词语本身的形式及其表达的语义内容。本书认为,回指语在小句中的句法位置也会影响它们标示的可及性。在其他条件完全相同的情况下,主语/主题位置上的回指语要比宾语位置上的回指语标示的可及性高。同样,我们可以利用已建立的语料数据库,很方便地分析回指语的句法位置及其对可及性标示的影响。

7.1　零形代词

　　让我们先来看零形代词在篇章中的分布和使用规律。第四章 4.2.2 节中的分析表明,汉语零形代词在篇章中典型地用作高可及性标示语。这一点可以部分从它们通常出现的篇章环境中看出。下面的表 14 反映了汉语零形代词的篇章分布特点:

表 14:零形代词在不同篇章环境中的分布

零形代词	篇章环境				小计
	同句内	前一句	同段内	跨　段	
数量	630	53	4	3	690
百分比	91.3%	7.7%	0.6%	0.4%	100%

从表 14 中我们可以看到,在本书的民间故事语料中,91.3%的零形代词的先行语出现于同一句子的前半部分,7.7%的零形代词的先行语在前一句子中,只有 1%(＝0.6%+0.4%)的零形代词的先行语在同一段的前一句之前或前一段落中。

由于零形代词是典型的高可及性标示语,为了检验它们的指称对象是否是篇章处理过程中某一刻的当前主题或期待主题,本书进一步检验了零形代词的篇章分布,详细分析了在零形代词与其先行语之间,篇章中出现的其他相关名词短语、小句、句子和段落的数量,我们将此称为"综合指称距离"(composite referential distance)。下面的表 15 综合归纳了这一分析的结果:

表 15:零形代词的综合指称距离

篇章距离				数量	百分比
DNP	DP	DS	DC		
0	0	0	0	224	32.5%
0	0	0	1	287	41.6%
0	0	1		36	5.2%
0	1			3	0.4%
小计				550	79.7%
1	0	0	0	30	4.4%
1	0	0	1	57	8.3%
1	0	0	2	1	0.1%
1	0	1		9	1.3%
小计				97	14.1%
2	0	0	0	1	0.1%
2	0	0	1	18	2.6%
2	0	0	2	3	0.4%
2	0	1		3	0.4%
3	0	0	1	5	0.7%
3	0	0	3	2	0.3%

（续表）

篇章距离				数量	百分比
DNP	DP	DS	DC		
3	0	0	3	1	0.1%
3	0	1		4	0.6%
3	0	2		1	0.1%
4	0	0	1	1	0.1%
4	0	1		1	0.1%
4	0	2		2	0.3%
11	0	2		1	0.1%
小计				43	6.2%
合计				690	100.0%

说明：

DNP =名词短语间隔距离，即回指语与离它最近的先行语之间相隔的其他相关名词短语的数量；0 表示两者之间无其他名词短语间隔。

DP =段落间隔距离，即回指语与离它最近的先行语之间相隔的段落的数量；0 表示两者之间无段落间隔，即两者在同一段落中；若 DP>0，便不再计算 DS 和 DC。

DS =句子间隔距离，即回指语与离它最近的先行语之间相隔的句子的数量；0 表示两者之间无句子间隔，即两者在同一句子中；若 DS>0，便不再计算 DC。

DC =小句间隔距离，即回指语与离它最近的先行语之间相隔的小句的数量；0 表示两者之间无小句间隔，即两者在同一小句中。

7.1.1　使用于无名词短语间隔环境中的零形代词

表 15 显示，在本书的民间故事语料中，有将近 4/5（79.7%，共 550例）的零形代词用于指称篇章上文刚提及的那个实体，与离它最近的先行语[1]之间没有其他相关名词短语[2]间隔，即 DNP=0。使用于这一篇章环境中的零形代词最清楚地表明，它们的指称对象是正在处理中的篇章部分的主题。

其中，32.5%的零形代词用于指称同一小句中的一个实体，通常是所谓"主语控制"（subject control）结构的主语表达的那个实体，或者是连动结构中第一个动词的主语，而且这个动词没有宾语，如下面的例(1)：

（1） a. 有时候刘善忘了 Ø 拿笔，

b. 八哥就飞下去 Ø 替刘善衔上来。

（《八哥》）

在上例的句（a）中，"忘"是主语控制动词（subject-control verb），因此小句中零形代词的先行语是主语控制动词的主语"刘善"；而在句（b）中，"飞下去"和"衔上来"构成一个连动结构，连动结构中第一个动词"飞"只有主语没有宾语，小句中的零形代词指称的是整个连动结构的主语"八哥"。在此例中，两个零形代词与它们的先行语之间都没有其他名词短语间隔。

如果进一步将当前主题定义为在篇章处理过程中正在处理的当前小句的主题，那么上述这些指称同一小句中主语/主题位置上的那个名词短语表达的实体的零形代词，其指称对象是当前主题。

另有 47.2%（＝79.7%－32.5%）的零形代词用于指称篇章中前一小句、前一句子或前一段落中的一个实体，回指语和先行语之间也没有其他相关名词短语间隔。在大多数情况下，此类零形代词的指称对象是篇章中前一小句主语/主题位置上的那个名词短语表达的期待主题。这种情况典型地出现于主题链中，如下例：

（2） a. 聂郎很直爽，

b. Ø 又能吃苦耐劳，

c. Ø 肯帮助别人，

d. Ø 又听母亲的话。

（《"望娘滩"的故事》）

在此例中，（a）到（d）四个小句构成一个主题链。例中的三个零形代词都用于指称前一小句主语/主题位置上那个名词短语表达的期待主题。

上面的表 14 显示，在本书的民间故事语料中有三个零形代词用于指称前一段落中提到的一个实体。Ariel（1990）将跨段指称视为长距篇章环境中的指称，认为这是典型的低可及性标示语使用的篇章环境（见第四章 4.2.1 节中的讨论）。然而，我们可以从表 15 中看出，这三例用于跨段指称的零形代词都是用于指称篇章中最新近提到的那个实体，与它们的先行语之间无其他名词短语间隔，虽然它们的先行语在前一段落中。下面便是这样的一个例子：

（3） a. 他还是不歇劲地往前追赶。

    b.　有一天, Ø 走到了潮白河东岸, ……

       (《二郎捉太阳的故事》)

在上例中, 句(a)是一个段落的最后一句, 而句(b)是下一段落的第一句。虽然句(b)中的零形代词的先行语是句(a)中的"他", 是跨段指称, 但是其指称对象仍然是篇章上文刚提到的一个实体, 即篇章前一小句中表达的期待主题。用于这一篇章环境的零形代词表明, Ariel 将是否跨句和跨段作为衡量指称的篇章距离的唯一标准是不全面的。

    一个零形代词指称的期待主题, 也可以是一个由前一小句存现结构中那个无定名词短语刚引入篇章的实体, 例如:

(4)　a.　从前, 山里头有个姑娘,

    b.　Ø 生得聪明美丽, ……

       (《一块黑铁的故事》)

    偶尔, 一个主语/主题位置上的零形代词可以指称前一小句中主语/主题位置上那个名词短语中的修饰语(modifier)表达的实体。在本书的民间故事语料中, 共有两个这样的例子; 在这两例中, 用作修饰语的那个名词短语表达的实体都是篇章参与者, 而中心语(head)表达的实体都不是篇章参与者。请看下面的一个例子:

(5)　a.　他的日子过得快快乐乐,

    b.　Ø 从来没有半点孤单的感觉。

       (《张郎赛宝》)

在这个例子中, 句(b)主语/主题位置上的零形代词指称句(a)中的"他", 而"他"在句(a)主语/主题位置上那个名词短语"他的日子"中充当中心语"日子"的修饰语。由于"日子"不能满足本书第三章 3.3.6 节中所规定的主题性篇章条件, 所以不是篇章中所谈论的一个主题[3]。而"他"却是篇章的主要谈论对象, 因而我们有理由认为, 在句(a)中谈论的主题是"他", 而不是"日子"[4]。这一主题成为下一小句(b)的期待主题, 句(b)中的零形代词指称的便是这一期待主题[5]。

7.1.2　使用于有一个名词短语间隔环境中的零形代词

    表 15 还显示, 在本书的民间故事语料中, 有 20.3%(=14.1%+6.2%)的零形代词(共 140 例)用于有一个或几个其他相关名词短语间隔的篇章

指称环境中,即用于 DNP>0 的篇章环境中。这是否表明,这些零形代词的指称对象并非当前主题或期待主题呢?

先来看零形代词用于 DNP=1 的篇章环境中,即与离它最近的先行语之间有一个其他相关名词短语间隔的情况。从表 15 中我们可以看出,用于这一篇章环境中的零形代词共有 97 例,大部分用于指称前一小句(57例)或同一小句(30 例)中提到的一个实体。

进一步的语料分析表明,在这 97 例零形代词中,有 89 例零形代词的先行语是主语/主题位置上的一个名词短语,而零形代词本身要么是小句的主语/主题,要么是动词的主语。这些零形代词的回指情况与前面7.1.1 节中所讨论的零形代词十分相似;唯一不同的是,在回指语和先行语之间,多了一个相隔的名词短语,即动词或副动词的宾语。下面便是这样的三个例子:

(6) a. 老丈人存心教育他,

 b. Ø 就借给他一船谷子。

 (《种田全靠功夫深》)

(7) 玉花望着他 Ø 说道:……

 (《红泉的故事》)

(8) 明子将小黄鸟捧在手中 Ø 问:……

 (《三根金头发》)

在例(6)中,句(b)中的零形代词是小句的主语/主题,指称的是句(a)的主语/主题"老丈人",两者之间相隔的那个相关名词短语"他"是句(a)中的宾语。例(7)是含有一个连动结构的小句,其中的零形代词是动词"说"的主语,指称的是整个小句的主语/主题"玉花",两者之间相隔的那个相关名词短语是"他"。这个名词短语在连动结构的第一动词短语"望着他"中充当宾语。同样,例(8)中的零形代词是动词"问"的主语,指称的是整个小句的主语/主题"明子";所不同的是,两者之间相隔的那个相关名词短语是副动词"将"的宾语。

这 89 例零形代词的回指特点表明,虽然这些零形代词与离它们最近的先行语之间有一个其他相关名词短语间隔,但是它们所指称的仍然是前一小句中位于主语/主题位置上的那个名词短语表达的期待主题,或同一小句的主语/主题位置上的那个名词短语表达的当前主题。

在本书的语料数据库中另有 5 例零形代词,这些零形代词和它们的先行语同时都不在主语/主题位置上。下面是其中的两个例子:

(9) 财主拿出元宝来 Ø 望 Ø,……

　　(《元宝》)

(10) a. 起初,二郎在追赶太阳的时候,

　　 b. Ø 捉住第一个(太阳),

　　 c. Ø 没处放 Ø,……

　　(《二郎捉太阳的故事》)

例(9)是含有一个连动结构的句子,连动结构中的第二个动词"望"的零形主语和宾语分别指称第一个动词"拿出"的主语"财主"和宾语"元宝";例(10)虽然不是一个连动结构,但是两个小句都很短,语义关系密切,其中句(c)主语/主题位置上的零形代词指称句(b)主语/主题位置上零形代词所指的"二郎",而句(c)宾语位置上的零形代词指称句(b)宾语位置上的"第一个(太阳)"。这两个例子中的两个动词短语描述的是两个紧接着发生的动作,涉及同样的施事和受事。具有如此紧密语义联系的两个动词短语或两个简短小句,会使读者在篇章理解过程中产生这样一种期待,即第二个动词或小句的主语和宾语与第一个动词或小句的主语和宾语指称的对象相同。因此,不仅第二个动词或小句的零形主语会通常被理解为与第一个动词或小句的主语同指,而且第二个动词或小句的零形宾语也会通常被理解为与第一个动词或小句的宾语同指。这就是零形代词不在主语位置上时,它的先行语通常也不在主语位置上的原因。

根据上一章 6.1.3 节中所给的关于副主题的定义,句(10b)宾语位置上的"第一个(太阳)"是小句的副主题。上一章 6.3.1 节关于该章例(35)的讨论中指出,在上面例(10)中的句(b)处理完之后,"二郎"是下一句的期待主题,而"第一个(太阳)"是下一小句的期待副主题。此例表明,如果某些篇章条件得到满足,那么下一小句的期待副主题也可以实现为一个零形代词,正如在一个同时含有主语和宾语的复杂连动结构中,第一个动词短语中的宾语名词短语所代表的实体,在第二个动词短语的宾语位置上可以用一个零形代词来指称一样。

在篇章中,要使期待副主题实现为一个零形代词的篇章条件似乎应

该包括:1)两个小句较为简短,从而与一个连动结构相似;2)两个小句都含有一个及物动词,第一小句中动词的施事和受事都明确地表达出来,而第二小句主语和宾语同时实现为一个零形代词;3)两个小句表达两个先后紧接着发生的行为。如果所有这些篇章条件得到满足,那么第一小句的宾语可以认为是表达一个显著的副主题。这一显著副主题在下一小句中成为显著期待副主题。在这样的篇章环境中,一个零形代词的指称对象可以是一个显著期待副主题。

在本书的语料数据库中,最后剩下的 3 例(=97−89−5)用于 DNP=1 的篇章指称环境中的零形代词列出如下(带下划线的是相关的零形代词及其先行语):

(11) a. 邻居王大伯走过来 Ø 告诉他 Ø 说:……

    b. Ø 听了这话,[6]

    c. 他才恍然大悟,……

    (《种田全靠功夫深》)

(12) a. 有一个地主,

    b. Ø 爱财如命。

    c. 一个麻钱 Ø 看得比磨盘还大,

    d. Ø 看到有利的事,

    e. Ø 恨不得 Ø 把脑袋削尖,

    f. Ø 钻进钱眼去。

    g. 平素 Ø 对待佃户们,

    h. Ø 又悭吝又刻薄。

    i. 因此,众人给 Ø 起了个绰号:

    j. Ø 叫"财迷精"。

    (《金马驹和火龙衣》)

(13) a. 财主拿出元宝来 Ø 望 Ø,

    b. Ø 明晃晃的,

    c. Ø 又 Ø 放在布袋里。

    (《元宝》)

在例(11)中,句(b)主语/主题位置上的零形代词指称句(a)中的宾语代词"他"。本书在前面提到,前一小句的主题是后一小句的期待主题。然而,在这个例子中,句(b)的期待主题,即句(a)的主题"邻居王大伯",

在篇章理解过程中却被抛弃了,并没有成为真正的主题。这是因为此例中的两个动词"告诉"和"听"的语义结构和我们的语用常识告诉我们,"听"的主语或感事(experiencer)应该是"告诉"的宾语或受事,而不能是"告诉"的主语或施事,否则两小句表达的语义不相容。因此,句(b)的真正主题是句(a)中动词"告诉"的宾语"他"。

例(12)已经在第六章6.1.3节中讨论过。其中,句(i)中的副动词"给"的零形宾语指称前一小句主语/主题所指的那个实体,即那个地主。此例说明,当一个期待主题非常显著时,这个期待主题可以在下一小句中实现为一个副动词的宾语。

例(13)显示,要理解句(b)中的那个零形代词以及句(c)中的两个零形代词,在篇章理解过程中我们需要某种机制,核查小句中表达的意思在语用上的相容性。此例中的句(a)在前面例(9)中讨论过,其中的两个零形代词分别指称"财主"和"元宝"。因此,在句(a)处理完之后,下一小句的期待主题是"财主",期待副主题是"元宝"。在处理句(b)时,我们的语用常识会告诉我们,句中"明晃晃的"更有可能描述的是那个显著的期待副主题"元宝",而不是那个期待主题"财主",因此应该选择"元宝"作为句(b)中那个零形代词的指称对象。而在处理句(c)时,我们的语言直觉告诉我们,由于句中的第一个零形代词是小句谓语描述的动作的施事,因此该零形代词在语用上仅与"财主"相容,而"财主"在句(a)中充当施事的语义角色;与该小句的期待主题,即句(b)主语/主题位置上的那个零形代词所指称的"元宝",却不相容。所以我们可以推断,句(c)中的第一个零形代词指称的是"财主"。明确了这一点之后,我们便可以确定,句(c)中的第二个零形代词指称的是期待主题,即前一小句所描述的那个篇章实体"元宝"。这个零形代词连同它前面表示处置对象的副动词"把"在句(c)中同时实现为零形式。

7.1.3　使用于其他篇章环境中的零形代词

现在来看零形代词用于有一个以上的其他相关名词短语间隔的篇章指称环境(即用于DNP>1的篇章环境)中的情形。表15显示,在本书的民间故事语料中,共有43个这样的零形代词使用实例,占全部零形代词的6.2%。对这43个实例的进一步分析表明,在这一篇章环境中,绝大多数(共39例)这样的零形代词同样出现在小句的主语/主题位置上,与前面一个小句或句子主语/主题位置上的那个名词短语同指。这 39 例零形代词的先行语大多在前一小句中,下面便是其中的两个例子:

(14) a. Ø [懒儿子]满不在乎地把那块钱交给父亲,

　　 b. Ø 说:……

　　　　(《传家宝》)

(15) a. 这时,他那疼爱儿子的妈妈,怕儿子想那箱子家产 Ø 想 Ø 瘦了,

　　 b. Ø 就走近孩子的身旁 Ø 说:……

　　　　(《传家宝》)

　　与前面的例(6)一样,在例(14)和(15)中,句(b)主语/主题位置上的零形代词都是指称句(a)主语/主题位置上那个名词短语所指的篇章实体,即"懒儿子"和"他那疼爱儿子的妈妈"这两个期待主题。所不同的是,在例(14)中,零形代词与离它最近的先行语相隔两个其他名词短语,即句(a)中副动词的宾语"那块钱"和动词的宾语"父亲"。在例(15)中,零形代词与离它最近的先行语相隔了四个其他名词短语,即句(a)中的"儿子"和"那箱子家产",以及与"儿子"同指的两个零形代词[7];而在前面的例(6)中,零形代词与离它最近的先行语只相隔一个其他名词短语。

　　在这 39 例中,有少数零形代词的先行语可能是前一句子,甚至是前面第二个句子的主语/主题,下面便是这样的两个例子:

(16) a. 铁匠接过钱,

　　 b. Ø 看了一阵,

　　 c. Ø 又将钱甩到门前的一条小河里了。

　　 d. Ø 并且生气地说:……

　　　　(《传家宝》)

(17) a. 木匠又累又饿,

　　 b. 他坐下来,

　　 c. Ø 拿出那最后一点干粮,

　　 d. Ø 正打算吃 Ø。

　　 e. 忽然一团黑影掠过地面,噗啦啦地一片响,

　　 f. Ø 是什么东西呀?

　　 g. Ø 抬头一看,……

　　　　(《百鸟床》)

在例(16)中,句(d)主语/主题位置上的零形代词指称的是前一句主语/主

题位置上的"铁匠",与离其最近的先行语,即(c)中主语/主题位置上的零形代词,相隔两个相关的其他名词短语。

在例(17)中,(a)到(d)构成一个句子,(e)和(f)构成另一句,(g)是第三句的开头。(g)中主语/主题位置上的零形代词指称的是第一句主语/主题位置上的"木匠",与离其最近的先行语,即句(d)主语/主题位置上的零形代词,相隔三个其他名词短语。其中句(e)和(f)两个小句谈论的主题,即那团黑影,虽然是句(g)的期待主题,但由于与句(g)表达的意思在语义和语用上不相容,因而不能成为句(g)中的零形代词的指称对象。

在用于DNP>1的篇章环境里的零形代词中,另有3个实例就像前面的例(10)那样,其中宾语位置上的零形代词指称前一小句的宾语,所不同的是,回指语与先行语之间相隔了一个以上的其他名词短语。下面便是其中的一个例子:

(18)　a.　老太婆见<u>闺女</u>不听自己说,

　　　　b.　Ø 要打 Ø<u>Ø</u> 心里疼得慌,

　　　　c.　Ø 要骂 Ø<u>Ø</u> 也是舍不得,……

　　　　　　(《红泉的故事》)

在此例中,作为句(b)动词"打"的宾语的零形代词,指称的是句(a)动词"见"的宾语"闺女"。与(10a)中的宾语一样,这个宾语表达的实体也是一个显著副主题。此类例子表明,汉语中的零形代词的指称对象不仅可以是一个当前主题或期待主题,有时也可以是一个显著期待副主题,因而我们有必要对篇章回指确认原则(a)作相应的修正。

最后,从表15中我们可以看出,在本书的民间故事语料中,有一个零形代词与它的先行语之间相隔了11个其他名词短语。此例列出如下:

(19)　a.　起初,二郎在追赶<u>太阳</u>的时候,

　　　　b.　Ø 捉住第一个,

　　　　c.　Ø 没处放 Ø,……

　　　　d.　Ø 再捉第二个的时候,

　　　　e.　第一个就跑掉了。

　　　　f.　Ø 捉住了第三个,

　　　　g.　第二个又没影了。

h. Ø 总是收拾不住 Ø。

(《二郎捉太阳的故事》)

在上面这个例子中,我们主要关心的是句(h)宾语位置上的那个零形代词,其先行语是句(a)宾语位置上的"太阳"。在这一段叙述中,我们有理由认为,整段谈论的主题和副主题分别是"二郎"和"太阳"。要理解这一段中的零形代词,我们似乎还需要了解这一段故事的语义层次结构。此段的语义组织层次可分析如下:句(a)表达了二郎想捉太阳的总的意图;句(b)到(g)描述了他是如何具体做的;句(h)总结了他这样做的结果。从这一语义组织层次结构中我们可以推断,句(h)宾语位置上的零形代词指的是句(a)宾语位置上的那个名词短语"太阳"所表达的实体,即指称的是篇章上文提到的七个太阳作为一个整体,而不是句(b)到(g)所提到的其中某个太阳。

此外,例(18)和(19)中出现的零形代词同时也表明,正如 Marslen-Wilson et al.(1982:363)所指出,在讲述故事时,"随着故事情节的展开,故事叙述者可以依赖听者的语用推理来区分情节中涉及的两个动作者,而不必依靠使用不同的指称词语,在词汇上区分两者"。他们的例子转引如下:

(20) ... so The Thing has to get down to ... to the ground level ... before The Hulk recovers enough ... while he₁'s still stunned ... so he₂ rips open the elevator doors and just sort of slides down the cable ...

(……所以那东西必须在巨人苏醒过来之前下去……下到底楼……所以趁他仍处于昏迷之中……他猛然打破电梯的门,就那样顺着钢缆滑了下去……)

在这段叙述的前面,故事中的"The Hulk"(巨人)和"The Thing"(那东西)在一座摩天大楼的顶上打斗,"巨人"刚从 60 层高的楼顶上摔下,倒在地上。在上面例(20)的这段叙述中,故事叙述者用了两个相同形式的指称词语 he 来指称故事中的两个不同动作者(actor)。Marslen-Wilson et al. 指出,要理解 he₁ 的指称不难,因为我们可以依据篇章实体提及的新近性(recency),即相当于本书前面所说的回指语与先行语之间的篇章距离,将其理解为指称"巨人",因为故事前面离 he₁ 最近的名词短语是"The Hulk"(巨人)。但是,he₂ 的理解却只能依靠语用推理。因为从故事的情节中我们知道,此时"巨人"仍处于昏迷状态,不可能打破电梯的门,所以我们可以推断,打破电梯门的动作者只能是"那东西"。这里需要补充的是,要成功运用这一语用推理有一个重要前提。这就是,在一段故事情节中只能出现两个同一性别的显著参与者[8]。

　　同样,在例(18)和(19)中,作者用了相同形式的零形代词来指称故事描述的事件中提及的两个不同参与者,即例(18)中的"老太婆"和"闺女",以及例(19)中的"二郎"和"太阳"。所不同的是,汉语中的零形代词比英语中的代词语义更为空泛,无法表达指称对象的性别。而且在例(19)中,指称情况也更为复杂,因为在这段文字中,"太阳"在各小句中有时是篇章上文提到的七个太阳的总称,有时是分指某一个具体情节中的某一个具体的太阳。虽然如此,但是如果对篇章回指确认原则(a)作适当修正,使零形代词的指称对象包括显著期待副主题,那么读者仍然能根据本书的回指确认原则,并根据自己对故事情节所作出的语用推理,来区分和理解故事描述的事件过程中提及的不同参与者。

　　例如在例(18)中,句(b)和句(c)中的第一个零形代词可以根据本书的回指确认规则,确认为指称篇章处理过程中的期待主题,即前一小句的主题"老太婆"。而这两小句中第二个零形代词的指称对象,可以根据本书的回指确认规则或语用推理,确定为篇章处理过程中的显著期待副主题,即"闺女"。对这两小句中第三个零形代词的理解,则可以根据本书的回指确认规则确定为篇章处理过程中的当前主题,即这两小句的主题"老太婆"。

　　例(19)中的零形代词的理解较为复杂一些。虽然前面已经提到,一个小句主语/主题位置上的零形代词通常是指称篇章处理过程中的期待主题,即前一小句的主题。但是,该例句(f)主语/主题位置上的零形代词却并不是指称句(e)的主题,即"第一个(太阳)",而是指称前一小句的主题,即句(d)主语/主题位置上那个零形代词所指的"二郎"。这是因为,在读到句(f)时,故事情节中谁是捉太阳的人、谁是被捉者已经很清楚,因此读者可以依据语用知识来推断,"捉住了第三个(太阳)"的动作者只能是"二郎",而不是"第一个(太阳)"。句(h)中的第一个零形代词也可以用同样的方法来理解。

7.1.4　期待主题、期待副主题和修正的篇章回指确认规则(a)

从上面关于零形代词在篇章中分布特点和指称功能的讨论中我们可以看到,虽然"当前主题"这一概念在理解同一小句内指称的零形代词时很有用,但是当零形代词与离它最近的先行语不在同一小句时,我们需要利用"期待主题"和"期待副主题"的概念来理解这些零形代词。根据本节前面的讨论,并结合第六章所讨论的篇章中主题标示以及主题维持和转换的特点,我们可以规定如下一个篇章处理过程中期待主题和期待副主题的识别原则。

(21)　期待主题的识别原则

在处理完一个小句后,一个实体 E 是回指确认下一轮任务的期待主题,当且仅当 E 是一个符合如下三个条件之一的篇章参与者:

a.　E 由小句存现结构中的一个无定名词短语引入篇章;

b.　E 由小句主语/主题位置上的那个名词短语表达;

c.　E 由小句主语/主题位置上那个名词短语修饰语中的一个名词短语表达。

(22)　期待副主题的识别原则

在处理完一个小句后,一个实体 E 是回指确认下一轮任务的期待副主题,当且仅当 E 是小句动词宾语或副动词宾语位置上的一个名词短语表达的篇章参与者。

在绝大多数情况下,一个小句的主语/主题位置上那个名词短语表达的实体,是理解下一小句时的期待主题,同时也是篇章中正在处理的当前小句的当前主题,因为这个实体是篇章中最新近引入或唤出、目前正在谈论的一个实体。但是在个别情况下,如在上面的(5a)中,如果小句主语/主题位置上的那个名词短语表达的实体并不是一个篇章参与者,因而没有资格成为篇章主题,而该名词短语修饰语中的那个名词短语表达的实体是一个篇章参与者,那么这个实体是理解下一小句时的期待主题。而且,在篇章新引入一个主题时,由小句存现结构中的一个无定名词短语引入篇章的实体也是理解下一小句时的期待主题。这样的实体便不再是篇章的当前主题,因为这些实体虽是最新近引入的,但还不是目前正在谈论的主题。

总的来说,本书的期待主题与当前主题或 Brown & Yule (1983)所说的当前实体之间的最大区别在于视角的不同。Brown & Yule 的当前实体是指篇章处理过程中的某一刻最新近引入或唤出并正在谈论的一个实体,其着眼点是篇章处理的当前时刻;而本书的期待主题是指篇章处理过程中可以期待成为下一小句主题的那个实体,着眼点是篇章处理的下一步。虽然当前实体都可以是期待主题,但是考虑到篇章主题的引入规律,一些刚引入篇章但尚未谈论的实体也可以是期待主题。因此,对于跨小句的篇章回指确认来说,期待主题要比当前主题更为直接相关。

在确定了期待主题和期待副主题这两个概念之后,根据本节前面的讨论,我们可以将篇章回指确认原则中的规则(a)修正为:

(23) 修正的篇章回指确认规则(a)

　　在其他条件相同的情况下,在篇章处理的某一刻,

　　a. 遇到的一个高可及性标示语表示,其指称对象是:

　　　　i. 当前主题,如果是同一小句内指称;

　　　　ii. 期待主题或显著期待副主题,如果是跨小句指称。

从前面的讨论中我们可以看到,这一修正的篇章回指确认规则(a)可以解释我们民间故事语料中几乎所有的零形代词的回指。少数几个例外是(11b)、(13b)和(19f)中的零形代词,(13c)中的第二个零形代词,以及(19h)中的第一个零形代词。正如本书在前面所指出,要理解这几个零形代词,我们需要在篇章处理过程中另外运用语义和语用相容性核查机制。这将在下面 7.3.3 节中进一步讨论。

此外,要理解(19h)中第二个零形代词,我们还需要关于篇章(片段)语义组织层次结构的信息。在这一研究领域,已有学者提出了一些理论和研究框架,如 Mann & Thompson (1988)的"言辞结构理论"(Rhetorical Structure Theory)和 Shen (1988)提出的"X-杠故事语法"(X-bar Story Grammar)。Chen (1986)对汉语叙述体语篇中指称现象的研究,便是采用言辞结构理论来进行的。但是正如本书作者在(许余龙 2003a)中指出,由于他的研究主要是从语篇产生的角度出发的,假设研究者知道说话者要表达的意图,所以带有较强的主观性。如何将此类研究成果结合到一个从语篇理解的角度出发、具有可操作性、可验证的动态回指确认模式中去,仍需要进一步研究。

7.2　反身代词

第四章 4.2.2 节中的分析表明,汉语篇章中的反身代词和零形代词一样,也是典型地用作高可及性标示语。正如下面的表 16 所显示,在本书的民间故事语料中,绝大多数(94.1%)的反身代词用于指称同一句子前面提及的一个实体,只有 1 例反身代词的先行语在前一句中。这说明,汉语中的反身代词主要用于句内指称,因而并不是篇章回指所要研究的主要对象。

表 16：反身代词在不同篇章环境中的分布

反身代词	篇章环境		小计
	同句内	前一句	
数量	16	1	17
百分比	94.1%	5.9%	100%

本书作者进一步检验了反身代词的篇章分布,详细分析了在反身代词与其先行语之间,篇章中出现的其他相关名词短语、小句、句子和段落的数量,即反身代词的综合指称距离。分析的结果综合列表如下:

表 17：反身代词的综合指称距离

篇章距离				数量	百分比
DNP	DP	DS	DC		
0	0	0	0	10	58.8%
0	0	0	1	2	11.8%
0	0	1		1	5.9%
小计				13	76.5%
1	0	0	1	1	5.9%
2	0	0	0	2	11.8%
2	0	0	1	1	5.9%
小计				4	23.5%
合计				17	100.0%

说明：

DNP ＝名词短语间隔距离，即回指语与离它最近的先行语之间相隔的其他相关名词
　　　短语的数量；0 表示两者之间无其他名词短语间隔。

DP ＝段落间隔距离，即回指语与离它最近的先行语之间相隔的段落的数量；0 表示两
　　 者之间无段落间隔，即两者在同一段落中；若 DP＞0，便不再计算 DS 和 DC。

DS ＝句子间隔距离，即回指语与离它最近的先行语之间相隔的句子的数量；0 表示两
　　 者之间无句子间隔，即两者在同一句子中；若 DS＞0，便不再计算 DC。

DC ＝小句间隔距离，即回指语与离它最近的先行语之间相隔的小句的数量；0 表示两
　　 者之间无小句间隔，即两者在同一小句中。

　　表 17 显示，与零形代词一样，大多数反身代词（76.5%，共 13 例）用
于指称篇章上文刚提及的那个实体，与离它最近的先行语之间没有其他
相关名词短语间隔，即 DNP＝0。但是，与零形代词不同的是，反身代词绝
大多数用于同一小句中的回指，即 DC＝0 的篇章环境中（共有 10 例，占总
数的 58.8%），只有 2 例（占总数的 11.8%）用于指称前一小句中的一个实
体，即 DC＝1 的篇章环境中；而零形代词更多的是用于指称前一小句中的
一个实体（占总数的 41.6%＋8.3%＝49.9%），其次才是同一小句中的回
指（占总数的 32.5%＋4.4%＝36.9%）。而且在本书的语料中，绝大多数
用于同一小句中回指的反身代词出现在小句宾语的修饰语位置上（共 9
例），如见下面的例（24）。

　　(24)　<u>老木匠</u>一生都不满意<u>自己</u>的技艺。
　　　　　(《鲁班学艺》)

　　汉语篇章中反身代词的另一个特点是，它们似乎只能与小句主语/主
题位置上的那个名词短语同指。在以管约理论（GB Theory）为框架的研
究文献中，这一现象通常称为"主语取向性"（subject orientation）（如见
Bettistella 1989；C.-T. J. Huang & Tang 1991）。在本书的民间故事语料
中，所有 17 个反身代词的先行语都是小句主语/主题位置上的一个名词
短语。

　　如表 17 所示，虽然大部分反身代词与同一小句中的主语同指，而且
与离其最近先行语之间没有其他名词短语间隔，但是也有些反身代词用
于指称前一小句或句子的主语所表达的实体，或者用于与其先行语之间
有其他名词短语间隔的篇章环境中。下面便是这样的几个例子：

(25) a. 可是明子知道姑姑很势利，

b. 自己又穷，

c. 所以 Ø 一直不敢提起亲事来。

（《三根金头发》）

(26) a. 从前有一个手艺很好的木匠，

b. 他做了三十三年零三个月的工，

c. Ø 做了九百九十九张床。

d. 可是，自己却没有睡过一张象样的床。

（《百鸟床》）

(27) 老太婆见闺女不听自己说，……

（《找姑鸟》）

在例(25)中，句(b)主语位置上的反身代词"自己"与前一小句(a)的主语位置上的"明子"同指。在例(26)中，句(d)主语位置上的反身代词"自己"的先行语虽然在前一句子中，但是离其最近的先行语是前一句最后一小句(c)的主语位置上的零形代词。这个先行语实际上也是在前一小句中，与例(25)有些相似。在例(27)中，反身代词"自己"指称同一句子前面的主语"老太婆"，两者之间相隔了另外一个名词短语"闺女"。

由于在本书的民间故事语料中，所有 17 例反身代词的先行语要么是同一小句主语/主题位置上的那个名词短语，即篇章处理过程中当前小句的当前主题，要么是前一小句主语/主题位置上的那个名词短语，即在处理含有反身代词的小句时的期待主题，所以我们修正后的篇章回指确认规则(a)完全可以解释这 17 例反身代词的指称。

7.3 代词

第四章的 4.2.2 节中将一部分汉语代词处理为高可及性标示语，而将另一部分处理为中可及性标示语。其中的一个原因是，正如下面的表 18 所显示，用于同句内指称的代词的百分比(55.2%)要比用于这一篇章环境中的零形代词和反身代词的百分比(分别为 91.3%和 94.1%)低得多，而用于指称前一句中一个实体的代词的百分比(42.3%)要比用于相同篇章环境中的零形代词和反身代词的百分比(分别为 7.7%和 5.9%)高得多。

表 18：代词在不同篇章环境中的分布

代词	篇章环境				小计
	同句内	前一句	同段内	跨段	
数量	90	69	1	3	163
百分比	55.2%	42.3%	0.6%	1.8%	99.9%

　　而且,4.2.2 节中指出,Ariel（1990）将指称词语分为三大类可及性标示语的标准,主要是依据指称词语本身的形式及其表达的语义内容。本书则认为,要全面理解指称词语所标示的指称对象的可及性,还必须分析它们在小句中的句法位置和功能,在分析汉语代词所标示的指称对象的可及性时尤其如此。因此,本书根据代词的形式和出现的句法位置,将主语/主题位置上的代词分析为高可及性标示语,而将其他位置上的代词分析为中可及性标示语。

　　本节将详细分析汉语代词在民间故事语料中的篇章分布,检验作为高可及性标示语的代词是否指称具有高可及性的指称对象,即指称篇章处理过程中的当前主题、期待主题或显著期待副主题,并检验作为中可及性标示语的代词是否指称具有中可及性的指称对象,即指称篇章处理过程中一个新近被取代主题或期待副主题。首先来看在代词与其先行语之间,篇章中出现的其他相关名词短语、小句、句子和段落的数量,即代词的综合指称距离,表 19 列出了统计的结果：

表 19：代词的综合指称距离

篇章距离				数量	百分比
DNP	DP	DS	DC		
0	0	0	0	6	3.7%
0	0	0	1	32	19.6%
0	0	1		45	27.6%
0	1			1	0.6%
小计				84	51.5%
1	0	0	0	6	3.7%

（续表）

篇章距离				数量	百分比
DNP	DP	DS	DC		
1	0	0	1	29	17.8%
1	0	0	2	1	0.6%
1	0	1		14	8.6%
1	1			1	0.6%
2	0	0	0	5	3.1%
2	0	0	1	4	2.5%
2	0	0	2	2	1.2%
2	0	1		6	3.7%
2	1			1	0.6%
3	0	0	0	1	0.6%
3	0	0	1	3	1.8%
3	0	1		4	2.5%
3	0	2		1	0.6%
4	0	0	0	1	0.6%
小计				79	48.5%
合计				163	100.0%

说明:

DNP =名词短语间隔距离,即回指语与离它最近的先行语之间相隔的其他相关名词
短语的数量;0 表示两者之间无其他名词短语间隔。

DP =段落间隔距离,即回指语与离它最近的先行语之间相隔的段落的数量;0 表示两
者之间无段落间隔,即两者在同一段落中;若 DP>0,便不再计算 DS 和 DC。

DS =句子间隔距离,即回指语与离它最近的先行语之间相隔的句子的数量;0 表示两
者之间无句子间隔,即两者在同一句子中;若 DS>0,便不再计算 DC。

DC =小句间隔距离,即回指语与离它最近的先行语之间相隔的小句的数量;0 表示两
者之间无小句间隔,即两者在同一小句中。

　　下面根据代词与其先行语之间有无其他相关名词短语间隔,将代词
分为两大类,分别讨论它们在不同篇章环境中的使用特点和指称功能。

7.3.1 使用于无名词短语间隔环境中的代词

表 19 显示,在本书的民间故事语料中,有 51.5%(共 84 例)的代词用于指称篇章上文刚提及的那个实体,在代词与其先行语之间,没有其他相关名词短语相隔,即 DNP = 0。对这些代词的进一步分析表明,有 6 例代词在小句中用作宾语名词短语中的一个修饰语,指称小句主语/主题位置上的名词短语表达的实体。由于这样的代词表达的是小句内部的指称,所以关于这 6 例代词的指称理解,本书将在第九章的 9.2 节中讨论。另有 6 例代词,或其本身用作小句主语名词短语中的一个修饰语,或其先行语用作小句主语名词短语中的一个修饰语,或两者都用作小句主语名词短语中的一个修饰语。而绝大多数用于 DNP = 0 篇章环境中的代词(共 72 例)出现于小句的主语/主题位置上,根据第四章 4.2.2 节中的分类,这些代词是高可及性标示语。

首先来看这些作为高可及性标示语的代词在篇章中的指称情况。进一步的分析表明,像用于这一篇章环境中的零形代词一样,这些代词的指称对象也是篇章前一小句主语/主题位置上的那个名词短语表达的实体,或由前一小句存现结构中的无定名词短语表达的实体。也就是说,这些代词所指称的是期待主题,我们在上面 7.1.4 节中修正的篇章回指确认规则(a)完全可以解释这些代词的指称。

主语/主题位置上的代词指称一个由前一小句存现结构中的无定名词短语引入的期待主题的例子,可参见前面的例(26),其中句(b)主语/主题位置上的代词"他"指称句(a)中的"一个手艺很好的木匠"。下面是三个主语/主题位置上的代词指称由前一小句主语/主题位置上的名词短语表达的期待主题的例子,其中的先行语分别在同一句子中(DC = 1)、前一句中(DS = 1)和前一段中(DP = 1)。

(28) a. 哥哥很贪心,
 b. 他想独个儿霸占这头牛。
 (《石榴》)

(29) a. 正在这时候,出了个汉子叫二郎,
 b. Ø 高个子,黑红脸,
 c. Ø 身体又结实有力。
 d. 本来他就恨太阳太多,……

（《二郎捉太阳的故事》）

（30） a. 铁匠常为这件事烦恼。

　　　b. 一天,他对儿子说:……

　　　（《传家宝》）

　　在例(28)中,句(b)中的代词"他"是小句动词前唯一一个表示参与者的名词短语,因此根据第三章3.3节中所规定的小句主题和主语识别原则,"他"既是小句的主题也是小句的主语。像用于这一句法位置的零形代词一样,这个代词指称句(a)主语/主题位置上的光杆名词短语"哥哥"表达的期待主题。与(28b)中的"他"一样,(29d)和(30b)中的"他"也分别指称前一小句主题/主语位置上的名词短语表达的期待主题,即(29c)中的"Ø"和(30a)中的"铁匠"所表达的实体。所不同的是,在这两个例子中,代词所指称的期待主题分别在前一句和前一段中提及。

　　下面来看6例代词其本身或其先行语用作主语名词短语中的修饰语的情况。这6例代词的指称情况又可以分为两种。第一种是代词本身出现在小句的主语/主题位置上,而其先行语是前一小句主语/主题位置上的一个名词短语中的修饰语。在这种情况下,就像一个主语/主题位置上的零形代词可以指称前一小句主题/主语位置上名词短语中的一个修饰语表达的实体一样,用于这一句法位置上的代词也有相同的指称功能。下面便是一个与前面的例(5)相对应的例子:

（31） a. 石囤的心里难过极了,

　　　b. 他想了想说道:……

　　　（《红泉的故事》）

在这个例子中,就像(5b)主语/主题位置上的零形代词一样,(31b)主语/主题位置上的代词"他"也是指称前一小句主语/主题位置上那个名词短语的修饰语,即(31a)中"石囤的心里"的"石囤"[9]。同样,由于"心里"不能满足第三章3.3.6节中所规定的主题性篇章条件,所以不是篇章中所谈论的一个主题。因而我们有理由认为,在处理完(31a)后,"石囤"是理解"他"的期待主题,而不是"心里"。由此可见,这类代词的指称同样可以用7.1.4节中修正的篇章回指确认规则(a)来解释。

　　第二种情况是,代词本身用作小句中主语/主题位置上的名词短语中的修饰语,而其先行语是前一小句的主语/主题。在这种情况下,代词的指称对象通常也是篇章处理过程中的期待主题,这个期待主题通常由前一小句主语/主题位置上的一个名词短语表达。下面便是这样的两个例子:

（32）a. 玉花一天比一天瘦了,
　　　b. 她的脸色不像以前那样新鲜了。
　　　（《红泉的故事》）

（33）a. 这年巧妹二十岁了。
　　　b. 有一天,她妈皱着眉头说:……
　　　（《一块黑铁的故事》）

在例（32）中,句（b）主语名词短语中用作修饰语的代词"她"指称句（a）主语/主题位置上的"玉花"表达的期待主题。同样,在例（33）中,句（b）主语名词短语中用作修饰语的代词"她",指称句（a）中表达的期待主题"巧妹",虽然此例中的先行语和回指语在篇章的两个相邻句子中,而不是在同一句子的两个相邻小句中。

有时,在小句主语名词短语中充当修饰语和中心语的名词表达的实体可能都是篇章谈论的对象,因而都可以是下一小句的期待主题,正如在某些存现句中,小句主语/主题位置上的名词短语和宾语位置上的无定名词短语表达的实体都可以是下一小句的期待主题（见第六章 6.3.1 节中的例（33）以及有关讨论）。如果出现这种情况,那么下一小句中主语/主题位置上的代词指的究竟是哪一个期待主题,在很大程度上是由语义和语用因素决定的。在本书的民间故事语料中有如下一个这样的例子:

（34）a. 这时,他母亲也明白了老头子的用心了,……。
　　　b. 于是第二天她把儿子叫到跟前说:……
　　　（《传家宝》）

在此例中,句（b）中的女性第三人称单数代词"她"显然只能指称句（a）主语名词短语中的中心语名词"母亲"所表达的实体,而不是充当修饰语的男性第三人称单数代词"他"所表达的实体。也就是说,虽然在句（a）处理完毕之后,"母亲"和"他"代表的实体都是篇章参与者,因而也都是处理下一小句的期待主题,但由于只有"母亲"才能与句（b）中的代词"她"在语义上相容,因而"她"只能与"母亲"同指,不能与"他"同指。

由此可见,上面讨论的 78（ =72+6）例用于 DNP＝0 的篇章环境中的代词,其指称对象与用于这一篇章环境中的零形代词一样,都是篇章处理过程中的期待主题。那么,两者在篇章中的使用是否有区别呢?

如果将表19与前面的表15作一比较,我们会发现,在 DNP=0 的篇章环境中,代词较多用于指称前一句(DS=1)中表达的期待主题,占全部使用于这一篇章环境中的代词的 53.6%(=45/84),指称前一小句(DC=1)中表达的期待主题的仅占 38.1%(=32/84);而零形代词较多用于指称前一小句(DC=1)中表达的期待主题,占全部使用于这一篇章环境中的零形代词的 52.2%(=287/550),指称前一句(DS=1)中表达的期待主题的仅占 6.5%(=36/550)。这似乎表明,在篇章回指方面,汉语中的零形代词和代词之间有一个大致的分工:零形代词主要用于指称同句中前一小句表达的期待主题;而代词主要用于指称跨句的期待主题。

这一分工可以用可及性理论来解释,因为虽然出现于主语/主题位置上的代词和零形代词都是高可及性标示语,但由于在形式上代词比零形代词的简略度要低一些(见第四章 4.2.3 节中的讨论),所以标示的可及性也要比零形代词低一些。而句子是比小句大的一个篇章单位,受一致性因素的影响(见第四章 4.1.3 节中的讨论),一个跨句的实体比一个跨小句的实体可及性要低一些。这样,代词自然要比零形代词较多用于跨句指称。

不过,表19同时也显示,在那些用于 DNP=0 的篇章环境中的代词,也有 38.1%(共 32 例)用于指称前一小句表达的期待主题,与零形代词的篇章指称功能重合。本书认为,这部分代词的使用可能大多是王力(1959:299—367)所说的现代汉语的欧化所造成的。也就是说,在现代汉语中,代词与零形代词的篇章指称功能的部分重合,可能是不同的文体造成的。就代词而言,欧化的影响不仅反映在现代汉语中引入了区分男女性别和区分人与事物(或动物)的新的人称代词的书面形式,而且也反映在代词使用量的增加。本书作者在(Y. L. Xu 1984)中,比较了三位中国现代作家的三部小说:巴金的《家》、叶圣陶的《倪焕之》和茅盾的《子夜》。在代的使用量方面,本书作者发现《家》受欧化的影响最大(另见 Kubler 1985 的研究),下面便是一个例子:

(35) a. 他极力忍住了眼泪,

　　　b. 他不再哭了,

    c. <u>他</u>长长地叹了一声。

    （《家》p. 336）

在此例中，句（b）和（c）主语/主题位置上的代词"他"如果用零形代词来代替，似乎也完全不会影响此句的自然流畅性和所表达的语义（当然这里我们并不想排除这样一种可能性，即作者这样做是为了取得某种特殊的效果，比如有意用代词的重复来表达"他"那久久难以释怀的沉痛心情）。

7.3.2 使用于其他篇章环境中的代词

    在分析了使用于无其他名词短语间隔环境中的代词的具体篇章分布和指称特点之后，再来看使用于有其他名词短语间隔环境中的代词，即，使用于 DNP>0 的篇章环境中的代词的情况。表 19 显示，在本书的民间故事语料中，共有 79 例这样的代词，占代词总数的 48.5%。仔细分析这些代词的句法功能后我们发现，2 例代词在小句中用作宾语名词短语中的一个修饰语，指称小句主语/主题位置上的名词短语表达的实体。同样，由于这样的代词表达的是小句内部的指称，所以关于这 2 例代词的指称理解，本书也将在第九章的 9.2 节中讨论。此外，29 例代词出现在小句的主语/主题位置上，而 48 例代词在小句中用作动词或副动词的宾语。

    让我们先来看那 29 例出现于小句的主语/主题位置上的代词。根据第四章 4.2.2 节中的分类，这些代词是高可及性标示语。那么这些代词所指称的是否也是篇章处理过程中的期待主题呢？进一步的分析表明，这些代词中的大多数（共 21 例）确实是指称期待主题。下面便是这样的三个例子：

（36）a. <u>张郎</u>把爹说的每一句话都记在心里，

      b. <u>他</u>想：……

      （《张郎赛宝》）

（37）a. 可是 Ø［二郎］总是找不着 Ø［太阳］。

      b. <u>他</u>正在烦躁，……

      （《二郎捉太阳的故事》）

（38）a. Ø［二郎］总是收拾不住 Ø［太阳］。

      b. 后来，<u>他</u>想了个办法：……

      （《二郎捉太阳的故事》）

在例(36)中,句(b)中的代词"他"指称前一小句主语/主题位置上的"张郎"表达的期待主题;在例(37)中,句(b)中的代词"他"同样指称前一小句主语/主题位置上的零形代词表达的期待主题"二郎",但先行语在前一个句子中;在例(38)中,句(b)中的代词"他"也是指称前一小句主语/主题位置上的零形代词表达的期待主题"二郎",但先行语在前一个段落中。在这三个例子中,回指语与先行语之间相隔的其他名词短语是句(a)中的动词或副动词的宾语。这些例子表明,与使用于 DNP=0 的篇章环境中的代词一样,这些代词的指称对象也是篇章处理过程中的期待主题,这些代词的回指确认同样可以用本书修正了的篇章回指确认规则(a)来解释。

但是,在本书的民间故事语料中,也有 8 例出现于主语/主题位置上的代词,它们的指称对象都不是前一小句主语/主题位置上那个名词短语所表达的实体,因而对于这些代词的回指确认,我们似乎还不能用修正了的篇章回指确认规则(a)来解释。下面是两个这样的例子:

(39) a. 老木匠有个怪脾气,

b. Ø 做了一辈子的木匠活没有收过一个徒弟。

c. 当别人要拜他为师学艺的时候,

d. <u>他</u>总是推辞说:……

(《鲁班学艺》)

(40) a. 有时候刘善忘了拿笔,

b. 八哥就飞下去替刘善衔上来。

c. 刘善有时站在险处,

d. 它还常常提醒刘善:……

(《八哥》)

在例(39)中,句(d)主语/主题位置上的代词"他"指称的不是前一小句(c)中主语/主题位置上的"别人"所表达的实体,而是前一句讨论的主题,即那位老木匠;在例(40)中,句(d)主语/主题位置上的代词"它"指称的不是前一小句(c)中主语/主题位置上的"刘善",而是再前一小句的主题"八哥"。

就例(39)中"他"这样的代词来说,正如本书第六章6.2.2节中指出,(39c)主语/主题位置上的"别人"是一个非指定性(non-specific)名词短语,所表达的实体是不可确定的,因而不能成为一个篇章主题。因此,我

们似乎应该对期待主题的定义作一修正,规定当一句小句主语/主题位置
上的名词短语表达的实体不能成为一个篇章实体时,处理完这一小句后,
原来的期待主题,即前一小句的主题,将继续成为下一小句的期待主题。
这样,(39d)主语/主题位置上的代词便可以理解为指称(39b)主语/主题
位置上的名词短语所指的实体,即那位老木匠了。

就例(40d)中"它"这样的代词来说,这些代词之所以不是指称篇章处
理过程中的期待主题,是由于这些代词与表达期待主题的名词短语在语
义上不相容。比如在例(40)中,句(d)中的"它"是一个表示事物或动物
的代词,而其期待主题"刘善"是一个人,在语义上不相容。因此,"它"不
能指称"刘善",只能指称再前一小句(b)中与其在语义上相容的主题"八
哥"。[10]

在讨论了用作小句主语/主题的代词之后,再来看用作动词或副动词
宾语的那些代词在篇章中的指称情况。在本书的民间故事语料中,共有
48例这样的代词。根据本书第四章4.2.2节中的分类,这些代词是中可
及性标示语。对这些代词在篇章中表达的指称关系的进一步分析表明,
这些代词全部用于指称一个新近被取代的主题[11]、一个期待副主题或一
个未实现的期待主题,而不是篇章处理过程中的期待主题。也就是说,这
些代词确实是用于指称一个具有中可及性的指称对象,而不是一个具有
高可及性的指称对象。

当这样的代词用于指称一个新近被取代主题的时候,这个新近被取
代主题可以是前一小句中提及的实体,也可以是再前一小句中提及的实
体。下面便是这样的两个例子:

(41)　a.　石囤难过的叹了一口气,

　　　b.　玉花望着他 Ø 说道:……

　　　　　(《红泉的故事》)

(42)　a.　小黄鸟也很懂事,

　　　b.　明子有甚么事,

　　　c.　Ø 总是和它商量。

　　　　　(《三根金头发》)

在例(41)中,句(b)中的代词"他"是动词"望"的宾语。在这一篇章
片段中,句(b)主语/主题位置上的"玉花"取代了句(a)的主题"石囤",成

为句(b)的主题。因此,在篇章处理过程中当处理到代词"他"的时候,"石囤"是一个新近被取代主题。宾语代词"他"指称的便是这个新近被取代主题,而不是当前主题"玉花"。

在例(42)这一篇章片段中,"小黄鸟"是句(a)的主题。这一主题被句(b)主语/主题位置上的"明子"所取代,因而句(b)的主题转换为"明子"。句(c)中副动词"和"的宾语"它"指称的是那个在句(a)中提及的新近被取代主题"小黄鸟"。

用作宾语的代词,特别是用作副动词宾语的代词,也可以指称一个期待副主题,或者指称一个由上文存现结构中的无定名词短语新近引入篇章的实体,这个实体是下一小句的期待主题,但是却并没有真正成为下一小句的主题。请看下面两个例子:

(43) a. 老百姓把太阳找来了,

b. 二郎对他说:……

(《二郎捉太阳的故事》)

(44) a. 水上露出一颗亮晶晶的珠子。

b. 聂郎真是欢喜,

c. Ø 小心地把它放在怀里,……

(《"望娘滩"的故事》)

在例(43)中,句(a)处理完了之后,"太阳"是下一小句的期待副主题,因为这是小句中除了主题"老百姓"之外的另一个篇章参与者;句(b)中副动词"对"的宾语"他"指称的是这个期待副主题,而不是期待主题"老百姓",也不是句(b)的主题"二郎",尽管此时"二郎"已取代"老百姓"成为处理句(b)时的当前主题。

在例(44)这一篇章片段中,句(a)存现结构中的无定名词短语"一颗亮晶晶的珠子"引入了一个新的篇章实体。这一实体是下一小句的期待主题。但是这一期待主题并未真正实现为下一小句的主题,因为句(b)主语/主题位置上有一个专有名词"聂郎",明确地表达出该小句的主题是"聂郎"。这一主题又成为下一小句(c)的期待主题。而句(c)中副动词"把"的宾语"它",指称的是句(a)中新近引入但并未真正实现的期待主题,即"一颗亮晶晶的珠子"。

7.3.3　主题堆栈、语义及语用相容性原则和修正的篇章回指确认规则(b)

本章在 7.3.1 和 7.3.2 两小节中,主要是根据代词使用的篇章环境来加以分类讨论的。由于第四章 4.2.2 节讨论汉语代词的可及性标示语分类时,是以代词的句法功能作为分类的标准的,所以这一小节将根据代词的句法功能分类对上面的讨论作一小结。

根据代词在小句中的句法位置和功能,我们可以将出现在民间故事语料中的 163 例代词分为三类:一类用作小句宾语名词短语中的修饰语(共 8 例);一类用作小句的主语/主题或主语/主题位置上名词短语的修饰语(共 107 例);一类用作动词或副动词的宾语(共 48 例)。下面让我们分别来看这三类代词在篇章中的指称。

在本书的民间故事语料中,8 例用作小句宾语名词短语中的修饰语的代词,其指称对象都是小句主语/主题位置上的那个名词短语表达的实体。虽然这些代词的指称都可以用本书的篇章回指确认原则(a)来解释,因为其指称对象是当前小句的当前主题,但是正如本书第九章 9.2 节中将指出的那样,这类句内指称在很大程度上是由小句中动词的类型决定的。因而,这里不再详细讨论。

根据第四章确定的分类标准,用作小句的主语/主题或主语/主题位置上的名词短语中的修饰语的 107 例第二类代词是高可及性标示语。从前面的讨论中我们可以看到,绝大多数这样的代词是指称前一小句主语/主题位置上的名词短语所代表的实体,或前一小句存现结构中引入的一个实体,即篇章处理过程中的期待主题,因而可以用篇章回指确认原则(a)来解释。

但是,也有少数此类代词的指称似乎还不能完全用篇章回指确认原则(a)来解释。其中一种例外情况如前面的例(39)所示。在该例中,小句(c)的主语/主题位置上是一个非指定性名词短语"别人",表达的实体不是一个具体明确的篇章实体,因而根据本书第三章 3.3.6 节中规定的主题性篇章条件,"别人"虽然是小句(c)的主题,但不能成为篇章主题,从而也不能成为下一小句(d)的期待主题。在这种情况下,我们似乎应该再向前追溯,将句(d)的期待主题确定为再前面一小句(b)的主题,即那个"老木匠"。这种确定期待主题的方法似乎也符合我们的语言直觉:在读完例(39)中(a)到(d)四小句后我们会感到,这一篇章片段所谈论的主题确实是"老木匠",而不是"别人"。因此,我们可以将前面(21)中表述的期待主题的识别原则充实如下:

(45) 期待主题的识别原则

在处理完一个小句后,一个实体 E 是回指确认下一轮任务的期待主题,当且仅当 E 是一个符合如下四个条件之一的篇章参与者:

a. E 由小句存现结构中的一个无定名词短语引入篇章;

b. E 由小句主语/主题位置上的那个名词短语表达;

c. E 由小句主语/主题位置上那个名词短语修饰语中的一个名词短语表达;

d. E 由前一小句主语/主题位置上的那个名词短语表达,如果当前小句主语/主题位置上的那个名词短语表达的实体不是一个篇章主题。

在对期待主题的识别原则作了上述修正后,4 例如例(39)那样的例外情况可以满意地用篇章回指确认原则(a)来解释了。

另一种例外情况如例(40)所示,也共有 4 例。在例(40)中,句(d)中的代词"它"与篇章处理过程中的期待主题"刘善"在语义上不相容,因而不能同指。其指称对象是再前面一小句(b)中的主题"八哥"。此例表明,在理解篇章里使用的代词过程中,我们需要一个核查代词与其先行语之间语义相容性的机制。

为此,参照 Sidner(1983)所提出的篇章理解人工智能处理方式,我们可以首先假设,在回指确认过程中,读者的情节记忆系统建立起一个期待主题堆栈(expected topic stack)。那些未实现的期待主题和被取代的主题都储存在堆栈中,在理解篇章中的某一指称词语时,读者可以从中搜索并提取一个合适的主题作为那个指称词语的指称对象。那些储存在堆栈中的期待主题根据其进入堆栈的先后顺序排列,最新近进入的排在最上面,以前进入的压在下面。在篇章的动态处理过程中,期待主题堆栈不断更新。在篇章处理的某一刻,最后进入堆栈的是那个最新近被取代的主题或那个最新近引入篇章而未实现的期待主题,这一主题总是位于堆栈的顶部,以下将其称为"期待主题堆栈中的第一期待主题"。

期待主题堆栈的运作原则是"最后进最先出"。也就是说,在篇章理解的某一刻,除了此刻的期待主题或显著期待副主题之外,最后进入期待主题堆栈而位于顶端的那个主题总是享有优先权,被优先考虑选作此刻在篇章中遇到的一个指称词语的指称对象。位于堆栈上部的主题也比位于它下面的主题有优先权。

引入了"期待主题堆栈"这一概念之后,我们可以将语义相容性核查机制表述如下:

(46) 语义相容性原则(semantic compatibility principle)

在篇章回指确认过程中,

a. 如果篇章中有两个篇章实体可以同时作为篇章回指确认原则所允许的潜在指称对象,那么选择那个在语义上与回指语相容的篇章实体作为回指语的指称对象;

b. 如果篇章回指确认原则所确定的那个篇章实体在语义上与回指语不相容,那么按优先顺序,在期待主题堆栈中选择一个在语义上相容的主题作为回指语的指称对象。

有了语义相容性原则之后,在本章的例(40)中,当处理到句(d)时,此刻的期待主题是"刘善",期待主题堆栈中的第一期待主题是"八哥",因为这是一个最新近被取代的主题。由于句(d)主语/主题位置上的代词"它"是一个高可及性标示语,根据篇章回指确认原则(a),其指称对象可确定为期待主题"刘善"。但是,由于"刘善"在语义上与代词"它"不相容,所以根据语义相容性原则(b),其指称对象应该在期待主题堆栈中选择。根据优先顺序,"八哥"是堆栈中第一优先选择的篇章主题,而这一主题在语义上与"它"相容,因此可以将其确定为"它"的指称对象。这样,与例(40)相似的4例代词的指称便可获得满意的解释。

语义相容性原则中的(a)项规定则可以用来解释像前面(34b)中的代词"她"的指称。这个代词同样位于小句的主语/主题位置上,因此是一个高可及性标示语,根据篇章回指确认原则(a),其指称对象是篇章处理中的期待主题。但是根据(45)中修正的期待主题识别原则,(34a)中的"他"和"母亲"都有资格成为句(34b)的期待主题,作为句中代词"她"的潜在指称对象。但由于"她"仅与"母亲"在语义上相容,而与"他"在语义上不相容,所以根据语义相容性原则(a),我们可以正确地选择"母亲"作为"她"的指称对象。

在上面(46)的语义相容性原则的表述中,本书用了含义较广的"回指语"一词,而不是"代词"。这是因为本书认为,语义相容性核查不仅与代词的理解密切相关,而且在理解其他用作回指语的指称词语时,只要这些回指语本身携带某种与指称对象相关的语义信息,语义相容性核查也是需要的。也就是说,除了零形代词和光杆反身代词(如"自己",而不是"他自己")等一些语义空泛的指称词语之外,代词、指示词短语和有定描述语等指称词语的理解都需要作语义相容性核查。

在制订了语义相容性原则之后,我们可以用类似的方法来规定如下的语用相容性原则(pragmatic compatibility principle):

(47) 语用相容性原则

在篇章回指确认过程中,

a. 如果篇章中有两个篇章实体可以同时作为篇章回指确认原则所允许的潜在指称对象,那么选择那个与篇章描述的行为动作过程中的角色在语用上相容的篇章参与者作为回指语的指称对象;

b. 如果篇章回指确认原则所确定的那个篇章实体在语用上与篇章描述的行为动作过程中的角色不相容,那么按优先顺序,在期待主题堆栈中选择一个在语用上相容的主题作为回指语的指称对象。

这一语用相容性核查机制可用于解决以下两种情况中的回指语的指称问题。第一种情况是,在篇章处理过程中同时有两个期待主题可以成为回指语的指称对象。例如,在下面的一个例子中:

(48) a. 老妈妈只有一个儿子,
    b. Ø 叫天台。
    (《宫女图》)

句(b)中的零形代词是一个高可及性标示语,根据篇章回指确认原则(a),应该指称前一小句表达的一个期待主题。但是,正如本书第六章6.3.1节中所指出(见该节中关于例(33)的讨论),在句(a)处理完毕后,该句主语/主题位置上的"老妈妈"和该句存现结构新引入的一个篇章实体"一个儿子"都是下一小句(b)的期待主题。究竟应该选择哪一个呢?我们的语用常识告诉我们,作者通常在新引入一个篇章参与者时才会向读者交待他(或她)的名字。由于句(a)中新引入的篇章参与者是"一个儿子"而不是"老妈妈",所以只有"一个儿子"才是与篇章描述的行为动作过程中的角色在语用上相容的篇章参与者。从而根据语用相容性原则

(a),应该选择"一个儿子"作为句(b)中零形代词的指称对象。

第二种情况是,篇章回指确认原则所确定的实体在语用上与篇章描述的行为动作过程中的角色不相容,因而我们需要另行确定回指语的指称对象。本章前面已有不少这样的例子,如例(11b)(13b 和 c)(19f)等小句中的汉语零形代词的指称理解,以及例(20)中英语代词 he$_2$ 的指称理解,都需要运用语用相容性原则(b)。

纵观本章前面的讨论,我们可以看到,规定了上述两个语义和语用相容性原则之后,除了例(19h)中宾语位置上的零形代词,本书修正的篇章回指确认原则(a)可以解释民间故事语料中所有的高可及性标示语的指称。而要正确理解句(19h)中宾语位置上的零形代词,正如本章7.1.4 节的讨论中所指出,我们需要某种理解篇章(片段)宏观结构的机制。这需要作较高、较抽象层次上的推理,仅仅依赖作者在篇章局部提供的表层语言提示似乎是不可能的。

最后来看那 48 例用作小句谓语动词或副动词宾语的第三类代词。根据第四章4.2.2 节中的分类,这些代词是中可及性标示语。从前面7.3.2 节的讨论中,我们已经看到,这些代词的指称对象是一个最新近被取代的主题、一个最新近引入篇章而未实现的期待主题或一个期待副主题,而不是当前主题或期待主题。这里需要回答的一个问题是:为什么同一形式类别的指称词语(这里是代词)有时在篇章中是一个高可及性标示语,而有时却是一个中可及性标示语? 按照第四章4.2.3 节所讨论的可及性标示语的编码三原则,即信息量、确定性和简略度,对可及性标示语的分类似乎应该完全按照指称词语的形式和所含的语义信息量。同一形式类别的指称词语(如代词),似乎应该统一划归为相同的一类可及性标示语。实际上,Ariel(1990)在理论上以及在具体分析中也都是这样处理的。[12]

本书则认为,在将指称词语作为可及性标示语分类时,我们不仅需要考虑指称词语本身所具有的语义形式特征,而且还需要考虑其篇章分布特征,特别是在小句中的句法位置。

要理解这一点,首先必须认识到,虽然我们有可能根据指称词语本身的语义形式特征,赋予语言中不同形式类别的指称词语一个固定的、绝对的可及性标示值,但是读者对篇章中使用的指称词语所标示的可及性的感知,却和人类对其他现象的感知一样是相对的。就拿气温来说吧,虽然我们可以根据气温表上反映出来的实际气温区分许多不同度数的气温值,但是在感觉上,我们通常会说今天比昨天热或凉快,或者暖和或冷。同样,正如第四章 4.2.3 节中的图 5 所示,虽然在理论上我们也有可能根据指称词语在可及性标示阶上的位置,区分许多不同的可及性标示值,但是在感知或认知层面上,以及在可及性标示语的实际使用和理解中,通常区分高、中、低三类不同的可及性标示语已经足够了。

而且,感知的相对性在很大的程度上与感知现象所处的环境有关。还是拿上面所举的气温例子来说,或许我们不无理由认为,虽然 5℃ 是一个绝对的气温值,但是在像香港这样的南方地区,如果最低气温是 5℃ 的话,那么那里的人们肯定会觉得这意味着进入冬季了,感到很冷;而在像哈尔滨这样的北方地区,如果日平均气温也是 5℃ 的话,那么那里的人们会感到暖意融融,要进入春天了。这是因为南方是个暖环境,在那里 5℃ 通常几乎是冬季中的最低气温了;而北方是个冷环境,5℃ 这个日平均气温值是个冬春之交的气温,真正标志冬季的气温要大大低于零度。英语语言系统的大环境犹如南方的暖环境,在那里代词在篇章中大量用作高可及性标示语;而汉语语言系统的大环境犹如北方的冷环境,在那里零形代词用作典型的高可及性标示语,在篇章中大量出现。[13] 因此,汉语中的代词犹如 5℃ 的气温值可以同样出现在北方的冬春(或秋冬)两季一样,在篇章中既可能用作高可及性标示语,也可能用作中可及性标示语,主要视其使用的篇章环境而定。其中,除了文体这一篇章因素之外[14],最重要的便是代词出现的句法位置。

至于在汉语中,为什么主语/主题位置上的代词是高可及性标示语,而宾语位置上的代词是中可及性标示语,则主要是由这两个句法位置上的名词短语的不同语用功能决定的。Lambrecht(1994:113-114)曾用下面的一个例子(他的例 3.27 和 3.28),来说明不同句法位置上的名词短语在篇章理解中可以产生不同的心理表征。他的论述实际上从另一个角度支持了本书的上述观点。

(49) a. I heard something terrible last night. Remember Mark, the guy we went hiking with, who's gay? <u>His lover</u> just died of AIDS.
(昨天夜里我听到一个可怕的消息。还记得马克,那个曾和我们一起去徒步远足的同性恋家伙吗?<u>他的伴侣</u>刚由于患艾滋病而死去。)

b. I heard something terrible last night. Remember Mark, the guy we went hiking with, who's gay? I ran into <u>his lover</u> yesterday, and he told me he had AIDS.

（昨天夜里我听到一个可怕的消息。还记得马克，那个曾和我们一起去徒步远足的同性恋家伙吗？昨天我偶然碰到了<u>他的伴侣</u>，他告诉我他得了艾滋病。）

　　Lambrecht 指出，（a）与（b）中"his lover"（他的伴侣）本身表达的所指语篇实体的激活状态是相同的，都是指语篇上文没有提到过，但可以从语境中提及的另一个实体（即 his 所指的实体）推测的一个实体。但是由于说话者在（a）中将其置于主语的位置，而在（b）中将其置于宾语的位置，听话者对这两个语篇中的"his lover"的语用理解却有着微妙的差别。（a）中主语位置上的"his lover"所指的实体通常会被理解为"在语篇中已经可及的"，而（b）中介词宾语位置上的"his lover"却通常会被认为是"一个上文未激活、并未曾用过的语篇实体"。这一实体本身在语篇中并不可及，因此语篇中小句"I ran into his lover yesterday"（昨天我偶然碰到了他的伴侣）的作用就像"Remember Mark?"（还记得马克吗？）一样，是将一个语篇此刻尚不可及的实体引入语篇。如果要对这一主语与宾语之间的不对称现象作一语用功能上的解释，那么我们可以认为，这是因为（a）中"his lover"的句法位置决定了它在篇章语用功能上是一个无标记的主题，向听话者表示其指称对象在语用上是可及的；而（b）中的"his lover"则不是。同样，就汉语中的代词来说，出现在主语/主题位置上的代词由于是一个无标记的主题，其表达的可及性因此也要比宾语位置上的代词高。

　　除了上述主语与宾语之间在语用功能上的不对称这一原因之外，本书认为，宾语位置上的代词之所以是一个中可及性标示语的另一个原因是，在小句这一篇章分析的层面上，Farmer & Harnish（1987：557）所说的语用性的"异指假定"（disjoint reference presumption）在起作用。该语用原则规定，"一个谓词的主目之间意在异指，除非另有标示"。也就是说，除非说话者在小句中另外用了某种语法或词汇手段，向听话者明确表示谓语动词的主语和宾语是指同一实体，否则我们通常可以推断，主语和宾语分别指称两个不同的实体。说话者可以用来表示谓语动词的主语和宾语之间同指的词汇手段有反身代词，因此在宾语这一句法位置上，代词与作为高可及性标示语的反身代词构成对立：只有反身代词才能与主语同指,而代词不能与主语同指。正如 Givón（1992：10）所指出,交际中的语言是一种典型的离散化现象。一个语言项目的区分能力,在很大程度上取决于它在某一特定的分布环境中与其他语言项目之间构成的潜在对立。既然在宾语位置上的高可及性标示语是反身代词,那么这个句法位置上的代词便不能再成为高可及性标示语了。

而在主语/主题位置上,正如本章 7.3.1 节末尾所指出,汉语中的零形代词和代词在篇章回指方面有一个大致的分工:零形代词主要用于指称同一句子中前一小句表达的期待主题;而代词主要用于指称跨句的期待主题。也就是说,汉语中的代词和零形代词的篇章分布基本上是互补的,不构成对立。因此在这一句法位置上的汉语代词和零形代词都是高可及性标示语,它们之间的区别主要是在篇章中的分布不同(其中还可以包括文体差别等其他篇章因素)。

综上所述,汉语篇章中的代词可以根据其句法位置分为两大类:一类是高可及性标示语,另一类是中可及性标示语。当代词用作高可及性标示语时,其指称对象是篇章处理过程中的期待主题,本书在例(23)中表述的篇章回指确认原则(a),再辅以语义和语用相容性原则,可以满意地解释它们的指称。当代词用作中可及性标示语时,其指称对象是一个最新近被取代的主题、一个最新近引入篇章而未实现的期待主题或一个期待副主题。在引入了“期待主题堆栈”这一概念后,一个最新近被取代的主题和一个最新近引入篇章而未实现的期待主题实际上都是一个未实现的期待主题,从而进入期待主题堆栈,成了堆栈中的第一期待主题。试比较下面两个例子(分别与前面的例(42)和(44)相同):

（50）a. <u>小黄鸟</u>也很懂事,

　　　b. 明子有甚么事,

　　　c. Ø 总是和它商量。

　　　（《三根金头发》）

（51）a. 水上露出<u>一颗亮晶晶的珠子</u>。

　　　b. 聂郎真是欢喜,

　　　c. Ø 小心地把它放在怀里,……

　　　（《“望娘滩”的故事》）

在例(50)中,处理完句(a)后,此小句的主题“小黄鸟”成了下一小句

(b)的期待主题;而在(b)中,"小黄鸟"并未真正实现为主题,其主题地位被该小句的主题"明子"所取代。因此当处理到句(c)时,"明子"是期待主题,而"小黄鸟"是一个最新近被取代的主题,也是一个在前一小句(b)中未实现的期待主题,因而已经进入期待主题堆栈,是堆栈中的第一期待主题。句(c)副动词宾语位置上的代词"它"便是指称这个期待主题堆栈中的第一期待主题。

在例(51)中,句(a)的存现结构引入一个新的篇章实体"一颗亮晶晶的珠子",该实体是下一小句(b)的唯一的一个期待主题;而在(b)中,"一颗亮晶晶的珠子"同样没有真正实现为主题,其主题由该小句的主题"聂郎"明确表达。因此当处理到句(c)时,"聂郎"是期待主题,而"一颗亮晶晶的珠子"是一个最新近引入篇章而未实现的期待主题,因而也已进入期待主题堆栈,成了堆栈中的第一期待主题。句(c)副动词宾语位置上的代词"它"也是指称这个期待主题堆栈中的第一期待主题。

因此,在引入了期待主题堆栈后,我们可以将篇章回指确认原则(b)重新表述如下:

(52) 修正的篇章回指确认规则(b)

在其他条件相同的情况下,在篇章处理的某一刻,

b. 遇到的一个中可及性标示语表示,其指称对象是:

i. 主题堆栈中的第一期待主题;

ii. 期待副主题。

7.4 指示词语

与代词一样,第四章4.2.2节暂时将一部分汉语指示词语处理为高可及性标示语,而将另一部分处理为中可及性标示语。其中的一个原因是,正如下面的表20所显示,指示词语的篇章分布与代词有点相似,大多数指示词语的指称对象在同句内或前一句中,用于这两个篇章环境中的指示词语的数量相同。与代词不同的是,用于同句内指称的指示词语所占的百分比较低,而用于同段内或跨段指称的指示词语所占的百分比较高,特别是用于同段内的指称,其百分比高达23.5%(而代词只有0.6%)。这说明,与代词相比,用作中可及性标示语的指示词语的比例似乎较大。

表 20：指示词语在不同篇章环境中的分布

指示词语	篇章环境				小计
	同句内	前一句	同段内	跨段	
数量	6	6	4	1	17
百分比	35.3%	35.3%	23.5%	5.9%	100%

本节也将根据指示词语的形式和出现的句法位置,将主语/主题位置上的指示词语分析为高可及性标示语,而将宾语位置上的指示词语分析为中可及性标示语。本节将详细分析汉语指示词语在民间故事语料以及报刊语料中的篇章分布,检验作为高可及性标示语的指示词语是否指称具有高可及性的指称对象,即指称篇章处理过程中的当前主题、期待主题或显著期待副主题;并检验作为中可及性标示语的指示词语是否指称具有中可及性的指称对象,即指称期待副主题或期待主题堆栈中的第一期待主题。

让我们先来看在指示词语与其先行语之间,篇章中出现的其他相关名词短语、小句、句子和段落的数量,即指示词语的综合指称距离,表 21 列出了统计的结果。

表 21：指示词语的综合指称距离

篇章距离				数量	百分比
DNP	DP	DS	DC		
0	0	0	1	5	29.4%
0	0	1		2	11.8%
0	1			1	5.9%
小计				8	47.1%
1	0	1		2	11.8%
2	0	1		2	11.8%
2	0	2		1	5.9%
3	0	4		1	5.9%
3	0	5		1	5.9%
4	0	2		1	5.9%
8	0	0	4	1	5.9%
小计				9	52.9%
合计				17	100.0%

说明：

DNP ＝名词短语间隔距离，即回指语与离它最近的先行语之间相隔的其他相关名词
　　　短语的数量；0 表示两者之间无其他名词短语间隔。

DP ＝段落间隔距离，即回指语与离它最近的先行语之间相隔的段落的数量；0 表示两
　　　者之间无段落间隔，即两者在同一段落中；若 DP>0，便不再计算 DS 和 DC。

DS ＝句子间隔距离，即回指语与离它最近的先行语之间相隔的句子的数量；0 表示两
　　　者之间无句子间隔，即两者在同一句子中；若 DS>0，便不再计算 DC。

DC ＝小句间隔距离，即回指语与离它最近的先行语之间相隔的小句的数量；0 表示两
　　　者之间无小句间隔，即两者在同一小句中。

　　要理解汉语篇章中指示词语的指称功能，有必要将指示词语分为两
大类：一类是指示词单独使用；另一类是指示词在一个名词短语中用作限
定词（determiner），本书将把含有指示词的名词短语简称为"指示短语"。
下面将分别讨论这两类指示词语在篇章中的分布使用特点和指称功能。

7.4.1　单独使用的指示词

　　在本书的民间故事语料中，共出现 17 个指示词语[15]，其中 2 个是单
独使用的指示词。这两个指示词都出现在小句的主语/主题位置上，因而
都是高可及性标示语。下面是含有这两个指示词的例子：

(53) a. 他们养着一头老黄牛，

　　　 b. <u>这</u>还是爷爷传他们的哩！

　　　　（《石榴》）

(54) a. 春天里 Ø［石囤］娶了一个媳妇，

　　　 b. Ø 叫玉花，

　　　 c. 嘿，<u>那</u>真是珍珠宝石样的人物，

　　　 d. Ø 人材也好，

　　　 e. Ø 营生也好，……

　　　　（《红泉的故事》）

　　在(53)中，句(a)是个存现句，引入一个新的篇章实体"一头老黄
牛"。但是句(a)本身有一个主题"他们"，因此当处理到句(b)时，"一头
老黄牛"和"他们"这两个篇章实体都是期待主题。由于(b)中的单数指
示词"这"仅与前者在语义上相容，所以根据语义相容性原则，我们可以将

"一头老黄牛"确定为"这"的指称对象。

　　同样,在(54)中,句(a)也是一个存现句,引入一个新的篇章实体"一个媳妇"。但不同的是,这个新引入的实体在句(b)中被主语/主题位置上的零形代词所指称。因而,在处理完句(b)之后,这个篇章实体成了下一小句(c)的期待主题。该小句主语/主题位置上的指示词"那"便是指称这个期待主题。

　　上面的这两个例子显示,当指示词单独使用时,它们通常出现在小句的主语/主题位置上,从而都是高可及性标示语。它们的指称对象都是篇章处理某一刻的期待主题,因而这些指示词的指称都可以用修正的篇章回指确认原则(a)来解释。但是,本书的民间故事语料中仅含这两个指示词单独使用的情况,并不能完全反映出指示词的一般使用情况,因此本书又对报刊语料中的指示词语使用情况进行了单独的分析。在这些报刊语料中,共有 2,520 个指示词语。其中,含有近指词"这"的共有 2,273 个,含有远指词"那"的共有 247 个。同样,分析发现,当"这"和"那"单独使用时,它们全部出现在小句的主题位置上。并且,除了 1 例之外,其余都是小句的无标记主题,即既是小句的主题,也是小句的主语(见第三章 3.3.7 节中的讨论)。那个例外的句子列出如下:

　　(55) 这,笔者是清楚的。
　　　　(《人民日报》1990.1.13)

在此句中,指示词"这"是一个有标记的主题,句子的主语是"笔者"。

　　在本书分析的报刊语料中,共有 576 例指示词单独使用的情况[16]。其中"这"521 例,"那"55 例。这些指示词在篇章中的分布和指称情况统计列表如下:

表 22:指示词在不同篇章环境中的分布

指示词	篇章环境		小计
	同句内	前一句	
"这"	280 (53.7%)	241 (46.3%)	521 (100%)
"那"	49 (89.1%)	6 (10.9%)	55 (100%)
合计	329	247	576

表中统计的四种指称情况也各举一例如下：

(56)　"这"指称同句内提及的一个实体：

器乐音乐通常得模仿声乐，这是一般规律。

(《信报》1990.4.7)

(57)　"这"指称前一句提及的一个实体：

在总共 27 枚金牌中，中国获得 24 枚。这是继 1988 年上届锦标赛夺得 26 枚金牌后，我国女子举重队取得的又一好成绩。

(《人民日报》1989.11.29)

(58)　"那"指称同句内提及的一个实体：

全会已就这项问题达成协议，那就是废除宪法第六条的规定。

(《"中央"日报》1990.2.8)

(59)　"那"指称前一句提及的一个实体：

最近终于见到今年四月初才推出的第二版牛津英文大辞典。那是二十 册的巨型参考书，……

(《成报》1989.12.5)

　　表 22 显示，"那"主要用于指称同句内前一小句中提到的一个实体（占总数的 89.1%），而"这"用于同句内和跨句指称的数量相差不是很大（分别占总数的 53.7% 和 46.3%）。其中的一个重要原因是，当指称对象是一个小句或句子表达的某个事实或某种想法和观点，而不是一个名词短语所表达的具体实体时，大多是用"这"来指称。在上面的例(56)和(57)中，"这"的指称对象分别是前一小句"器乐音乐通常得模仿声乐"所表达的观点和前一句子"在总共 27 枚金牌中，中国获得 24 枚"所表达的事实；而在例(58)和(59)中，"那"的指称对象则分别是前一小句中的名词短语"协议"和前一句子中的名词短语"第二版牛津英文大辞典"所表达的某一具体实体。Halliday & Hasan（1976）将前一类指称称为"篇章指称"（text reference）[17]，而后一类指称我们可以称之为"具体实体指称"。并非"这"只能用于篇章指称，而"那"只能用于具体实体指称。在我们的报刊语料中，"这"和"那"用于两类指称的例子都有。两者的主要区别是，用于篇章指称时，在绝大多数情况下是用"这"而不是"那"。

　　本书的报刊语料还显示，当指示词"这"和"那"单独用于回指时，就像前面例(53)和(54)两个民间故事语料中单独使用的指示词一样，全都指称一个最新引入的期待主题，因而其指称也都能用本书修正的篇章回指确认原则(a)来解释。本书作者在 Y. L. Xu（1984，1987；另见许余龙1989b）中指出,汉语中的近指词"这"倾向用于指称一个在时间、空间或篇章距离上近的实体,这个距离可以是实际的距离,也可以是心理上的距离。在篇章处理的某一刻,在其他条件相同的情况下,由前一小句或句子引入的实体是一个篇章距离近的实体。或许这就是为什么用于这一篇章环境中的近指词"这"几乎是远指词"那"的 10 倍(见表 22)。同时,这进一步说明,单独使用于小句主语/主题位置上的指示词是高可及性标示语,指称篇章处理过程中的期待主题。

7.4.2 指示短语

从句法位置分布和语法功能来看,指示短语与单独使用的指示词有较大的区别,而与代词较为相似。指示短语既可以出现在动词的前面,也可以出现在动词的后面;既可以用作小句的主语,也可以用作谓语动词或副动词的宾语。但在本书的民间故事语料中,当指称对象是同句内前一小句提及的实体时,指示短语全都位于动词的前面,用作小句的主语/主题,或主语名词短语中的修饰语。而且,它们全都指称前一小句最新近引入的一个实体。下面便是这样的两个例子:

（60） a. 在那石头移开的地方,坐着<u>一个老妈妈</u>,

　　　 b. <u>那老妈妈</u>大声问道:……。

　　　 c. 老妈妈一连问了三遍。

　　　 （《宫女图》）

（61） a. 在一个万丈高崖上,有<u>一株宝树</u>,

　　　 b. <u>这株树</u>上的叶子呀,一年四季绿油油的,

　　　 c. Ø 还随时开着像红宝石样的花朵。

　　　 （《百鸟床》）

用于句(60b)主语/主题位置上的指示短语"那老妈妈"和用于这一句法位置上的一些代词一样,指称前一小句(60a)的存现结构引入的一个新篇章实体"一个老妈妈";而用作句(61b)主语名词短语修饰语的指示短语"这株树"就像用作同样功能的一些代词一样,指称前一小句(61a)中引入的期待主题"一株宝树"。由此可见,与代词一样,用于小句主语/主题位置上或小句主语修饰语位置上的指示短语是高可及性标示语,指称篇章

处理过程中的期待主题。这些指示短语的指称可以用本书的篇章回指确认原则(a)来解释。

当指示短语用作谓语动词或副动词的宾语的时候，它们典型地指称前一句或前面第二句，而不是同句内，提及的一个实体。下面便是这样的两个例子：

(62) a. 它[八哥]还常常提醒刘善：……。

　　 b. 师傅们都挺爱这只八哥，

　　 c. Ø 还教它说话，唱小调。

　　 (《八哥》)

(63) a. 他正在烦躁，

　　 b. Ø 忽然看见一个太阳从东边出来了。

　　 c. 二郎……大喊一声：……。

　　 d. 这一喊，把这个太阳吓得缩回去了。

　　 (《二郎捉太阳的故事》)

在例(62)中，句(a)中的"它"指称上文最新近引入的主题"八哥"。在下一句中，"师傅们"取代了"八哥"成为句子的主题；而最新近被取代的主题"八哥"则进入期待主题堆栈，成了堆栈中的第一期待主题。我们可以看到，用作句(b)谓语动词宾语的指示短语"这只八哥"便是指称这一期待主题堆栈中的第一期待主题。

在例(63)中，小句(b)引入了一个新的篇章主题"一个太阳"，而小句本身有一个主题(即主语/主题位置上的零形代词所指的上文提及的"二郎")。因此，当处理到句(c)时，"二郎"和"一个太阳"都是期待主题。由于句(c)明确选定"二郎"作为句子的主题，所以在此句处理完之后，那个未实现的期待主题"一个太阳"便进入期待主题堆栈，成为堆栈中的第一期待主题。我们同样可以看到，用作句(d)中副动词宾语的指示短语"这个太阳"指称的是这一期待主题堆栈中的第一期待主题，而不是期待主题"二郎"。在此例中，宾语位置上指示短语的指称对象是前面第二句中提及的一个实体，而不是像例(62)那样是前一句中提及的实体。

综上所述，与代词一样，当指示短语用作小句的主语/主题或小句主语名词短语的修饰语时，是一个高可及性标示语，其指称对象是篇章处理中的期待主题。这类指示短语的指称可以用本书的篇章回指确认原则(a)来解释。而当指示短语用作小句谓语动词的宾语或副动词的宾语时，是一个中可及性标示语,其指称对象是期待主题堆栈中的第一期待主题。这类指示短语的指称可以用本书的篇章回指确认原则(b)来解释。至于为什么用于后一种篇章环境中的指示短语是中可及性标示语,本书认为,这主要是因为在这一篇章环境中,前面7.3.3节中所提到的"异指假定"等因素也同样在起作用。

7.5 专有名词和有定描述语

通常,篇章中的专有名词和有定描述语并不会对回指确认造成困难。因为这些指称词语含有较多的语义信息,所以作为读者,如果专有名词或有定描述语的指称对象在篇章的当前部分并不可及的话,一般总是能依据这些词语提供的语义信息,在期待主题堆栈中搜寻并找出一个在语义和语用上与其相匹配的篇章实体作为其指称对象。正如本书第二章2.2节中所指出,如果在篇章的上文有一个用同样的专有名词所提及的实体,或者有一个实体的相关描述符合有定描述语的描述,那么人类交际中的一般相关性语用原则通常会确保这个实体是那个专有名词或有定描述语的指称对象。只有当两个相同的专有名词或有定描述语用作一个小句的同一谓词的两个主目时,这两个专有名词或有定描述语才会被理解为是异指的,因为在这一篇章环境中,另一个语用原则,即前面提到的异指假定,在起作用。下面是一个实际篇章中的例子:

(64) 黄国强枪击黄国强(一篇报刊文章的标题)
   (《明报》1992.10.24)

在此例中,主语位置上的专有名词"黄国强"是指一位警察,而宾语位置上的"黄国强"是指一个贩毒疑犯。

出于上述原因,专有名词和有定描述语在汉语篇章中通常用作低可及性标示语。这可以从第四章4.2.2节对本书的民间故事语料中专有名词和有定描述语的篇章分布所作的分析中得到旁证。正如该节中的表3所示,在指称篇章中一个两句或两句前提到的实体时,即在"同段内"或"跨段"的远距指称的篇章环境中,所用的指称词语绝大多数是专有名词和有定描述语。在这样的篇章环境中,指称对象通常是一个被取代已久的主题,也就是说是一个位于期待主题堆栈下部的主题。

　　然而,该表同时也显示,似乎也有相当数量的专有名词和有定描述语用于 Ariel(1990)所说的短距指称的篇章环境中,也就是说,其指称对象在同句内或前一句中。对使用于这些篇章环境中的专有名词和有定描述语,我们需要作出解释。因此,下面将着重分别讨论用于同句内指称和跨句指称[18]的专有名词和有定描述语,详细分析这些用于短距指称的专有名词和有定描述语在篇章中的功能。

7.5.1　用于同句内指称的专有名词和有定描述语

　　从第四章 4.2.2 节的表 2 中我们可以看到,在本书的民间故事语料中,用于同句内指称的专有名词和有定描述语占此类指称词语总数的12.9%(共 45 例)。这是否意味着汉语中的少数专有名词和有定描述语确实也用于指称一个可及性高的指称对象(如篇章处理过程中的期待主题)呢?

　　仔细观察这 45 个专有名词和有定描述语的指称情况后我们发现,其中的大部分(共 35 例)专有名词和有定描述语是指称篇章处理某一刻的一个被取代主题,而不是期待主题。在汉语篇章中,当两个或两个以上篇章上文提及的实体在同一句小句中需要清楚地指明时,汉语似乎倾向于将其中的一个用代词来指称,而另一个则用专有名词或有定描述语来指称。其中的部分原因或许是现代汉语中的代词"他""她"和"它"虽然有不同的书写形式,但读音都相同。因此它们不能像英语中的代词那样,在口语中可以明确表示指称对象是男性还是女性,或者是指人还是指物(包括动物)。在书面篇章中,虽然不同书写形式的代词能作这些区分,但一个小句中如果两个或两个以上相同读音的代词连用,读起来会比较拗口。况且本书的民间故事语料中的篇章是以口述故事为基础的,因而可能较多地反映了上述避免代词连用的倾向。在所有这 35 例中,小句中的那个专有名词或有定描述语都是指称一个被取代主题,特别是为了使那个被取代主题重新成为小句的主题,即表示主题转换;而小句中的那个代词,则视其在小句中的句法位置和语法功能,是指称一个最新近被取代的主题或期待主题(见本章 7.3 节的讨论)。

　　其余 10 例专有名词和有定描述语的使用情况可以分为两类:一类是有定描述语用于指称前一小句新引入的一个篇章实体;另一类是专有名

词或有定描述语用于指称前一小句的主题。第一类有定描述语的指称情况似乎与用于这一指称环境中的指示短语有些相似。下面便是其中的一个例子：

(65) a. 在叫九龙口的山洼里,有一个不大的山庄,

     b. 庄里有<u>一个穷老妈妈</u>,

     c. 老妈妈只有一个儿子,

     d. Ø 叫天台。

     (《宫女图》)

在此例中,句(c)中的有定描述语"老妈妈"的指称对象是句(b)中新引入的那个篇章实体"一个穷老妈妈"。这个有定描述语的指称功能与上面例(60b)中的指示短语"那老妈妈"十分相似。事实上,这两个例子取自同一篇故事。

然而,仔细观察上述两例中的指示短语和有定描述语的使用环境后我们会发现,指示短语和有定描述语的指称功能似乎仍有些细微的差别。在其他条件相同的情况下,用于这一篇章环境中的指示短语似乎是表示当前篇章片段的描写将聚焦于该短语所指称的那个实体;而用于同一篇章环境中的有定描述语则是中性的,并无这一明确的聚焦功能。如果再来看前面含有指示短语的例(60)和(61),我们会发现,在(60b)中的"那老妈妈"和(61b)中的"这株树"将(60a)和(61a)中引入的新实体确立为小句的主题后,接下来的小句都是继续关于这一主题的,也就是说,主题在下一小句中得以维持。

而在含有有定描述语的例(65)中,句(c)中的"老妈妈"虽然也是将句(b)中引入的新实体确立为小句的主题,但是该小句的主要功能似乎是再引入一个新的更重要的篇章实体。在下一小句(d)中,"老妈妈"便不再是小句的主题,而是将主题的地位让位于新引入的一个更重要的篇章实体,其本身是为主题转换服务的。换言之,在这样的指称环境中,汉语篇章中的指示短语似乎多用于表示主题维持,而有定描述语则多用于表示主题过渡。指示短语的聚焦功能或许是源自指示词的直指功能(deictic function)。

用于指称前一小句主题的第二类专有名词和有定描述语主要出现在主句中,前一小句在某种意义上从属于该主句。而该专有名词或有定描

述语指称的主题由前一小句主语/主题位置上的一个零形代词表达。请看下面的一个例子：

(66) a. Ø 人长大了，

　　b. <u>张郎</u>就照他爹的话去做，

　　c. Ø 专心专意的盘庄稼。

　　(《张郎赛宝》)

在此例中，句(b)主语/主题位置上的专有名词"张郎"和句(a)主语/主题位置上的零形代词都是指篇章上文所谈论的一个主题。句(a)从语义上来说是句(b)的时间状语从句，相当于英语中的"when he had grown up"，表示故事中的"张郎"从孩子到长大成人的时间背景的转换。因此，虽然在这一篇章片段中的主题仍然是"张郎"，但是由于场景改变了，作者觉得有必要在主句的主语/主题位置上用一个专有名词来重新确认主题，以便向读者明确表示，当前篇章片段将是场景转换后对故事主人公的新的叙述。

　　Bolinger（1979：308）认为，在篇章中出现某种中断后，用一个专有名词或有定描述语来重新确认一个上文提及的篇章主题是"作为一种完全有理由的，但并非总是必需的提醒"。本书认为，场景转换也包含了一个旧场景的中止和一个新场景的出现，因此在篇章中作者重新确认主题以示场景转换也是完全有理由的，虽然并非总是必需的。也正如 Bolinger（1979：306）所指出，这种主题的重新确认可以较容易地通过在句子的主语位置上用一个专有名词或有定描述语来表示。这里或许可以补充说，表示主题重新确认的有效方法是在主句的主语/主题位置上用一个专有名词或有定描述语。

7.5.2　用于跨句指称的专有名词和有定描述语

　　第四章 4.2.2 节的表 2 显示，在本书的民间故事语料中，用于跨句指称的专有名词和有定描述语要比用于同句内指称的多，占此类指称词语总数的 33.9%（共 118 例）。跨句指称虽然比同句内指称的指称距离要长一些，但 Ariel（1990）仍将其列为短距指称的范围。为了对用于这一指称环境中的专有名词和有定描述语的篇章功能有一个全面的了解，我们有必要首先来观察一下这些专有名词和有定描述语的详细篇章分布情况。

下面的表 23 综合列出了这些专有名词和有定描述语出现的句法位置，以
及与它们的先行语之间篇章中出现的其他相关名词短语的数量。

表 23：用于跨句指称的专有名词和有定描述语的篇章分布

篇章距离			回指语的句法功能			
DP	DS	DNP	主语/主题	宾语	主语修饰语	小计
0	1	1	38	0	5	43
0	1	2	16	6	1	23
0	1	3	12	2	0	14
0	1	4	7	3	0	10
小计			73	11	6	90
0	1	5	6	4	2	12
0	1	6	1	4	0	5
0	1	7	2	1	1	4
0	1	8	1	3	0	4
0	1	11	1	2	0	3
小计			11	14	3	28
合计			84	28	9	118

说明：

DNP ＝名词短语间隔距离，即回指语与离它最近的先行语之间相隔的其他相关名词
　　短语的数量；0 表示两者之间无其他名词短语间隔。

DP ＝段落间隔距离，即回指语与离它最近的先行语之间相隔的段落的数量；0 表示两
　　者之间无段落间隔，即两者在同一段落中。

DS ＝句子间隔距离，即回指语与离它最近的先行语之间相隔的句子的数量。

　　由于这里所说的"跨句指称"是指回指语的先行语在前一句中，所以
表 23 中的 DS 都是 1。表 23 还显示，在本书的民间故事语料中，所有这
118 例跨句指称的专有名词和有定描述语，其先行语在同一段中，因此表
中的 DP 都是 0。

　　从表 23 中我们可以看出，在这 118 例用于跨句指称的专有名词和有
定描述语中，有 90 例专有名词和有定描述语与离其最近的先行语的间隔
距离都不超过 4 个名词短语，而其余 28 例专有名词和有定描述语的先行

语都在前面第 4 个名词短语之外。如果一个回指语与其先行语的间隔距离超过 4 个名词短语，那么我们基本上可以将其视为指称一个被取代较久的主题。因此，下面将集中讨论这 90 例真正用于指称一个在篇章上文提及不久的实体的专有名词和有定描述语。

表 23 进一步显示，在这 90 例专有名词和有定描述语中，绝大多数（共 73 例）出现在小句主语/主题位置上，另有 6 例用作主语/主题名词短语中的修饰语，11 例用作谓语动词或副动词的宾语。

让我们先来看那些用作宾语的专有名词和有定描述语的指称情况和篇章功能。仔细观察了这 11 例指称词语在篇章中的使用情况后我们发现，这些专有名词和有定描述语全部都是用于主题转换的篇章环境中。下面是其中的三个例子：

(67)　a.　大伙都愁的了不得。

　　　b.　枣核对大伙说：……

　　　　（《枣核》）

(68)　a.　第二天，他妈妈又偷偷地给他一块钱。

　　　b.　儿子得了钱，

　　　c.　∅ 仍旧出去玩了一天。

　　　　（《传家宝》）

(69)　a.　鲁拴和鲁宾都是衣来伸手、饭来张口的懒汉，……。

　　　b.　爹爹和妈妈都不喜欢大哥俩。

　　　　（《鲁班学艺》）

在例(67)中，句(a)中的主题"大伙"在句(b)中转换成"枣核"。其中的"大伙"是泛指，而不是代表某几个具体的人。指称这类实体，汉语似乎倾向于重复使用有定描述语，而不是代词。因此在句(b)的副动词位置上用的是有定描述语"大伙"，而不是代词"他们"。这种情况在本书的民间故事语料中共有 6 例。例(68)所代表的指称情况（共有 3 例）与例(67)有些相似，其中的"一块钱"也是泛指（即不是指某一张或一枚具体的一元纸币或硬币），因而在句(b)的宾语位置上用的是有定描述语"钱"，而不是代词"它"。不过，这里使用有定描述语还有另外一个原因就是汉语很少用代词来指称一个无生命的东西。

例(69)则代表了另一种指称情况（共 2 例），即有定描述语在用于指称一个最新近被取代的篇章主题的同时，进一步提供关于这一实体的一些新信息。以(69)为例,句(b)宾语位置上的有定描述语"大哥俩"指称句(a)的主语/主题位置上的"鲁拴和鲁宾",与此同时也向读者表明,这两个人是故事主人公鲁班的哥哥。根据我们的篇章回指确认原则(b),用于指称一个最新近被取代主题的指称词语应该是中可及性标示语,因此在(69b)的宾语位置上,如果仅仅是为了篇章回指,那么我们通常可以用"他们""这两个儿子"或"这兄弟俩"等汉语中的中可及性标示语。但是,这些指称词语都无法表达"鲁拴和鲁宾是鲁班的哥哥"这样一个额外的篇章信息,因此在这一篇章条件下无法使用这些中可及性标示语。也就是说,在这一篇章条件下不用一个中可及性标示语而用一个低可及性标示语是另有原因的。这也就是为什么在本书的篇章回指确认原则的表述中,在前面总是要加上"在其他条件相同的情况下"这一限定语。语言中的词语和其他语言项目是典型的多功能性的。指称词语除了具有指称功能之外,在篇章中还有其他功能,其中最基本的功能之一是表达信息的表意功能,也就是 Halliday 所说的概念功能(ideational function),而篇章回指功能是一种篇章功能(textual function)。本书的篇章回指确认原则是关于指称词语的篇章回指功能的理论假设,指称词语的篇章回指功能与其概念功能有十分密切的联系,但并非总是重合的。

接下来,让我们观察那 73 例出现在小句主语/主题位置上用于跨句指称的专有名词和有定描述语。分析发现,这些指称词语的先行语有些是前一句的主语/主题,有些是谓语动词或副动词的宾语,有些是主语或宾语名词中的一个修饰语。表 24 总结了这些指称词语的先行语的句法功能特征。

表 24:用于跨句指称的专有名词和有定描述语的
先行语的句法功能

篇章距离		先行语的句法功能			小计
DS	DNP	主语/主题	宾语	修饰语	
1	1	15	21	2	38
1	2	7	9	0	16
1	3	6	4	2	12
1	4	4	3	0	7
合计		**32**	**37**	**4**	**73**

说明：

DNP ＝名词短语间隔距离，即回指语与离它最近的先行语之间相隔的其他相关名词
　　短语的数量；0 表示两者之间无其他名词短语间隔。

DS ＝句子间隔距离，即回指语与离它最近的先行语之间相隔的句子的数量。

　　表 24 显示，主语/主题位置上用于跨句指称的专有名词和有定描述语，其先行语多数出现在前一句的谓语动词或副动词宾语位置上（共 37 例）。在这种情况下，回指语实际上是将前一句宾语所表示的实体确定或重新确定为本句的主题，以示主题转换。例如，在前面的例（68）中，句（b）主语/主题位置上的有定描述语"儿子"指称句（a）宾语"他"所代表的篇章实体。句（a）的主题是"他妈妈"，而句（a）前面一句的主题是"儿子"。因此，为了表示主题的再次转换并重新将"儿子"确定为主题，在句（b）的主语/主题位置上有必要用一个有定描述语。

　　主语/主题位置上用于跨句指称的专有名词和有定描述语有时也用于将前一句宾语所引入的一个新实体确定为当前篇章的主题。下面便是这样的一个例子：

（70）a. 鲁家湾里住着一个姓鲁的老木匠。

　　　b. 老木匠已经五十八岁了，

　　　c. Ø 十八岁学艺跟班，……

　　　（《鲁班学艺》）

在此例中，句（a）的宾语名词短语"一个姓鲁的老木匠"引入了一个新的篇章实体，这个实体被句（b）主语/主题位置上的有定描述语"老木匠"确定为该篇章片段的主题。

　　表 24 还显示，主语/主题位置上用于跨句指称的专有名词和有定描述语也有不少用于指称在前一句中已经确立为主题的那个实体（共 32 例）。研究发现，在这种情况下，使用一个专有名词或有定描述语来重新确认一个上文提及的篇章主题，也是为了 Bolinger（1979：308）所说的"作为一种完全有理由的，但并非总是必需的提醒"，因为这些专有名词和有定描述语几乎总是出现在场景、活动等转换的篇章环境中。例如，在下面的例（71）中：

（71）a. 佃户们都是当年吃完当年的粮，

b. Ø 遇上这灾年荒月，

c. Ø 家家没吃没喝，

d. Ø 把树皮草根都吃完了。

e. 佃户们饿得没法儿，

f. 大伙就去问财迷精借粮。

(《金马驹和火龙衣》)

句(a)到(d)组成一句句子，描述故事发生的总的背景(background)；而句
(e)和(f)组成另一句句子，开始了故事的前景(foreground)叙述。因此，
虽然"佃户们"已经是上一句的主题，但是为了明确表示场景转换，作者在
下一句中仍用了一个有定描述语。

　从表24中我们还可以看到，另有4例专有名词和有定描述语用于指
称前一句主语或宾语名词短语中的修饰语所表示的一个实体。仔细观察
这4例专有名词和有定描述语的指称情况后发现，无论其先行语是前一
句主语名词短语中的修饰语，还是前一句宾语名词短语中的修饰语，相邻
两句中的主题都出现了转换。试比较下面两个例子：

(72) a. 她妈点头同意了。

b. 于是巧妹一边挂铁，

c. 一边唱起山歌来：……
　　(《一块黑铁的故事》)

(73) a. 木匠赶急对准鹞子飞出一斧，

b. Ø 正中鹞子的脚。

c. 鹞子一蹦，

d. Ø 蹦得两三丈高，

e. Ø 抖落了斧头，

f. Ø 飞走了。
　　(《百鸟床》)

在例(72)中，句(b)主语/主题位置上的专有名词"巧妹"指称前一句主语
名词短语中的修饰语"她"，主题在两句中从"她妈"转换成了"巧妹"。在
例(73)中，句(c)主语/主题位置上的有定描述语"鹞子"指称前一句宾语
名词短语中的修饰语"鹞子"，两句中的主题也从"木匠"转换成了"鹞
子"。可见，用于这种指称环境中的专有名词和有定描述语都是表示主题
转换。

最后,让我们来看那6例用作主语/主题名词短语中的修饰语的专有名词和有定描述语。进一步观察这些指称词语的指称情况后我们发现,这些专有名词和有定描述语同样是用于表示两句之间主题的转换。所不同的是,第二句中含有那个专有名词或有定描述语作为修饰语的名词短语转换成了句子的主题。请看下面的一个例子:

(74) a. Ø [懒儿子]当天晚上睡上床,

　　 b. Ø 翻来覆去硬是睡不着觉。

　　 c. 儿子的心事,又被他妈妈知道了。

　　　(《传家宝》)

在此例中,句(c)中的有定描述语"儿子"在小句主语/主题位置上的名词短语"儿子的心事"中充当修饰语,指称上一句中的主题"懒儿子"。在句(c)中,主题由"懒儿子"转换成了"儿子的心事"。

7.5.3　修正的篇章回指确认规则(c)

从上面7.5.1和7.5.2节的讨论中我们可以看到,虽然有些专有名词和有定描述语似乎也是用于短距指称的篇章环境中,但是这些指称词语在篇章中除了表示回指之外,还有其他一些功能。作为对这两小节中讨论的一个小结,我们可以对篇章回指确认原则(c)作如下修正:

(75) 修正的篇章回指确认规则(c)

　　 在其他条件相同的情况下,在篇章处理的某一刻,

　　 c. 遇到的一个低可及性标示语表示,作者的意图是:

　　　 i. 为了指称清楚或主题转换而明确指出某个篇章实体;

　　　 ii. 重新确立某个被取代已久的主题,或(重新)确认一个当前谈论的主题以表示场景、活动等的转换。

7.6　小结

本章通过仔细观察和分析汉语中的五大类指称词语,即零形代词、代词、反身代词、指示词语以及专有名词和有定描述语,在语料中的篇章分布、指称特点和篇章功能,检验了第四章中提出并在第六章中初步修正的

篇章回指确认原则。在讨论的过程中,本章引入了语义相容性原则、语用相容性原则和期待主题堆栈的概念,以便更好地反映篇章回指确认所受到的语义和语用制约,以及在篇章处理过程中主题的动态管理。

结果表明,本书提出的以表层语言提示为基础的篇章回指确认原则可以满意地解释语料中出现的绝大多数指称词语的篇章回指。而且,在加上语义和语用相容性核查后,除了一例零形代词之外,所有指称词语的篇章回指都可以获得正确的确认。本书同时也指出,虽然汉语篇章中的一些专有名词和有定描述语似乎违反了可及性原则,用于指称具有高可及性的篇章实体,但是实际上这些指称词语不仅仅是用于表达篇章回指,而是在表达回指的同时还表达了其他一些语义信息,其作用是其他指称词语所通常不能取代的。

综合本章的讨论,整个修正的篇章回指确认原则可以表述如下:

(76) 修正的篇章回指确认规则

在其他条件相同的情况下,在篇章处理的某一刻,

a. 遇到的一个高可及性标示语表示,其指称对象是:

i. 当前主题,如果是同一小句内指称;

ii. 期待主题或显著期待副主题,如果是跨小句指称。

b. 遇到的一个中可及性标示语表示,其指称对象是:

i. 主题堆栈中的第一期待主题;

ii. 期待副主题。

c. 遇到的一个低可及性标示语表示,作者的意图是:

i. 为了指称清楚或主题转换而明确指出某个篇章实体;

ii. 重新确立某个被取代已久的主题,或(重新)确认一个当前谈论的主题以表示场景、活动等的转换。

注释:

[1] 本书将篇章上文出现的所有与回指语同指的名词短语都视为该回指语的先行语,这些先行语与回指语共同构成篇章中的一个回指链。随着篇章的展开,读者对这些名词短语所指实体的认识逐渐清晰完整。

[2] 这里所说的"相关名词短语"是指本书数据库中统计的那些明确指称某一具体篇章实体的名词短语。这些名词短语并没有包括那些无明确指称对象或指称对象并不是一个具体的篇章实体的名词短语(详见第120页上的脚注7)。

［3］ 像"日子"这样的名词表示的实体没有包括在本书的语料数据库中。如果要将这些实体统计进去也可以，而且也不会影响回指确认原则的运作，因为任何回指确认方案都必须考虑语义和语用方面的相容性。在理解此例中的零形代词的过程中，语义和语用的相容性会排除将"日子"作为其先行语。

［4］ 从另一个角度来说，在像(5a)这样的汉语句子结构中，"他"后面的"的"字往往可以省略，在省略后的小句结构中，"他"便成了名副其实的主题了。

［5］ 在这种情况下，句(b)中的零形代词究竟指称的是前一小句中提到的哪一个实体，可能最终还要取决于本书将会在下面7.3.3节中规定的"语义相容性原则"（semantic compatibility principle）和"语用相容性原则"（pragmatic compatibility principle）。在此我们可以暂且认为，在此例中，通常由于只有人而不是日子才会有或没有某种感觉，所以在由(a)和(b)两小句构成的篇章片断中，所谈论的主题是"他"而不是"日子"。

［6］ 这一小句中的零形代词也可以看作是指称同句内后一小句(c)中的"他"。但是，正如Bolinger（1979）所指出，篇章中真正的下指（cataphora）是非常少见的。因此，在本书的语料数据库中，只要一个指称词语的指称对象是篇章前面已经提到过的，其先行语都被确定为篇章前面离它最近并与它同指的那个名词短语。

［7］ 本书将(15a)看作是一句包孕句，主句动词"怕"的宾语是一个包孕子句，其中的两个零形代词受包孕子句的主语"儿子"控制。

［8］ 这里的限定词"显著"很重要，因为在一个故事情节中，可能会提到许多其他人。例如在一场拳击比赛中，除了对阵的两位拳击手之外，还有裁判、教练、观众等。但是在一段重点叙述两位拳击手激烈对打过程的情节中，只有两位拳击手才是显著参与者。在这种情况下，叙述者也有可能都用he来指称两位拳击手。从这一角度来看，这里的显著副主题实际上是显著参与者的特例。也就是说，篇章某一段情节中的两个显著参与者同时在一个小句中提及，显著副主题是其中的一个，而小句的主题是其中的另一个，因为根据其定义，主题总是一个默认（default）显著参与者。

［9］ 与前面的(5a)一样，(31a)中"石囤"后面的"的"字也往往可以省略。在省略后的小句结构中，"石囤"也成了名副其实的主题。汉语中，用不用"的"字，以及由此而产生的语义上的差异往往是很微妙的，需要进一步研究。例如，"董事长妻子"通常会理解为"董事长的妻子"，"董事长"与"妻子"之间是领属关系（possession）。表达这一意义时，"的"字通常省略。但是，在一篇报刊新闻报道的标题"总经理丈夫缘何杀害董事长妻子"（《新晚报》2003.1.18,26版外埠新闻）中，"董事长"与"妻子"以及"总经理"与"丈夫"之间是同位关系（apposition），而不是领属关系。表达的意思是"身为总经理的丈夫缘何杀害身为董事长的妻子"，即一个家庭中的丈夫杀害了妻子。在这个标题中，我们就不能加"的"字，否则意思就完全不一样了，因为"总经理的丈夫缘何杀害董事长的妻子"通常会被理解为发生在两个家庭之间的事。

［10］ 如果我们仔细观察(39)和(40)这两个例子，可以发现，两例中的句(c)都是时

间状语从句,而两例(d)中的代词所指称的都是前一句的主题,而不是前面状语从句的主题。如此看来,我们也有可能制订一个能统一处理这些代词的指称问题的解决方案。我们可以规定,对于主句中主语/主题位置上的代词,如果它的前一小句是一个从句,那么其期待主题是前一句的主题。但是这样的话,我们在篇章处理中需要引入处理句子中各小句之间的结构关系的机制。而且,有时这种结构关系在篇章中并没有清楚表述,分析会带有一些主观成分。我们目前的处理方案只需依据篇章中各小句的线性次序。

[11] 其中一个特殊情况是像上面例(39c)中动词宾语位置上的代词"他"。(39c)是一句时间状语从句,其中主语/主题位置上的"别人"虽然不能成为一个篇章主题,却无疑是小句本身的主题。因而在处理这一小句本身的过程中,"别人"取代了前一句中讨论的主题,成为该小句本身的主题。所以,该小句中作为中可及性标示语的"他"是指新近被取代的主题,即那位老木匠。

[12] 虽然在专有名词中,Ariel(1990)区分了英语中的姓和名所标示的不同可及性,但是这是专有名词中的两个不同类别。同样,虽然 Ariel 还区分了英语中重读和非重读代词标示的不同可及性,但是这两类代词在语音形式上不同。而且在具体分析中,正如她将英语中的姓和名都划归为低可及性标示语一样,她将英语中的代词都划归为高可及性标示语(这或许是因为她所分析的是书面篇章语料,其中无重读代词,或无重读和非重读代词之分)。

[13] 英、汉两种语言之间的这一区别,与 Ross(1982)的"热"语言和"凉"语言之间的区别,虽然本质不同,但也有联系。Ross 认为,英语等语言是一种热语言,因为在这种语言里,代词通常不能省略,句子理解所需的信息大多可以从文章或话语中直接获得;而像汉语一类的语言是冷语言,因为在这种语言里,代词往往可以省略,句子的理解需要读者或听话者高度投入和积极参与,根据语境和常识进行推理(转引自 C.-T. J. Huang 1984:531)。Ross 所作的区分依据的是语言表达某些回指的明晰程度;而本书这里所作的区分是根据代词使用的整个语言系统环境。两者之间的联系表现为:正是由于英语是一种热语言,代词通常不能省略,所以在英语语言系统中没有比代词更"冷"的指称词语在篇章中用作高可及性标示语,形成了代词使用的暖环境;也正是由于汉语是一种冷语言,在汉语中比代词"冷"的零形代词在篇章中大量出现,所以形成了代词使用的冷环境。

[14] 例如,本章 7.3.1 节中提到,在欧化程度较高的篇章中较多使用代词作为高可及性标示语,而在欧化程度较低的篇章中则较多使用零形代词作为高可及性标示语。

[15] 其中并未包括像"这么一家有钱的"之类的名词短语。因为本书在第六章 6.1.4 节中已指出,无定名词短语前的"这么"是用作无定指示词,整个名词短语用于引入一个重要的篇章实体,而不是用作回指语,所以这些名词短语不存在篇章回指问题。

[16] 有 1 例"这"用于下指,即指称下文提到的一个实体,因此没有包括在本书的统计数据中。此例列出如下:

（i）这是"另一个中国"———一片贫穷农村和偶尔有些大烟囱的土地。
（《信报》1989.11.30）

[17] 他们所说的篇章指称与本书所说的篇章回指不同,不是指相对于句内指称而言的篇章中的指称,而是指指称的对象是某一篇章或篇章片段所表达的抽象概念或意思。

[18] 这里以及在下面两小节中,为了行文方便,"跨句指称"将特指指称对象在前一句子中的情况,而不包括跨两句和两句以上的指称。

第八章

句内回指的形式句法和语用研究

第四章根据由回指语表达的指称词语的可及性和由先行语表达的篇章实体的主题性这两者之间的相互作用，提出了一个关于篇章回指确认的理论假设；第五章设计建立了一个为篇章回指研究服务的语料数据库；第六章利用语料数据库分析和研究了自然篇章中主题的标示手段，以及主题的引入、维持和转换的规律和特点，并在此基础上对理论假设作了初步的修正；第七章采用对民间故事语料数据库中各类指称词语的篇章分布和回指特点进行穷尽性分析的方法，验证了这一理论假设，并根据各类指称词语在篇章中的使用条件和语用功能，对假设作了进一步的修正。

这几章的共同目的是从篇章处理的角度出发，论证和建立一个具有可操作性的、可验证的、符合自然篇章处理规律和特点的篇章回指理解模式。毫无疑问，本书研究的重点是篇章回指，而不是句内回指。但是，如果一个回指确认理论模式声称能够解释篇章中的回指现象，那么从原则上来说，这一模式也应该能够解释有关句内回指的一些语言事实，特别是篇章中句子内部的回指，因为篇章毕竟是由句子构成的。更何况正如 Tsao（1979：79）所指出，汉语是一种"语篇为本"（discourse-oriented）的语言，在这种语言中，"句子没有明确的句法定义"，其结构往往需要结合语篇语境来研究，而不是在像英语那样"句子为本"（sentence-oriented）的语言中，"句子是一个自足的句法单位"。如果 Tsao 的这一说法大致符合英、汉两种语言的事实，那么至少在像汉语这样的以语篇为本的语言中，篇章回指确认的基本原则也应该在很大程度上适用于解释句内回指现象。

要检验篇章回指确认的基本原则与句内回指的关系，首先需要了解一下其他一些研究者是从什么角度来试图解决句内回指的理解问题的、这些解决方案能在多大程度上解释句内回指现象，以及它们有哪些局限性。这些将是本章所要讨论的问题。由于回指是语言学研究的一个热点问题,不同的语言学流派提出了许多不同的理论,所以本章只能集中简要地讨论其中两个最有影响的学派提出的一些解决方案,即以 Chomsky 的管约理论(GB Theory)为代表的形式句法解决方案,以及以新格莱斯主义(neo-Gricean)语用学理论为代表的语用解决方案。

8.1　句内回指的形式句法研究

本节将以管约理论作为从形式句法的角度研究句内回指的代表。这不仅是因为该理论及其最新发展代表了当今形式句法研究的主流,而且,正如 Cowper (1992: xi)所指出,许多其他形式句法理论也往往是通过表明其与管约理论的不同之处,来确立自己的理论体系。

8.1.1　管约理论和同标

在管约理论中,句内名词性词语之间的回指关系通过同标(co-indexing)的方式来表示,即赋予具有同指(coreference 或 conjoint reference)关系的两个名词短语一个相同的下标。例如,在下面的句子中,"张三"和"自己"具有相同的下标,表示两者同指,即"自己"回指"张三"。

(1) 张三$_i$ 批评了自己$_i$。

为了阐释句子中名词短语之间的指称关系,管约理论将名词短语区分为三个主要类别:1) 照应语(anaphor)[1],包括反身代词(reflexive,如 himself"他自己")、相互代词(reciprocal,如 each other"相互")和名词短语语迹(trace);2) 代名语(pronominal),包括代词(如 he "他")、小代语(pro)和大代语(PRO);3) 指称语(referential/referring expression,简称 R-expression)[2],即本身具有明确指称对象的其他名词短语,如"张三""现任美国总统"。

这三类名词短语与句中其他名词短语之间的指称关系由约束理论(Binding Theory)中的三项原则(或称条件)所规定。Chomsky (1981)对这三项原则的所谓"标准阐述"列出如下(见 Epstein 1991: 4 – 6; Haegeman 1991: 198, 216):

(2) 约束理论

原则 A：照应语在其管辖语类（governing category）[3] 内必须受约束（bound）；

原则 B：代名语在其管辖语类内必须自由（free，即不受约束）；

原则 C：指称语必须自由。

其中涉及的一些相关概念定义如下：

(3) 约束：A 约束（bind）B，当（且仅当）

    i. A c-统领（c-command）[4] B；

    ii. A 和 B 同标。

(4) 管辖语类：一个语类 C 的管辖语类是一个包含 C 及其管辖语（governor）的最小名词短语或句子。

(5) 管辖语：一个语类 C 的管辖语是 c-统领 C 的一个词汇中心语（lexical head）。

(6) c-统领[5]：A c-统领 B，当且仅当

    i. A 与 B 互不统制（dominate）；

    ii. 统制 A 的上一个分叉节点（branching node）也统制 B。

(7) 统制：节点 A 统制节点 B，当且仅当 A 是句法结构树形图上垂直位置比 B 高的一个节点。

上述三条约束原则可以解释下面一句英语句子中名词短语之间的同指或异指（non-coreference 或 disjoint reference）关系。

(8) He told me that [s_1 John said that [s_2 he_i criticized $himself_i$]]

    （他告诉我[s_1 约翰说[s_2 他$_i$ 批评了 自己$_i$]]）

在此例中，照应语 himself（他自己）的管辖语类是内层的 S2，因为 S2 是包含 himself 及其管辖语 he（他）的最小句子。根据约束原则 A，himself 在 S2 中必须受到约束，即 S2 中必须有一个 c-统领 himself 并与其同标的成分。由于 S2 中的 he 既 c-统领 himself 又与 himself 同标，而且两者的同标不会产生两者所具有的语义特征之间的冲突，所以约束原则 A 得到满足。

根据约束原则 B，S2 中的代名语 he 必须是自由的，即不能受到约束。虽然在 S2 中 he 与 himself 同标，但是 himself 并不 c-统领 he，因此 he 在 S2 中并没有受到约束，因此约束原则 B 也能得到满足。由于约束原则 B 并没有规定代名语在其管辖语类之外是否应该是自由的还是应该受到约

束,所以 he 可以受 S2 之外的一个名词短语 John 的约束,即与 John 同指。但是,这种约束关系并非强制性的。即使两者之间没有约束关系,也并不影响此句在句法上的合法性。

根据约束原则 C,S1 中的指称语 John 与代名语不同,它不仅在其管辖语类 S1 中必须是自由的,而且在整个句子中也必须是自由的。因此,John 不能与其母句(matrix clause)中 c-统领它的 he 同标,否则就会违反约束原则 C。但是,John 即使与 S2 中的 he 同标也不会违反约束原则 C,因为 S2 中的 he 并不 c-统领 John。

与管约理论中的其他一些理论一样,约束理论及其三原则被认为是语言的共性,因而不仅可以解释英语中名词短语的句内指称关系,而且也同样制约汉语中的句内指称。从下面与例(8)对应的汉语例句中可以看到,上述约束三原则以及与其相关的一些概念,同样适用于解释句中名词短语之间必须的同指和异指关系,以及可以允许的同指关系。

(9) 他告诉我[s₁ 小李说[s₂ 他ᵢ 批评了自己ᵢ]]

8.1.2　管约理论的局限性

虽然约束理论可以解释语言中名词短语之间的一些同指或异指关系,但是也存在着一些局限性。

首先,作为回指的一种形式句法学理论,约束三原则显然只能处理句内名词短语之间的指称关系,因为约束概念的核心是 c-统领,而 c-统领是句内名词短语之间的一种结构关系。篇章中句与句之间的名词短语很难确定它们之间是否存在 c-统领关系,因而也很难用约束三原则来规定它们之间的指称制约。管约理论在语言研究范围方面的这一局限性本身并不一定是一个固有的弱点。事实上,从方法学的角度来看,这一研究范围的限制甚至可以说是管约理论的一大优点,因为通过将其研究的范围局限在句内名词短语之间的指称关系上,研究者可以集中深入探讨不同类型的名词短语在句中的结构关系,并在此基础上明晰地表述它们之间同指、异指和句法分布所受到的结构制约。但是,如果有理由相信,名词短语回指主要是一种篇章现象,而不是句法现象[6],那么以句法结构关系为主要依据的名词短语回指研究或许没有真正抓住回指的本质。

其次,在约束理论区分的三类名词短语中,只对照应语正面规定了与句中某个名词短语之间的(强制性)同指关系,而对另外两类名词短语(即代名语和指称语),只是负面规定了与句中其他名词短语之间的指称关系,即在句中或某个句法结构段中不能受到约束。例如,约束原则 B 只是告诉我们,代名语在其管辖语类内必须是自由的,不能受到约束;却没有为我们理解代名语提供任何正面线索,提示我们它们的先行语可能是哪一个。而且,正如 Reinhart(1983:142-143)所指出,所谓"自由",实际上囊括了三种不同类型的指称关系:1)强制性异指;2)非强制性(或称"可选")语用同指;3)非强制性"受约"同指。这三类指称关系分别举例如下:

(10) a. Mary$_i$ makes her$_j$ very happy

   (玛丽$_i$ 使她$_j$ 非常高兴)

   b. The flowers that we brought for Mary$_i$ makes her$_i$ very happy

   (我们送给玛丽$_i$ 的花使她$_i$ 非常高兴)

   c. John told Mary$_i$ that she$_i$ should be happy

   (约翰告诉玛丽$_i$ 她$_i$ 应该高兴)

根据约束原则 B,上例三句中的代词在其管辖语类内都应该是自由的,而这三个代词在句中表达的指称关系也确实都符合这一原则:句(a)中的 Mary 虽然 c-统领代词 her,但两者不同标;句(b)中的 Mary 虽然与代词 her 同标,但并不 c-统领 her;句(c)中的 Mary 虽然 c-统领代词 she 并与其同标,但并不在 she 的管辖语类内(she 的管辖语类是 that 小句,而 she 在此管辖语类内是自由的)。虽然这三句中的代词同样都是自由的,但只有(b)和(c)两句中的代词可以非强制性地与 Mary 同指,句(a)中的代词却不能。也就是说,Mary 与代词的指称关系在句(a)中是强制性异指,在句(b)中是非强制性语用同指,在句(c)中是非强制性"受约"同指。尽管约束原则 B 可以正确解释这三句中的代词与 Mary 之间可能具有或不允许具有的同指关系,然而在非强制性同指的情况下如何来确定代词的先行语,对于这个问题管约理论并没有提供任何正面的回答。Reinhart 认为,像(b)和(c)这样的句子在语法中应该用不同的方式来处理,这一观点本书将在下一小节中继续讨论。

至于如何确定指称语的先行语,大多数以管约理论为框架的研究者似乎都认为这不属于语法研究的范围。一些研究者甚至认为,在语法中不必规定指称语在句中必须不受约束这一句法限制[7]。因此,在采用特征赋值(feature specification)的方法重新表述约束理论时,Haegeman(1991：223)指出,约束原则 A 和 B 分别应用于具有［+照应语］和［+代名语］特征的名词短语(即照应语和代名语),而约束原则 C 则可以删去,因为具有［-照应语,-代名语］特征的名词短语(即指称语)具有内在的指称性,如果受约于句中的另一个名词短语,那么会与其具有的独立指称特征相矛盾。

　　第三,即便大多数管约理论研究者认为是属于语法范围内的约束原则 A 和 B,这两条原则也似乎只能成功地应用于解释一个谓词的两个直接主目之间的指称关系,也就是说,应用于一个谓词的"西塔栅"(theta grid或 θ-grid)——又称"题元栅"(thematic grid)——中所含的两个主目(通常表示为 V<x，y>)。例如,这两条原则可以非常满意地解释下面一对句子的合语法性(grammaticality)判断(句子前的星号表示该句不合语法)：

　(11)　a.　John$_i$ likes himself$_i$
　　　　　　(约翰$_i$ 喜欢他自己$_i$)

　　　　b.　*John$_i$ likes him$_i$
　　　　　　(约翰$_i$ 喜欢他$_i$)

在上面这两句中,John 和 himself 或 him 是谓词 like(喜欢)西塔栅中的两个直接主目。在句(a)中,反身代词 himself 在其管辖语类内受到 John 的约束,符合约束原则 A,因此是一句合乎语法的句子;而在句(b)中,代词him 也在其管辖语类内受到了 John 的约束,违反了约束原则 B,因此是一句不合语法的句子。此例还显示,约束原则 A 和 B 同时也可以简洁地解释照应语和代名语在句子中的互补分布:照应语只能出现在代名语不能出现的那些句法结构位置上。

　　然而,如果同标的名词短语不是一个谓词的两个直接主目,那么约束理论便会遇到一些麻烦。先让我们来看下面一组句子(Chomsky 1986a：166-167;转引自 Haegeman 1991：217)：

　(12)　a.　[s They$_i$ told [NP stories about each other$_i$]]
　　　　　　(他们$_i$ 互相讲给对方听关于自己$_i$ 的故事)[8]

　　　　b.　*[s They$_i$ told [NP stories about them$_i$]]
　　　　　　(他们$_i$ 讲关于他们$_i$ 的故事)

c. *[s They$_i$ told [$_{NP}$ my stories about each other$_i$]]
   (他们$_i$ 讲我的关于相互之间$_i$ 的故事)

d. [s They$_i$ told [$_{NP}$ my stories about them$_i$]]
   (他们$_i$ 讲我的关于他们$_i$ 的故事)

在这四个句子中,they(他们)是谓语动词 told(告诉)的一个直接主目,但是照应语 each other 或代名语 them 不再是 told 的一个直接主目。为了解释这组句子的合语法性,需要引入"可及大主语"(accessible SUBJECT)这一概念[9],并对管辖语类的定义作如下相应的修正:

(13) 修正后的管辖语类定义:一个语类 C 的管辖语类是一个包含 C 及其管辖语以及一个可及大主语的最小名词短语或句子。

   根据这一定义,(12a)和(12b)中的照应语和代名语的管辖语类是 S,因为其所在的最小名词短语 NP 中不含一个可及大主语;而(12c)和(12d)中照应语和代名语的管辖语类是 NP,因为在这个 NP 中有一个领属代词 my(我的)可以充当可及大主语。因此管约理论可以解释这一组句子是否合乎语法:在(a)中,照应语 each other 在其管辖语类 S 内受到了 they 的约束,符合约束原则 A,因而是一句合乎语法的句子;在(b)中,代名语 them 在其管辖语类 S 内受到了 they 的约束,违反了约束原则 B,因而是一句不合语法的句子;在(c)中,照应语 each other 在其管辖语类 NP 内没有受到约束,不符合约束原则 A,因而是一句不合法的句子;在(d)中,代名语 them 在其管辖语类 NP 内没有受到约束,符合约束原则 B,因而是一句合乎语法的句子。

   但是,这一修正后的管辖语类定义并不能完全解释下面一组句子的合语法性判断。

(14) a. [s They$_i$ heard [$_{NP}$ stories about each other$_i$]]
       (他们$_i$ 听到关于相互之间$_i$ 的故事)

   b. [s They$_i$ heard [$_{NP}$ stories about them$_i$]]
       (他们$_i$ 听到关于他们$_i$ 的故事)

   c. *[s They$_i$ heard [$_{NP}$ my stories about each other$_i$]]
       (他们$_i$ 听到我的关于相互之间$_i$ 的故事)

   d. [s They$_i$ heard [$_{NP}$ my stories about them$_i$]]
       (他们$_i$ 听到我的关于他们$_i$ 的故事)

如果将例(12)和例(14)中的两组句子作一比较,我们可以发现,在句子中的动词 told 换成 heard(听到)之后,句(a)(c)和(d)的合语法性判断保持不变,但句(b)却发生了改变,从原来不合语法的(12b)变成了合乎语法的(14b)。为了解释这种差别,Chomsky(1986a:167)认为,可以假设在(14b)的 NP 中暗含一个主语 PRO。而且,在仔细观察(12b)和(14b)两句之后我们也会发现,在(12b)中讲故事的人是句子的主语 they,而在(14b)中讲故事的人是 they 之外的其他人。这种反映说话者不同意图的差别在句法结构上可表示如下:

(12b') *[s They$_i$ told [$_{NP}$ PRO$_i$ stories about them$_i$]]
　　　(他们$_i$ 讲关于他们$_i$ 的故事)

(14b') [s They$_i$ heard [$_{NP}$ PRO$_j$ stories about them$_i$]]
　　　(他们$_i$ 听到 PRO$_j$ 关于他们$_i$ 的故事)

在(12b')中,由于代名语 them 在其管辖语类(即最小名词短语 NP)内受到 PRO 的约束,违反了约束原则 B,所以是一句不合语法的句子;而在(14b')中,代名语 them 在其管辖语类内是自由的,符合约束原则 B,因此是一句合乎语法的句子。这样便解释了(12b)和(14b)两句句子在合语法性上的不同。

但是,如果采用同样的方法将句(14a)的句法结构分析为下面的(14a'),那么我们会得到错误的结果。

(14a') *[s They$_i$ heard [$_{NP}$ PRO$_j$ stories about each other$_i$]]
　　　(他们$_i$ 听到 PRO$_j$ 关于相互之间$_i$ 的故事)

这一句法表征将会意味着句(14a)是一句不合语法的句子,因为照应语 each other 在其管辖语类 NP 内没有受到约束,违反了约束原则 A。但是,这一结果与语言事实不符。Chomsky(1986a:167)的解决办法是,规定暗含主语 PRO 在句法结构中是可选的。也就是说,这一主语必须出现在像句(14b)这样的结构中,但不能出现在像句(14a)这样的结构中。显然,正如 Haegeman(1991:218)所指出,这个问题仍有待于进一步作出满意的解释。

语言事实还表明,正是在照应语及其先行语不是谓词的两个直接主目的时候,会出现违反约束原则的现象。例如,Zribi-Hertz(1989)从当代英语散文中搜集到了约 150 个实例,其中的照应语违反了约束原则 A,下面是其中的一些例子：

(15) John_i's face turned red despite himself_i.
（约翰_i的脸不由自_i主地变红了。）

(16) But Rupert_i was not unduly worried about [_{NP} Peter_j's opinion of himself_i].
（但是鲁伯特_i对彼得_j对自己_i的意见并不过分担心。）

(17) Mary_i felt that [_S John_j was criticizing [_{NP} the room and herself_i], too].
（玛丽_i觉得约翰_j也在批评房间和她自己_i。）

(18) Her acquaintances in Northam, she_i thought, would have considered such affection unnatural, and probably perverted, if not wholly insincere, and [_S there was something in herself_i that could not help but suspect it] (…)
（她_i觉得，她在诺森的熟人会认为这种爱是不自然的，并可能是变态的，即便不完全是不真诚的话，而且她自己_i心中有某种东西使她不得不这样猜想……）

在例(15)中，John 是句子主语名词短语内的一个领属名词短语，因此不能 c-统领和约束句中的照应语 himself。在例(16)到(18)三句中，句中的照应语 himself 或 herself 都没有在其各自的管辖语类内，即最小 NP 或 S 中，受到约束。值得注意的是，在例(16)的最小 NP 中有一个可及大主语 Peter，但是句中的照应语并不与 Peter 同标，而是与句子的主语 Rupert 同标。虽然这四句句子中的照应语都没有在其管辖语类内受约，违反了约束原则 A，却都是语言实际使用中出现的合乎语法的句子。

例(15)到(18)这一组例句表明，当反身代词及其先行语不是谓词的西塔栅中两个直接主目的时候，反身代词的指称可能会违反约束原则 A，不在其管辖语类内受约，而受其管辖语类之外的一个名词短语长距约束（long-distance binding）。这一语言事实导致 Reinhart & Reuland（1991：292）认为，对于反身代词的指称而言，有必要对约束原则 A 作如下修正（这里略作了简化）：

(19) Reinhart & Reuland（1991）对约束原则 A 的修正：在一个完整指派的（fully assigned）谓词 P 中，主目位置上的一个反身代词将 P 的西塔栅反身化。

根据这一理解原则，当一个反身代词出现在一个谓词的主目位置上时，它将谓词的西塔栅反身化，其结果导致这个反身代词与同一西塔栅中的另一个名词短语同指;当一个反身代词并不是一个谓词中的直接主目时[10],它仍然必须有一个先行语,但是在这种情况下,约束原则 A 不起作用,其指称理解由语篇决定,而不是由句法决定。

上述修正的约束原则 A 中所规定的"一个完整指派的谓词"这一条件,大致相当于上面(13)中所表述的修正后的管辖语类定义所规定的条件,其作用是限定这一约束原则的运用范围:一个谓词可以认为是完整指派的,"当且仅当它所有(强制)的角色(role)都在句法上得以实现,或在句法上得到控制"(Reinhart & Reuland 1991:298)。例如,一个名词性谓词如果在名词短语中具有一个可及大主语,那么便可以认为其是一个合格的完整指派的谓词。这可以运用于解释上面(14a)和(14c)两句的合语法性判断:在(14a)中,由于 NP 中没有一个可及大主语,句中的名词 stories(故事)不能成为一个完整指派的谓词,从而照应语 each other 可以在 NP 中是自由的,所以此句是一句合乎语法的句子;而在(14c)中,由于 NP 中有一个可及大主语 my,句中的名词 stories 是一个完整指派的谓词,从而照应语 each other 在 NP 中必须受约,但是句中的 each other 在 NP 中没有受约,所以此句是一个不合语法的句子。

然而,我们会注意到,无论是修正后的管辖语类定义,还是"一个完整指派的谓词"这一限定条件,都无法满意地解释上面例(16)的合语法性。在那句句子中,根据修正后的管辖语类定义,NP 是句中的照应语 himself 的管辖语类,因为 NP 中有一个可及大主语 Peter;或者也可以说,根据 Reinhart & Reuland 的规定,名词 opinion(意见)是一个完整指派的谓词。但是,尽管句中的照应语 himself 在 NP 中没有受到约束,此句仍然是一句合乎语法的句子。修正前与修正后的约束原则 A 都无法准确地预测此句的合语法性。

许多采用管约理论框架的研究者(如 Reinhart & Reuland 1991;Hellan 1991;Thráinsson 1991)近来似乎都接受 Kuno (1972)的观点,认为用作话语代词(logophoric)[11]的反身代词,其指称对象是由语篇因素决定的,其中最重要的因素被称为"观点"(Cantrall 1974)、"神入"(empathy)(Kuno 1987)、"意识主体"(subject of consciousness)(Zribi-Hertz 1989)或"中心取向"(centre-orientation)(Reinhart & Reuland 1991)。

8.2 句内回指的语用研究

8.2.1 Reinhart 的解决方案

在 Chomsky（1981）所阐述的句法理论体系中，约束理论的作用是为句子中名词短语之间的自由加标（indexing）提供一套输出约束条件。如果将一个句子中的两个名词短语同标（或异标）违反了某项约束原则，那么这个句子便会被判定为是一个不合语法的句子，从而被语法系统过滤掉；否则句中名词短语之间的加标是自由的。比如，在下面例（20）的两个句子中，代词 him 和指称语 John 互不 c-统领对方，因此将两者同标并不违反任何约束原则。在这种情况下，这两个名词短语被认为可以在语用上同指，即说话者意在使两者同指。

（20）a. Those who know him_i like $John_i$
（那些认识他$_i$的人都喜欢约翰$_i$）

b. Those who know $John_i$ like him_i
（那些认识约翰$_i$的人都喜欢他$_i$）

然而，正如 Reinhart（1983）所指出，量化名词短语（quantified NP）和 wh-语迹（wh-trace）则需要比有定名词短语更为严格的约束限制。这是因为，虽然例（20）两句中的代词 him 与有定名词短语 John 可以在语用上同指，但是在下面例（21）和（22）的两句中，代词 him 与量化名词短语 every artist（每一位艺术家），以及代词 him 与 wh-语迹 t，却都不可以在语用上同指，尽管两者同样互不 c-统领对方。

（21）a. *Those who know him_i like every $artist_i$
（那些认识他$_i$的人都喜欢每一位艺术家$_i$）

b. *Those who know every $artist_i$ like him_i
（那些认识每一位艺术家$_i$的人都喜欢他$_i$）

（22）a. *Whom do those who know him_i like t_i?
（那些认识他$_i$的人都喜欢谁$_i$？）

b. *Whom do those who know t_i like him_i?
（那些认识谁$_i$的人都喜欢他$_i$？）

如果句子中出现量化名词短语或 wh-语迹,那么只有在此类名词短语 c-统领代词的情况下,两者才能同指,如下面两例:

(23) Every artist$_i$ likes the assistant who works for him$_i$

（每一位艺术家$_i$喜欢为他$_i$工作的助手）

(24) Who do you think t_i likes his$_i$ assistant?

（你认为谁$_i$喜欢他$_i$的助手）

换句话说,如果一个代词的先行语是一个量化名词短语或 wh-语迹, 那么这个代词必须受到先行语的约束。Reinhart（1983,1986）将代词的 这类回指称为"受约回指"（bound anaphora）,因为在此类回指中,代词必 须理解为是一个受量化名词短语或 wh-语迹约束的变量（或称"变项", variable）。

她进一步指出,当一个代词在句法结构上受一个有定名词短语约束 时,两者之间除了可以在语用上同指之外,也可以将代词理解为是一个受 约变量。这两种不同的解读方式,在可以作所谓"马虎身份认同"（sloppy identity）解读的句式中,或者在含有某些量词（如 only "只有"）或某些副 词（如 even "甚至"）的句子中,可以更清楚地看出。下面便是这样的三组 例子（引自 Reinhart 1986：127-128）：

(25) 可以作"马虎身份认同"解读的句式

Charlie Brown$_i$ talks to his$_i$ dog and my neighbour Max does too

（查利·布朗$_i$与他$_i$的狗交谈,我的邻居马克斯也是）

a. 语用同指解读（"马虎身份认同"解读）：

Max talks to Charlie's dog.

（马克斯与查利的狗交谈。）

b. 受约变量解读：

Max talks to Max's dog.

（马克斯与马克斯的狗交谈。）

(26) 含有量词 only 的句子

Only Winnie$_i$ thinks he$_i$ is smart.

（只有威尼$_i$认为他$_i$是一个精明的人。）

a. 语用同指解读（用于回答"谁认为威尼是一个精明的人？"）：

Nobody but Winnie thinks Winnie is smart.

（除了威尼没有人认为威尼是一个精明的人。）

b. 受约变量解读(用于回答"谁认为自己是一个精明的人?"):

Nobody but Winnie thinks himself smart.

(除了威尼没有人认为自己是一个精明的人。)

(27) 含有副词 even 的句子

Even Linda$_i$ is fed up with her$_i$ husband.

(甚至<u>琳达$_i$</u>都讨厌<u>她$_i$</u>的丈夫。)

a. 在语用同指解读中的预设(presupposition)(用于回答"谁讨厌琳达的丈夫?"):

Most people are fed up with Linda's husband.

(大多数人都讨厌琳达的丈夫。)

b. 在受约变量解读中的预设(用于回答"哪个女人讨厌自己的丈夫?"):

Most women are fed up with their husbands.

(大多数女人都讨厌她们的丈夫。)

代词的两种不同解读方式也反映了代词回指确认研究中的两个不同的视角,即是将回指作为一种纯粹的句内名词短语之间的语义关系来研究,还是作为一种语篇中的语言现象来研究。这可以用下面一个 Reinhart(1999:20)的例子来说明:

(28) a. <u>Lucie</u> didn't show up today.

(露西今天没来。)

b. <u>Lili</u> thinks <u>she</u>'s got the flu.

(莉莉认为她得了感冒。)

(29) a. 莉莉 (λx(x 认为 x 得了感冒))

b. 莉莉 (λx(x 认为 z 得了感冒) & z = 露西)

Reinhart(同上)认为,(28b)中的代词 she 的回指确认可以采用两种不同的程序策略来进行。

第一种程序策略可以称为"约束法",即把代词看作是一个受约变量,用上面提到的受约变量解读方式来解读。在这种解读方式中,代词的指称值被理解为受 λ-算子(λ-operator)的约束。例如,如果我们将(28b)看成是一个孤立的句子,那么句中的代词 she 通常可以理解为与约束它的有定名词短语 Lili 同指。采用约束法解读,(28b)的逻辑表达式可表述为(29a)。

第二种程序策略称为"同等赋值"（covaluation）法，即把代词看成是一个自由变量，其指称值由语篇存储库中的一个名词短语指派，被赋予一个同等的指称值，这相当于上面提到的语用同指解读方式。例如，如果将（28b）看成是上文（28a）的接续，并且将例（28）中的两句句子看作是谈论 Lucie 的一个篇章片段，那么代词 she 可以理解为与 Lucie 同指。采用同等赋值法解读，（28b）的逻辑表达式可表述为（29b）。也就是说，在语篇理解的过程中，当我们处理到（28b）中的 she 时，我们的语篇存储库中已经存有一个登录项目 Lucie，我们可以赋予 she 一个与 Lucie 同等的指称值。

本书作者在许余龙（2002a）中指出，这两种回指确认方法不仅适用于代词回指，也可推广到所有的名词短语回指。约束法所要解决的是句内回指问题，因而主要是形式句法学和形式语义学研究者所采用的方法；而同等赋值法主要是用于处理语篇回指，因而主要是语篇分析和自然语言理解的研究者所采用的方法。

上述语言事实导致 Reinhart 相信，只有受约回指才应该是（形式）语法研究的一个核心问题，而其他类型的同指现象应该从语用的角度来解释。她认为，在将（形式）语法的研究范围重点确定为受约回指之后，一个显而易见的好处是，当不同类型的名词短语，如量化名词短语、wh-语迹和有定名词短语，用作一个代词的先行语时，这些名词短语可以获得统一的解释，即可以统一用如下一条受约回指理解规则来解释（Reinhart 1983：158）：

(30)　*受约回指理解规则*

　　将一个代词 P 与 c-统领它的一个名词短语 α 同标。

　　条件：a.　如果 P 是一个反身代词，那么 α 必须在其最小管辖语类之内。

　　　　　b.　*如果 P 不是一个反身代词，那么 α 必须在其最小管辖语类之外。*

在将（形式）语法的回指研究范围限定于受约回指之后，便为非受约同指现象的语用阐释提供了基础。

首先，Reinhart（1983：164）认为，在诸如前面例（20）所示的先行语与回指语之间互不约束而可以自由加标的那些句子中，非反身代词之所以可以指称句中的一个有定名词短语,是因为与指称性有定名词短语一样,自然语言中的非反身代词也具有直指(deictic)功能,因此我们不能排除一个有定名词短语和一个非反身代词会从一个由语用确定的语篇实体集(set)中选择一个相同的实体作为它们的指称对象。

其次,在那些句法结构允许作受约回指解读的句子中,意在表达的同指或异指关系是下面两个语用推理策略之间相互作用的结果(Reinhart 1983:167)。

(31) Reinhart 的语用推理规则

　　a. 说话者策略:当你所采用的句法结构允许作受约回指解读时,如果你的意图是想表达名词短语之间的同指,那么除非你有其他理由要避免受约回指,否则使用这一结构。

　　b. 听话者策略:当说话者所使用的结构可以提供受约回指而他避免选择受约回指时,那么除非他有其他理由要避免受约回指,否则他的意图并不是想表达名词短语之间的同指。

例如,在下面引自 Reinhart(同上)的例(32)中,根据语用推理规则(31a),如果说话者的意图是想表达句中的代词 he 与有定名词短语 Felix 同指,那么由于(32a)的句法结构允许作受约回指解读,所以他会选择这一结构。相反,如果说话者选用了(32b),那么根据语用推理规则(31b),由于说话者避免使用可以表达句中的代词 he 与有定名词短语 Felix 同指的(32a),听话者可以推断,说话者的意图不是想表达句中的代词 he 与有定名词短语 Felix 同指。

(32) a. Felix$_i$ thinks that he$_i$ is a genius.
　　　(菲利克斯$_i$认为他$_i$是一位天才。)

　　b. He thinks that Felix is a genius.
　　　(他认为菲利克斯是一位天才。)

Reinhart 的上述两个语用推理策略可以从广义的 Grice 会话合作原则中的方式准则中推导出来:如果受约回指是句法结构所允许的表达同指的最直接、最清楚的方式,那么避免使用这一方式便隐含(implicate)了说话者的意图不是想表达同指。

8.2.2　Kempson 的解决方案

事实上,之后一些语言学家提出的关于回指阐释的语用解决方案在很大程度上是对上述 Reinhart 解决方案的修正和发展。他们认为,意在的或首选的同指或异指解读,可以通过运用某些基于 Grice 的会话准则的推理基模(inference schemata)[12]来取得。要理解这些方案是如何操作的,首先需要了解一下 Grice (1975:45-46)原先所制订的一套会话准则。

(33) Grice 的会话准则

质量: 力求使你所提供的信息是真实的。
　　1. 不要说你认为是不真实的话。
　　2. 不要说你没有证据证实的话。

数量: 1. 使你所提供的信息量满足(交谈的当前目的)所需。
　　　2. 不要使你所提供的信息量超出所需。

关系: 要关联。

方式: 要表达清楚。
　　1. 避免表达晦涩。
　　2. 避免歧义。
　　3. 要简洁(避免不必要的啰嗦)。
　　4. 要条理清楚。

一些语用学理论研究者认为,Grice 的经典会话合作理论存在的一个问题是,其分析框架内部存在一定的重复。因而,他们致力于删减会话准则的数量,只保留一套在理解话语交际的意义时确实是必不可少的最基本的原则。这样便导致产生了一些所谓"新格莱斯主义"语用学理论,其中影响较大的有 Sperber & Wilson (1986)的一元论理论模式——关联理论[13],L. Horn (1984,1988)的以数量原则和关系原则为基础的隐含推理二元论理论模式,以及 Levinson (1987a,1991)以数量、信息量和方式三原则为基础的三元论理论模式。

在这三个理论模式中,Sperber & Wilson 的关联理论代表了语用理论中最极端的简约主义模式。关联理论将 Grice 的关系准则("要关联")作为在话语理解的认知机制中最根本的核心概念。该理论认为,在自然语言交际中,句子的内容通常并未充分表达出来,需要加以扩充。而无论是对句子的显性内容(即句子的命题逻辑式)进行扩充的推理过程,还是对句子的隐性内容(即句子的语境隐含意义)进行扩充的推理过程,都受唯一的一条原则——关联原则——所支配与指导。这条关联原则已在前面第二章的 2.3 节中提到,这里重复如下:

（34）Sperber & Wilson（1986：158）的关联原则

每一个明示性交际行为都传递其自身具有最佳关联性这样一个假定信息。[14]

由于每一个交际行为都可以保证获得关联性,所以认知推理的目的是以最小的努力获取最大的效果。Kempson（1984：5）在将关联理论用于语篇回指处理时指出,这意味着,根据关联原则,说话者每使用一个回指表达式,都保证了其指称对象的表征是即刻可及的。对听话者来说,能够以低处理代价即刻获取的信息有以下五个来源:1）视觉可见的相关情景信息;2）前一命题或本句前半部分所含的相关信息;3）与话语中前面提到的概念相联系的相关信息;4）可以从与语境的相关联系中推断出的一个隐含句子的内容;5）正在处理中的句子的逻辑形式。

Kempson（1988：153）认为,上述五类信息可以用于确定语篇中回指性语言成分的指称。例如,下面例（35）中 he 的外指（exophoric reference）可以用上述第一类信息来理解。例（36）中有定名词短语 the windows（窗户）所表达的跨越互指（bridging cross-reference）则可以用上述第三和第四类信息来理解:首先,the windows 这一表达式的使用,激发了与前一句中 kitchen（厨房）一词表达的"厨房"这一概念相联系的相关信息;然后,结合这一语境,我们可以推断出"约翰的厨房有窗"这一隐含句子的内容;最后,我们可以将 the windows 理解为约翰的厨房的窗子。而例（37）中的"懒散代词"（lazy pronoun）it 表达的指称,可以用第五类信息来理解。这是因为此句第一小句表达的逻辑式可以非正式地表述为"对 x 而言（x 总是将 x 的工资支票交给 x 的某人）"[15],其中的 x = 约翰。而这一相关逻辑式也应当用于对第二小句的理解,所不同的是,其中的 x = 保罗,因此得到的解读是"保罗总是将保罗的工资支票交给保罗的情人"。由此可见,懒散代词 it 的指称是从其先行语的逻辑式中派生出来的,而不是从其表层形式中派生出来的。

（35）Look, how fast he is running!

（瞧,他跑得多快啊!）

（36）I walked into John's kitchen. The windows were spotless.

（我走进约翰的厨房。窗户干净极了。）

（37）John always gave his paycheck to his wife, but Paul gave it to his mistress.

（约翰总是将他的工资支票交给他的妻子，但保罗却将<u>它</u>交给他的
情人。）

　　虽然关联原则可以保证，每当语篇中遇到一个回指性表达式，其指称
对象的表征总是即刻可及的，其指称对象也总是可以得到确定，但是这一
原则本身却似乎并不能告诉我们，在语篇中有几个不同的实体可以竞争
成为一个回指语的指称对象时，应该将哪个实体确定为回指语的指称对
象，并且应该怎样来确定；也没有告诉我们，在即刻可及的各类信息中，哪
个是理解某个具体回指语的最重要、最佳关联的信息。关联理论毕竟只
是作为交际中人类认知的一个一般理论而提出的。而且，正如 Carston
（1988：61）所指出，其中还"缺乏一个具体的可及性理论"，用以解释各类
信息的可及性。因此，尽管关联理论十分重要，但是要将其运用于理解自
然语篇中具体语言项目表达的具体回指关系，还必须用回指理解的某些
具体语言学理论来加以充实，作为抽象认知原则和具体语言项目理解之
间的中介。在这方面，Ariel 的可及性理论[16]，以及本书的以"可及性"和
"主题性"为基本概念的篇章回指确认原则，可以发挥重要的作用。

8.2.3　L. Horn 的解决方案

　　在 Kempson 的解决方案中，将关联理论用作回指确认理论模式的一
个主要问题是，这一理论模式试图用唯一的一条原则，对回指现象所涉及
的所有语用事实作出解释，使得这条原则的解释力过于强大，无法作出确
切的推断[17]，因为我们无法看到在回指理解的实际过程中，不同的因素是
如何影响语言理解者作出某一特定的选择的。从这个角度来看，L. Horn
的二元模式运作起来似乎要好一些。

　　L. Horn（1988）认为，在语言交际中，有两条相互对立的基本原则在
起作用。一条是以听话者为基础的、旨在取得最大效果的数量原则（Q
（uantity）-principle），要求将信息内容最大化。该原则大致包括了 Grice
的数量准则中的第一次准则和方式准则中的第一和第二次准则。另一条
是以说话者为基础的、旨在付出最小努力的关系原则（R（elation）-
principle），要求将使用的语言形式最小化。该原则大致包括了 Grice 的数
量准则中的第二次准则、方式准则中的第三次准则以及关系准则。这两
条原则表述如下：

(38) L. Horn（1984：13）的数量和关系原则

　　a. 听话者为基础的数量原则：
　　　　使你提供的信息充分
　　　　（以关系原则为前提）提供尽可能多的信息
　　　　下限原则，诱导产生上限隐含

　　b. 说话者为基础的关系原则：
　　　　使你提供的信息是必需的
　　　　（以数量原则为前提）只提供你必须提供的信息
　　　　上限原则，诱导产生下限隐含

　　L. Horn 的这两条语用原则的作用，实际上是将 Sperber & Wilson 关联理论中的唯一的一条关联原则一分为二。他指出，这两条原则可以用来取代 Chomsky（1982）中所规定的避免使用代词原则和总的语篇原则。Chomsky 的两条原则可以归纳如下：

(39)　a. *避免使用代词或重复使用指称语，除非条件允许。*
　　　 b. *如果条件允许，使用代词或重复使用指称语。*

　　L. Horn 认为，实际上（39a）是以关系原则为基础的，而（39b）是以数量原则为基础的。因此，在诸如下面的例（40）这类句子中，动名词短语"going to the movie"（去看电影）前避免使用代词，我们可以通过以关系原则为基础的推理，得到通常所理解的解读，即该短语前的零形主语与母句的主语同指。而如果在这同一句法位置上用了一个显性代词（如 his），那么则会通过以数量原则为基础的推理，得到动名词短语的主语与母句的主语异指的解读。

(40)　John would much prefer [Ø going to the movie]
　　　（约翰会非常想 Ø 去看电影）

8.2.4　Levinson 的解决方案

　　Levinson（1987a，1991）进一步将 L. Horn 的数量原则一分为二；其中的一条 Levinson 仍称为"数量原则"，另一条则称为"方式原则"（M（anner）-principle）。前者大致包含了 Grice 的数量准则中的第一次准则，应用于一个陈述中所作出的断言（assertion）在语义上的强弱程度对比；后者大致包含了 Grice 的方式准则中的第一和第二次准则，应用于表达这个陈述的语言形式在形式上的有标记(marked)与无标记(unmarked)之间的对比或冗长与简约之间的对比。而 Levinson 的信息量原则（I(nformativeness)-principle）大致相当于 L. Horn 的关系原则。下面是 Levinson 的以数量、信息量和方式原则为基础的三元论语用理论模式：

(41) Levinson 的三元论语用理论模式

   1) 数量原则

     说话者准则：不要作一个在信息量方面比你所了解的世界知识弱的陈述，除非作一个强的陈述会违反信息量原则。

     受话者推理：将说话者所作的陈述理解为与他所知的事实一致的最强陈述，因此

     (a) 如果说话者作出一个弱断言 A(W)，而且强陈述与弱陈述<S, W>构成一个霍恩阶(Horn Scale)，从其中的强断言 A(S) 中可以衍推(entail)出弱断言 A(W)，那么可以推断 K~(A(S))，即说话者知道强陈述为假。

     (b) 如果说话者作出一个弱断言 A(W)，而 A(W)不能衍推出一个比其强的陈述 A(S) 可以衍推出的内嵌句 Q，而且{S, W}构成一个对比集，那么可以推断 ~K(Q)，即说话者不知道 Q 是否成立。

   2) 信息量原则

     说话者准则：最小化准则

     "说所需说的尽可能少的话"，即（在遵循数量原则的同时）只提供足以达到你的交际目的的最少语言信息。

     受话者推理：强化规则

     扩充说话者话语的信息内容，找出根据你认为说话者采用的表达方式意在表达的观点可以作出的最具体的解读。

     具体来说：

     (a) 假定指称对象之间或事件之间存在某种常规的关系，除非(i)这与理所当然的理解不一致，(ii)说话者违背了最小化准则，选择了一个冗长的表达式。

     (b) 假定句子所陈述的是事实或实际存在，如果这与理所当然的理解一致。

     (c) 避免作出会造成所提及实体的数量增加的解读(假定指称节俭性)；具体而言，简约式名词短语(代词或零形代词)的首选解

　　　　读为同指。

　3）方式原则

　　　说话者准则:不要无故使用一个冗长、晦涩或有标记的表达式。

　　　受话者推理:如果说话者使用了一个冗长或有标记的表达式 M,那
　　　么他所要表达的意思,与他使用一个无标记的表达式 U 所表达的意
　　　思不一样——具体而言,他试图避免 U 所表达的常规联系及其由于
　　　信息量原则而产生的隐含。

　　上述三条原则构成了 Levinson 语用理论模式的总的理论描述框架,
用以解释在话语的常规理解过程中产生的各类不同的"一般会话隐含"
(generalized conversational implicatures)。Levinson 指出,要将这些原则具
体运用于指称词语的首选理解,可以在同一语用描述框架内采用三种不
同的分析方法,也就是他所说的"A 先决方案""B 先决方案"和"联合方
案"。这三种方法简介如下:

　(42) Levinson (1987a: 410)的 A 先决方案(其中数量和方式产生的隐含简
　　　称为"方式隐含")

　　a. 在句法允许直接作同指编码(如使用反身代词)的场合,使用一个语
　　　义信息较弱的表达式(比如一个非反身代词)将数量隐含
　　　(Q-implicate)非同指理解。

　　b. 在其他场合,那些语义宽泛、含有最小信息量的表达式(如代词和空
　　　语类(gap)),根据信息量原则将倾向于产生同指理解,除非

　　c. 使用了一个有标记的形式,即在可以用代词的场合用了一个词汇性
　　　名词短语,或在可以使用零形代词的场合用了一个代词,此时将方
　　　式隐含(M-implicate)非同指理解。

　　像 Reinhart 的语用推理规则一样,Levinson 的 A 先决方案也假定,约
束原则 A 所规定的语法约束先于其他原则而存在。两种解决方案的工作
原理也相似。因此,根据上面(42)中的规则(a),在下面的(43b)中,由于
在 him 位置上可以用一个语义信息较强的反身代词 himself 来表达同指
(如见(43a)),所以语义信息较弱的简单代词 him 的使用数量隐含了说话
者的意图是表达非同指。

　(43) a. John likes himself
　　　　(约翰喜欢他自己)

　　b. John likes him

（约翰喜欢他）

Levinson 的规则（b）用于一个代词没有受其先行语 c-统领或在其管辖语类外受其先行语 c-统领的场合，以及用于一个零形主语（即大代语）受母句的主语或宾语控制的场合，可以用来解释这些场合中意在表达的指称关系。运用规则（b）的一个重要结构条件是，这条规则中的信息量原则只能运用于反身代词不能出现的场合，比如像下面例（44）到（46）中句（b）的结构。在这些结构场合，霍恩阶<S, W>不存在，因而也就不能运用数量原则。只有在这些场合，根据信息量原则，使用了含有最小信息量的指称表达形式，如（44a）中的 him、（45a）中的 he 和（46a）中的 Ø，才会产生同指理解的隐含[18]。在这些场合，如果用了一个有标记的或冗长的表达形式，如（45c）中的"the man"（那个男人），那么我们便不再能运用信息量原则了。此时，根据规则（c），那个有标记的或冗长的表达式将会方式隐含非同指的理解。

(44)　a.　Those who know him_i like $John_i$
　　　　　（那些认识他$_i$的人喜欢约翰$_i$）

　　　b.　*Those who know $himself_i$ like $John_i$
　　　　　（那些认识他自己$_i$的人喜欢约翰$_i$）

(45)　a.　$John_i$ likes her_j and he_i gave her_j a valentine
　　　　　（约翰$_i$喜欢她$_j$，他$_i$送给她$_j$一个情人节礼物）

　　　b.　*$John_i$ likes her_j and $himself_i$ gave her_j a valentine
　　　　　（约翰$_i$喜欢她$_j$，他自己$_i$送给她$_j$一个情人节礼物）

　　　c.　$John_i$ likes her_j and the man_k gave her_j a valentine
　　　　　（约翰$_i$喜欢她$_j$，那个男人$_k$送给她$_j$一个情人节礼物）

(46)　a.　$John_i$ decided $Ø_i$ to go
　　　　　（约翰$_i$决定 Ø$_i$ 去）

　　　b.　*$John_i$ decided $himself_i$ to go
　　　　　（约翰$_i$决定他自己$_i$去）

正如 Levinson（1991）自己所指出，这一 A 先决方案存在的一个主要问题是，和管约理论所提出的句法解决方案一样，这一方案依赖于代词与反身代词之间的互补分布，最根本的是依赖于反身代词本身的存在[19]。在某些语言中，代词与反身代词并非总是系统地保持互补分布。例如在汉语中,在下面(47a)中的代词"他"的句法位置上,我们也能用一个反身代词"自己"(见47b),而且两者通常都是与母句的主语"张三"同指。

(47) a. 张三ᵢ说他ᵢ身体不舒服

　　 b. 张三ᵢ说自己ᵢ身体不舒服

这样,根据规则(42a),既然(47b)中的反身代词"自己"是用来表达同指,那么(47a)中使用的代词"他"便会数量隐含异指(见上面例(43)中代词与反身代词的指称对比),与通常的理解不符。

此外,Levinson 还认识到,在另一些语言(如澳大利亚的某些土著语言)中,甚至根本就不存在反身代词这一词类。因此,要将 A 先决方案用于无系统的代词与反身代词之间互补分布的语言,或者根本无反身代词的语言,解释这两类语言中的指称关系,显然会遇到不少麻烦。特别是将 A 先决方案运用于无反身代词的语言中,因为如果一种语言里没有反身代词,那么约束原则 A 就无效,A 先决方案也就无法实施。

为了解决这个问题,Levinson(1991)提出了一个指称理解的替代方案,即 B 先决方案。该方案假定,代词总是与小句中的另一个主目异指,也就是将约束原则 B 所规定的语法约束作为语用原则工作的基础。其工作原理可以用下面的例子作简单的说明:

(48) a. John likes him

　　　　(约翰喜欢他)

　　 b. John likes himself

　　　　(约翰喜欢他自己)

　　 c. John said he would come

　　　　(约翰说他会来)

　　 d. John said the boy would come

　　　　(约翰说那个男孩会来)

　　 e. John likes the boy

　　　　(约翰喜欢那个男孩)

在句(a)中,代词 him 和 John 是小句中的两个主目,由于 B 先决方案假定代词总是与小句中的另一个主目异指,也就是说,根据信息量原则,我们应该假定两者之间存在常规的异指关系,因此两者异指。而在句(b)中,宾语位置上是一个冗长的、有标记的反身代词 himself,而不是一个简单代词,因此根据方式原则,himself 表达的不是与 John 异指的常规关系,而是与 John 同指。在句(c)中,代词 he 和 John 不再是同一小句中的两个主目,因此不应假定它们之间异指;而根据信息量原则中(c)规定的指称节俭性,代词 he 的首选解读是与 John 同指。句(d)与句(c)的区别在于,在同一句法位置上代词 he 换成了一个冗长的、有标记的有定名词短语"the boy"(那个男孩),因此根据方式原则,"the boy"与 John 异指。

但是,B 先决方案在解释(48e)一类句子中的回指时仍会遇到麻烦,因为此句的结构与(48b)一样,根据方式原则,此句中的"the boy"似乎也应该被理解为与 John 同指,这显然与语言事实不符。

为了使其语用学回指理解理论能普遍运用于各种不同的语言,Levinson(1991:143)认为,应该将 A 先决方案和 B 先决方案结合起来,以便可以同时解释 A 类(即有系统的代词与反身代词互补分布的)语言和 B 类(即无此类互补分布或无反身代词的)语言中的回指问题,这便是他的联合方案。这一方案主要是为了解决在代词和反身代词都可以出现的那些句法位置上的名词短语的回指问题,也就是说主要修正了上面 A 先决方案中对规则(42a)的规定。

(49) Levinson 的联合方案中对代词和反身代词理解的规定

　　代词和反身代词的理解遵循下列两条假定:

　　a. 假定同一小句中的核心主目之间异指。

　　b. 根据反身代词和代词表达的不同语义强度,假定反身代词与代词构成霍恩阶上的对比,表现为:反身代词在指称上具有必然的依存性,而代词在指称上的依存性则是可选的;反身代词暗示强调和参与,而代词则没有这种暗示。

当回指语与其潜在的先行语为同一小句中的两个核心主目时,上述两条假定同时适用于这一场合,因而确保了代词与反身代词之间的对比总是在指称上的对比。在第一条假定不适用时(也就是说,当回指语与其潜在的先行语不是同一小句中的两个核心主目时),代词与反身代词之间的对比不一定总是在指称上的对比,也可以是在表示强调和参与方面的对比,即是否用作话语代词方面的对比。联合方案的实际运作可以用下面的例子作简单的说明:

(50) a. John likes <u>himself</u>

（约翰喜欢他自己）

b. John likes him

（约翰喜欢他）

c. John said he would come

（约翰说他会来）

d. John said self would come

（约翰说自己会来）

e. John said the boy would come

（约翰说那个男孩会来）

在上面的句(a)和句(b)中,宾语 himself 和 him 与主语 John 是同一小句中的两个核心主目,因此反身代词 himself 与代词 him 之间的对比是指称上的对比:根据信息量原则,himself 与 John 同指;而根据数量原则,him 与 John 异指。在句(c)和句(d)中,因为代词 he 和反身代词 self 与母句的主语 John 并不是同一小句中的两个核心主目,所以 he 与 self 之间的对比可以不是在指称上的对比,而是在表达强调和参与方面的对比。因此,(c)中的代词 he 和(d)中的反身代词 self 都可以与 John 同指。所不同的是,根据信息量原则,he 没有暗示强调和参与的意思;而根据数量原则,self 却暗示了强调和参与,即在间接转述 John 的话语时,强调 John 表示自己亲自要来。句(e)中的 the boy 使用的句法环境与句(c)和句(d)中的 he 和 self 相同,因此根据方式原则,"the boy"这个冗长的、有标记的表达式隐含了与 John 异指。

8.2.5　黄衍的解决方案

黄衍(Y. Huang 1991, 1994)的语用学回指理论与 Levinson 的 B 先决方案相似。两者之间的主要区别在于:在 Levinson 的 B 先决方案中,约束原则 B 所规定的异指关系被认为是信息量隐含(I-implicate)的常规关系;而在黄衍的解决方案中,此类异指关系则借用了 Farmer & Harnish(1987)提出的"异指假定"原则(见第七章 7.3.3 节)来规定,即一句小句中的两个核心主目之间异指。黄衍认为,采用这一原则的好处是,在这一句法环境中,"异指假定"原则可以取消任何由方式原则所诱导产生的,在零形代词、代词、专有名词和有定名词短语之间的指称对比。他提出的回指理解理论体系简介如下:

(51) 黄衍的语用学回指理论

   A. 理解原则

      假定反身代词在指称上通常具有必然的依存性;而代词和零形代词在指称上通常具有可选的但往往是首选的依存性。因此

     i. 零形代词的使用将信息量隐含局部同指的理解;

     ii. 代词的使用将信息量隐含局部同指的理解,除非这个代词用于零形代词可以出现的句法环境,在这样的情况下,代词的使用将方式隐含与在使用零形代词时所产生的信息量隐含互补的理解;

     iii. 反身代词的使用将信息量隐含局部同指的理解,除非这个反身代词用于代词或零形代词可以出现的句法环境,在这样的情况下,反身代词的使用在指称上或在可期待性上,将方式隐含与在使用代词或零形代词时所产生的信息量隐含互补的理解;

     iv. 在代词或零形代词可以出现的句法环境中使用的一个专有名词或词汇性名词短语,将在指称上或在可期待性上,方式隐含与使用代词或零形代词时所产生的信息量隐含互补的理解。

   B. 一致性制约

      任何由(A)中所说的隐含而获得的理解都必须与下列原则一致:

     i. 异指假定;

     ii. 信息显著性,因而

        a. 上层结构所产生的隐含比下层结构所产生的隐含具有优先权("母句赢"),

        b. 所产生的各类同指隐含按先行语的显著性决定优先顺序,先行语的显著性由下列等级顺序决定:主题>主语>宾语等其他句子成分(>意为"比……显著");

     iii. 隐含的一般制约,例如

        a. 背景假设,

        b. 非自然意义($meaning_{nn}$)[20],

        c. 语义衍推(如指称依存性等)。

    为了对这一回指的语用学理解方案有一个大致的了解,让我们来看这一方案是如何解释下列一组句子中表达的回指关系的:

(52) a. 小明喜欢自己

     b. 小明喜欢他

c. 小明喜欢 Ø

d. 小明喜欢这个男孩

e. 小明说 Ø 下个月结婚

f. 小明说他下个月结婚

g. 小明说自己下个月结婚

h. 小明说小明下个月结婚

i. 小明说这个人下个月结婚

黄衍认为,根据规则(A-iii),用于句(a)宾语位置上的反身代词"自己",信息量隐含了局部同指理解,即"自己"与小句主语"小明"同指。句(b)到(d)宾语位置上的代词"他"、零形代词"Ø"和词汇性名词短语"这个男孩"都与小句中的主语"小明"异指,因为根据规则(B-i),在这些简单的及物小句中,异指假定原则在起作用,该原则规定,除非另有标示,一句小句中的两个核心主目(即主语与宾语)必须理解为相互异指。因此,虽然根据规则(A-i),句(c)中使用的零形代词会信息量隐含局部同指的理解,但这一隐含将被(B-i)取消。句(e)到(i)是黄衍自己的例子(见Y. Huang 1991 中的例(33a)到(33e))。在句(e)中,根据规则(A-i),零形代词的使用,信息量隐含了局部回指的理解,即零形代词与母句的主语"小明"同指。在句(f)中,由于代词"他"用于一个零形代词可以出现的句法结构,而在这个位置上使用的零形代词信息量隐含了局部同指的理解,因此根据规则(A-ii),代词的使用方式隐含一个与母句主语"小明"异指的理解。但是,由于规则(B-iii-c)的存在,这一方式隐含的异指理解被信息量隐含的同指理解所推翻。这是因为,黄衍认为,此句中母句与它的宾语子句之间密切的语义联系产生了 Levinson(1987b)所说的"与前一小句相同的施事/受事"的指称依存效应。在句(g)中,根据规则(A-iii),反身代词"自己"的使用会方式隐含异指的理解;但是这一方式隐含被反身代词表达的语义所压制,因此得到信息量隐含的同指理解。根据规则(A-iv),句(h)和(i)中使用的专有名词"小明"和有定名词短语"这个人"方式隐含了与在使用代词或零形代词时所产生的信息量隐含互补的理解,即局部异指的理解。

黄衍的语用学回指理论仍存在着一些问题。比如,正如他自己(Y. Huang 1991:326)所承认,该理论还不能清楚地解释,为什么在上面的句(f)中,代词"他"方式隐含的异指理解会受到"与前一小句相同的施事/受事"效应的压制,而在句(h)和(i)中,专有名词"小明"和有定名词短语"这个人"的使用所产生的同样的方式隐含(即异指理解)却能顺利通过而不受到压制。他的猜测是,词汇性名词短语与代词之间的方式对比可能要比代词与零形代词之间的方式对比强烈,因此信息量原则所产生的相关(同指)隐含,无法推翻词汇性名词短语的使用所方式隐含的异指理解(见 Y. Huang 1991:326 中的脚注 17;关于对以 Levinson 和黄衍为代表的新格莱斯主义语用回指理论的评论,另见姜望琪 2001)。

8.3　小结

　　本章首先简要讨论了以管约理论为代表的句内回指的形式句法研究。约束理论将名词短语分为照应语、代名语和指称语三大类型,并为这三大类名词短语制订了相应的三项约束原则,规定了各类名词短语必须受约或必须自由的句法结构范围。这与本书的回指确认模式将指称词语区分为高、中、低三大类可及性标示语,并为这三大类可及性标示语规定了相应的三条回指确认原则,具有相似之处。然而,从回指确认的角度来说,约束理论仅为照应语正面规定了确定先行语的方法,对其他两类指称词语只是规定了在某一句法结构范围内必须是自由的。至于如何确定这两类指称词语最有可能的先行语,约束理论并没有作出正面的回答。即使对于照应语的指称,约束理论也未能作出完全满意的解释。因此,一些主要从事形式句法理论研究的学者也试图从非(形式)句法理论的角度来探讨这个问题(如见 L. J. Xu 1993,1994;胡建华、潘海华 2002)。

　　然后,本章简要介绍了回指阐释的几种语用解决方案。这些方案在很大程度上可以看作是对 Reinhart 提出的语用推理规则的具体发展和充实。其中最为具体、最具有可操作性的是 Levinson 的三元论语用推理模式及以此为基础的具体的回指阐释方案,以及黄衍在 Levinson 研究的基础上提出的改进方案。我们可以看到,他们提出的方案可以解释不同语言中的许多回指现象,但同时也都存在着某些不足之处,无法解释某些回指现象,特别是某些指称词语之间所表达的指称对比,例如代词与词汇性名词短语之间的指称对比。而在这方面,Ariel 的可及性理论和我们的回指确认原则恰好可以更满意地处理这一问题,因为这两个回指确认模式区分了各类指称词语的不同指称功能。总的来说,正如 Ariel (1994:3)所指出,Levinson 所提出的语用学理论(同时也包括 Horn 和黄衍的理论)是一种"一般的、语言外的"(extra-linguistic)语用学理论。也就是说,这类理论试图以"一般会话隐含"(generalized conversational implicatures)来解释各种回指现象(关于"一般会话隐含"与"具体会话隐含"(particularized conversational implicatures)之间的区别,见 Grundy 1995:44-46),而未能充分考虑到如下三个具体因素:1)先行语的性质;2)各类不同语境的重要性;3)说话者常用的种类繁多的各类回指语的指称功能(Ariel 1994:11)。因此,此类理论对于解释孤立句子中语法化了的或规约化了的回指现象最为得心应手,而在处理自然语篇中实际出现的回指现象时则有时会显得力不从心。Ariel (1999:3)认为,对于后一类回指现象的解释,她的"具体的语言学的认知理论",即她的可及性理论,更胜一筹。下一章将检验前几章中提出的、吸收了 Ariel 的可及性理论的篇章回指确认原则对于理解句内回指现象有什么作用。

注释:

---

[1] 照应语的英语名称 anaphor 在这里用其狭义,比本书所说的回指语包括的范围要小得多。

[2] 这里的指称语所包括的范围也要比本书所说的指称词语小。

[3] 这里以及此后所用的"其管辖语类"意为"管辖它的语类",而不是"它管辖的语类"。表达这一意思或许用"其受辖语类"更为确切一些。但是,由于"管辖语类"是一个固定术语,所以为了叙述方便,还是用了这一可能会产生误解的表述。

[4] 或称"组构成分统领",是 constituent-command 的缩写。

[5] 这里表述的主要是 Reinhart (1983:41) 的定义,有时在文献中被称为"严格的 c-统领"。在另一个较为宽泛的定义中,条件(ii)放宽为"统制 A 的每一个最大投射(maximal projection)也同时统制 B"。这后一种统领在 Chomsky (1986b:8) 中称为"m-统领"或"最大统领"(m-command, maximal-command)。在定义管辖时,或具体来说,在将屈折成分(I 或 INFL)定义为其主语的管辖语(以便为其指派主格)时,或许必须用这一宽泛的 m-统领概念(见 Haegeman 1991:125, 135, 148)。在下图的节点中:

```
            IP
         ／    ＼
      NP₁       I′
            ／      ＼
          I          VP
                      |
                      V′
                   ／    ＼
                  V        NP₂
```

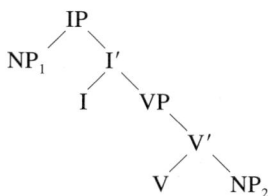

NP_1 c-统领和 m-统领除了屈折短语(IP)之外的所有节点,因为统制 NP_1 的上一个分叉节点(该节点也是统制 NP_1 的最大投射)IP 也统制了其他所有节点,而 NP_1 与这些节点之间都互不统制。同理,I 和 VP,以及 V 和 NP_2,也相互 c-统领或 m-统领对方。I 可以 m-统领 NP_1,因为统制 I 的最大投射是 IP,而 IP 统制 NP_1;但 I 不能 c-统领 NP_1,因为统制 I 的上一个分叉节点是 I',而 I' 并不统制 NP_1。即使按宽泛的 m-统领定义,NP_2 也不能 m-统领 NP_1,因为统制 NP_2 的最大投射是 VP,而 VP 并不统制 NP_1。

［6］许多功能主义研究者,如 Bolinger（1979）、Kuno（1987）、Givón（1992）等,都持这一观点。

［7］关于这个问题的一种不同观点,可参见 Lasnik（1989, 1991）。

［8］由于汉语中没有与英语 each other 相对应的相互代词,在汉语译文中我们将"他们"与"自己"同标。

［9］一个可及大主语是句子中的主语或一致标记（agreement marking,缩写为 AGR）,或者是名词短语中的一个领属名词短语（possessive NP）,而且该领属名词短语与照应语的同标不会违反任何语法原则,包括项目内项目过滤条件（i-within-i filter）。这一过滤条件的作用是避免将下面一类合法的句子判为不合法:

    （i）［S_1 John$_i$ thinks that ［s_2 a picture of himself$_i$ will be on show at the exhibition］］

    （约翰$_i$ 认为一张他自己$_i$ 的照片将会在展览中展出）

因为如果将 himself 与 S_2 的 will 中所含的 AGR 同标,那么根据定义,AGR 也将会与［a picture of himself］同标,这样最终会导致 himself 与［a picture of himself］同标,即一个项目与这个项目内所包含的一个项目同标,从而违反了项目内项目过滤条件。因此 S_2 中的 AGR 不能成为 himself 的一个可及大主语。由于 himself 在 S_2 中没有一个可及大主语,所以 S_2 不能成为 himself 受约的管辖语类。其管辖语类是母句 S_1,在这个管辖语类内,himself 与 c-统领它的 John 同标,从而受到约束。因此,此句是一句合乎语法的句子。C.-T. J. Huang（1982）认为,对于照应语来说,需要有一个可及大主语;但对于代名语来说,并不需要。

［10］例如,在像上面的例（17）一类句子中,反身代词 herself 内嵌于谓词的一个主目名词短语中,但其本身并不是直接处在谓词的西塔栅上;或者在像例（15）一类句子中,反身代词位于句子的一个介词短语中,这一介词短语不在谓词的西塔栅上。

［11］所谓"话语代词",是指其指称"与说话者/听话者有关的"（Kuno 1987: 108）代

词,"指代其言语或思想在话语中有表示的人"(克里斯特尔 2000:289),如间接
引语中其话语被报道的人(Matthews 1997: 213)。

[12] schema(复数为 schemata 或 schemas)通常译为"图式"。戴浩一(2002)将
"conceptual schema"中的 schema 译为"基模",似乎更为贴切。首先,在语音上,
"基模"与 schema 更为接近;其次,在语义上,"基模"有"基本模式"的含义,能
更清楚地表达 schema 所含的"a general or essential type or form"(*The New
Oxford Dictionary of English*)的意义。因此,本书在这里采用他的译法。

[13] Sperber & Wilson 的关联理论试图在语用学研究中实现范式转变,在研究的目的
和方法上与 Grice 的会话合作理论有很大差别,因此并不认为自己是一种"新格
莱斯主义"语用学理论。这里仅仅是为了叙述方便而简单化地采用这一说法。

[14] 在该书第二版(Sperber & Wilson 1995)中,这条原则被称为"第二关联原则",即
关联的交际原则。另外新增的一条原则被称为"第一关联原则",即关联的认知
原则。这一原则表述为:"人类认知通常与最大关联性相吻合"(关于关联理论
在第二版中的修正及其述评,见何自然、冉永平 1998)。

[15] 此处也可以仿照前面的(29a)的做法,将这一小句的逻辑式表述为"约翰"(λx
(x 总是将 x 的工资支票交给 x 的某人))。

[16] Ariel 的可及性理论与 Carston 所说的可及性理论并不完全相同。前者主要是关
于指称对象的可及性和指称词语理解的具体理论,而后者则是关于在话语理解
过程中可资利用的各类信息的可及性的一般理论。当然,也不排除可以将前者
扩展为后者的可能性,因为两者的认知心理学基础是一致的。

[17] 同时也似乎无法证伪,因为为每个回语所确定的指称对象都可以认为是关联
原则所保证的、具有最佳关联性的解读。

[18] 当然,如果所使用的指称词语是代词的话,那么同指理解的另一个语义条件是
代词与其先行语必须在人称、性、数等特征方面一致。

[19] 除此之外,Levinson 的语用解决方案的具体运作似乎也存在着一些问题。比
如,在上面的例(45)中(此例是 Levinson(1987a: 411)中自己的例子),信息量
原则运用于句(a)中代词 he 的理解,得到一个同指的解读;而方式原则运用于
句(c)中有定名词短语 the man 的理解,得到一个异指的解读。但是,此例在语
用原则的应用方面似乎存在着两个问题。

　　首先,在句(a)中应该使用规则(42b),这可能是因为 Levinson 假定,代词
he 是此句中可以使用的"语义宽泛、含有最小信息量的表达式"。但是,我们或
许有理由认为,在这一句法结构环境中,可以使用一个比代词含有更小信息量
的零形代词,如下面的句(i)所示:

　　(i) John$_i$ likes her$_j$ and Ø$_i$ gave her$_j$ a valentine
　　　　(约翰$_i$ 喜欢她$_j$,Ø$_i$ 送给她$_j$ 一个情人节礼物)

如果在这一场合可以使用一个零形代词,而且根据信息量原则,零形代词的使
用隐含了同指理解,那么根据规则(42c),在这同一场合使用一个代词便会方式
隐含一个异指的理解,与通常理解的语言事实不符。

　　其次,根据 Levinson 的分析,(45c)中的有定名词短语 the man 应该理解为

在指称上与 John 异指。但是,在这一句法结构环境中使用的有定名词短语也有可能理解为与 John 同指,如下面的句(ii)所示:

(ii) John$_i$ likes her$_j$ and the <u>bachelor$_i$</u> gave her$_j$ a valentine (last year and is now seriously considering to marry her$_j$)

约翰$_i$ 喜欢她$_j$,这位<u>单身汉$_i$</u>(去年)送给她$_j$一个情人节礼物(,现在正在认真考虑娶她$_j$)

[20] 即 non-natural meaning,是说话者通过使用一句话,意在使受话者通过认识其话语的意图而产生的某种效果(Grice 1957;见 Levinson 1983:16)。

第九章

回指确认原则与句内回指

上一章对句内回指的(形式)句法和语用研究作了一个简要的述评,并指出,这两类研究并未能完全满意地解释句内名词短语之间的指称关系。由于本书研究的重点是篇章回指,所以本章并不试图提出一个阐释句内回指的全面替代方案。本章的主要目的是想指出,本书提出的一套以主题性和可及性为理论基础的篇章回指确认原则,虽然是将回指确认作为篇章处理中的一项任务而提出的,但是篇章处理者在理解篇章意在表达的指称关系时所采用的一套认知原则和策略在理解句内指称时同样在发挥作用。这是因为,实际使用中的句子很少是孤立出现的,绝大多数是使用于篇章中的句子。同时,本书作者还将指出,对于现有的一些以句子为基础的(形式)句法和语用研究很少涉及的句内回指问题,本书的以篇章为基础的回指确认方法也可以提供一些初步的回答,对自然篇章中优先采用的回指理解模式作出解释。

9.1 影响指称理解的一般因素及汉语句子的类型

9.1.1 影响指称理解的一般因素

当然,与篇章相比,在句子这样一个有较严格界限、相对自足的语言结构单位中,语言成分之间具有更为紧密的句法和语义联系,因此在利用篇章回指确认原则来确定句内指称关系的首选解读时,自然也会受到更强的结构、语义和语用等方面因素的制约。其中的一些一般性因素列举如下。

(1) 影响指称理解的一般因素

a. 结构显著性:一个名词短语在句中占据的句法结构位置的显著性越高,越有可能控制句中显著性低的句法结构位置上的名词短语的指称。

b. 语义一致性:两个语言单位在语义上的联系越紧密,第一个语言单位中表达的相关语义关系(如动作者与动作的关系)越有可能在第二个语言单位中保持不变,产生 Levinson (1987b:115)所说的"与前一小句相同的施事/受事"效应。

c. 词汇语义制约:其中包括主语控制动词和宾语控制动词产生的词汇语义制约,以及 Farmer & Harnish (1987:557)所说的"共同满足原则"(co-satisfaction principle)和"异指原则"(disjoint reference principle)。

   i. 共同满足原则

     某些谓词的语义要求,如果 x V y's z, 那么 x = y;例如,如果"x gnashed y's teeth (x 咬紧 y 的牙齿)",那么 x = y。

   ii. 异指原则

     某些谓词的语义要求,如果 x V y's z, 那么 x ≠ y;例如,如果"x cramped y's style (x 使 y 不能正常发挥其平时的水平)",那么 x≠y。

d. 语用异指假定(Farmer & Harnish 1987:557):一个谓词的主目之间意在异指,除非另有标示。

e. 语用常识制约:例如,某些动作典型地被理解为由某类人向另一类人实施(如"开刀"这一动作典型地理解为由外科医生为病人实施)。

在上述五类因素中,词汇语义制约(类 c)和语用异指假定(类 d)所影响的几乎完全是句内语言成分之间的指称关系;而其他几类因素既可以影响句内名词短语之间的指称,也可以影响篇章中句与句之间的名词短语的指称。但是,由于句内各成分之间在结构、语义和语用方面的联系要比句间各成分之间的联系更为紧密,我们可以预测,这些因素对句内回指理解的影响要比篇章回指强。而且,即使同样是句内回指,所有上列各种因素的影响,也会在一定程度上因不同句子类型中句子成分之间结构和语义联系的不同强弱程度而异。因此,在讨论和检验这些因素与回指确认原则之间的相互作用、研究它们是如何共同影响人们对句内回指关系的理解之前,有必要先简单了解一下汉语中句子的分类。

9.1.2　汉语句子的类型

根据 Chao (1968: Chap. 2)的分类,汉语句子的主要类型可以分为简单句、并列句和复杂句三大类,后两者可统称为"合成句"。简单句由一个小句构成[1],合成句则含有两个或两个以上的小句。并列句和复杂句之间的区别在于:在并列句中[2],这些小句不分主次,是并列的;而在复杂句中,小句则分主次。复杂句又可分为主从句和包孕句[3]两小类。在主从句中,一个主句和一个或多个从句构成主从(偏正)关系;而在包孕句中,一个子句充当母句中的一个成分。

上述几类句子是汉语中"主要"或"完整"句子的类型。除此之外,汉语中还有一些"次要"句子,即通常所说的"非主谓句"(见张中行1987)。次要句子大多用于招呼、表达感叹、简短描述和对话中的简问与简答,或出现在标语、口号中。此类不完整的句子很少包含句内回指,因此下面的讨论将不再涉及这些句子。

综上所述,汉语中句子的分类体系可图示如下:

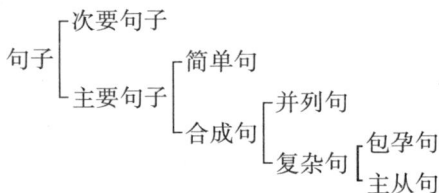

图7:汉语句子的分类

总的来说,在汉语各类主要句子或完整句中,句子成分之间在结构、语义和语用上的联系以简单句最为紧密,包孕句次之,主从句再次之,并列句最为松散。而且,我们也可以预测,上述五类因素对简单句内指称关系的理解影响最大,包孕句次之,主从句再次之,并列句最小。因此,下面将以此为序,分类讨论回指确认原则对理解句内回指的意义。

9.2 简单句中的回指

9.2.1 宾语名词短语的回指

回指确认原则对于阐释句内回指的作用,首先表现在它与约束理论具有某些相似之处。两者都将名词短语区分为三种不同的类型,所区分的三类不同名词短语也有些相似。而且,两者都为三类名词短语的先行语必须或可能出现的范围作了规定,作为理解这些名词短语的原则。两者之间的区别主要表现为:在回指确认原则中,先行语可能出现的范围和三类可及性标示语都是从篇章处理的认知角度定义的;而在约束理论中,约束范围是从句法结构的角度定义的。下面一组句子可以用来比较这两种方法是如何阐释简单句中表达的回指关系的:

(2) a. 小王$_i$看不起<u>自己</u>$_i$。

　　b. 小王$_i$看不起<u>∅</u>$_{*i/j}$。

　　c. 小王$_i$看不起<u>他</u>$_j$

　　d. 小王$_i$看不起<u>小王</u>$_j$。

　　e. 小王$_i$看不起<u>铁匠</u>$_j$。

此类简单句在句法和语义上都是一个紧凑的语言单位,其本身便构成一个管辖语类。因此,根据约束理论,句(a)中的照应语"自己"必须在句中受到约束,即与句中 c-统领"自己"的主语"小王"同指;而句(c)中的代名语"他"以及句(d)和句(e)中的指称语"小王"和"铁匠"都必须在句中是自由的,即与主语"小王"异指。

而根据本书第三章3.3.5节中规定的主题识别原则,"小王"在上列五个句子中都是主题。因此,根据本书第七章7.6节中修正的回指确认原则(a-i),句(a)中的高可及性标示语"自己"指称的是小句的当前主题"小王"。虽然"自己"和"小王"是句中谓词"看不起"的两个主目,根据语用异指假定(见前面的(1d))两者应该异指,但是由于"自己"的语义本身就是为了表达与异指假定相反的语义关系,所以并不能否定两者同指。

在句(c)中,宾语位置上的代词"他"是一个中可及性标示语。根据回指确认原则(b-i),"他"指称的应该是篇章上文中一个刚处理过的、现位于主题堆栈中的第一期待主题,而不是处理句(c)时的当前主题"小王",因此"他"与"小王"异指。句(d)中的专有名词"小王"和句(e)中的有定描述语"铁匠"[4]都是低可及性标示语,因此根据回指确认原则(c),这两个名词短语的指称对象都不能是小句的当前主题"小王"。

从上面的简单分析和比较中可以看到,本书的回指确认原则和约束理论一样,可以对简单句中主目位置上的名词短语之间的指称关系作出同样的预测。

如果我们将简单句看作是孤立的句子,那么会发现,"自己"和零形代词这两类汉语中的高可及性标示语似乎各有分工,在简单句中呈现互补的分布。也就是说,零形代词似乎不能出现在孤立的及物简单句的宾语位置上(如见上面的例(2b))。这是因为,一方面,作为谓词的两个主目之一,根据语用异指假定,(2b)中的零形代词"Ø"必须与"小王"异指;而另一方面,作为一个高可及性标示语,根据回指确认原则,它的首选指称对象是句中的主题"小王"。除了"小王"之外,像(2b)这样的孤立的简单句不能提供另外一个主题,因此这样的句子无法单独理解,从而这样一个孤立的句子听起来似乎不完整。

如果在这样的句子中添加了一个有标记主题,如下面(3a)中的"小李",那么这个句子的当前主题成了"小李",零形代词就可以指称这个有标记的当前主题,而同时又可以与句中的另一个主目"小王"异指,成为一个可以单独理解的完整句子。

(3) a. 小李$_i$,小王$_j$看不起 Ø$_i$。

b. *小李$_i$,小王$_j$看不起自己$_j$。

但是,如果(3a)中的零形代词被反身代词"自己"所取代,那么会得出一个无法理解的(3b)。这是因为,根据主题的定义,主题是述题的陈述对象,两者之间应该具有"关于"的关系[5]。然而在(3b)中,述题"小王看不起自己"在语义和语用上很难理解为是关于主题"小李"的陈述。下面的例(4)从表层结构上来看与(3b)一样,但是实际上在"爸爸"的前面有一个与主题"小李"同指的隐性领属代词"Ø",因此"爸爸看不起自己"可以是对"小李"的陈述,因而是一句可以理解的句子。关于这类句子,本章将会在下面的9.3节中进一步讨论。

(4) 小李$_i$,Ø$_i$爸爸$_j$看不起自己$_j$。

从上面的简单讨论中我们可以看到,作为低可及性标示语,句子中用作回指的专有名词和有定描述语通常并不是指称同一句子中提到的一个实体。因此,在本章以后的讨论中,我们将主要集中探讨零形代词、代词和反身代词的分布特点和指称规律,而不再将专有名词和有定描述语作为讨论的主要对象。

9.2.2 宾语名词修饰语的回指

上面简单讨论了简单句中谓词的主语和宾语这两个主目位置上的名

词短语之间的指称关系,下面来看简单句中用作宾语名词修饰语的零形代词、代词和反身代词的指称。这是形式句法研究和一些新格莱斯主义语用研究所通常回避的问题。

　　研究发现,用作宾语名词修饰语时,除非另有标示,这些名词短语的指称似乎主要取决于句中谓词的语义,是由谓词表达的词汇语义所要求的"共同满足原则"或"异指原则"(见前面1c)所决定的。请看下面几个例子:

(5) a. 小王$_i$咬紧Ø$_i$牙关。

　　b. 小王$_i$咬紧他$_{i/*j}$的牙关。

　　c. 小王$_i$咬紧自己$_i$的牙关。

(6) a. 小王$_i$做完了Ø$_i$作业。

　　b. 小王$_i$做完了他$_{i/j}$的作业。

　　c. 小王$_i$做完了自己$_i$的作业。

(7) a. 小王$_i$抄袭了Ø$_j$作业。

　　b. 小王$_i$抄袭了他$_{*i/j}$的作业。

　　c. 小王$_i$抄袭了自己$_i$的作业。

　　在例(5)中,"咬紧牙关"是个近似熟语的固定词语组合。从字面上来说,在"x咬紧y的牙关"这一述谓结构中,谓词"咬紧"的语义要求x=y,即要求遵循共同满足原则。在这样的简单句中,主语位置上的名词短语与领属名词短语之间的同指关系是由谓词的语义决定的,因此在汉语中通常使用一个零形领属代词足以表达这种常规的同指关系。因而,(5a)是表达同指关系的常用句式。在(5b)中,领属名词短语由零形代词换成了代词"他"。如果"他"与主语名词短语"小王"异指的话,那么(5b)通常是不能接受的,因为无论是在实际生活中还是形容说法,一般不太可能出现某人去咬紧别人的牙关这一情况。如果"他"与"小王"同指的话,那么通常这是一种强调或欧化汉语的用法。在(5c)中,领属名词短语位置上用了一个反身代词"自己"。反身代词在此类句子中的作用通常是表述强调或对比。用作强调时,作用与"他"有些相似;用作对比时,此句有些别扭,因为谓词的语义基本上排除了此句可以用于表达"小王不是咬紧别人的牙关,而是咬紧自己的牙关"这样的对比意义。

　　在"x做y的作业"这样的述谓结构中,谓词的语义也倾向于要求x=y,但这种同指倾向远没有"咬紧牙关"这样的准熟语结构强。因此,如果

意在表达同指，那么(6a)是一句常规的、无标记的句子。(6b)则是一句有歧义的句子。受共同满足原则的影响，(6b)中的"他"通常仍然会被理解为与"小王"同指，并大多出现在欧化汉语中。正如下面的(8a)通常可以译为(8b)，而在欧化汉语中可能会译为(8c)一样。

(8)　a.　She$_i$ covered her$_i$ face with her$_i$ hand, as if to protect her$_i$ eyes.

　　　b.　她$_i$ 用 Ø$_i$ 手蒙住 Ø$_i$ 脸，好像是为了保护 Ø$_i$ 眼睛。

　　　c.　她$_i$ 用她$_i$的手蒙住她$_i$的脸，好像是为了保护她$_i$的眼睛。

但是(6b)中的"他"是一个中可及性标示语，在篇章中的指称对象是主题堆栈中的第一期待主题或期待副主题，同时谓词的语义所要求遵循的共同满足原则不是很强，不足以完全排除与主语名词短语异指的可能性，因此根据篇章回指确认原则，"他"也有可能指称篇章上文刚提及的一个实体。而(6c)中的反身代词"自己"一般用于需要表示强调和对比的场合，例如用于下面的语境中。

(9)　小王$_i$ 做完了自己$_i$ 的作业，正在帮助小李做。

　　在例(7)中，述谓结构"x 抄袭了 y 的作业"中的谓词"抄袭"的语义要求 x≠y，即要求遵循异指原则。因此，(7a)中的零形领属代词必须与主语名词短语异指。也就是说，(7a)中的"Ø"是一个无定零形代词(表示抄袭的对象没有或无法确定)，而不是一个高可及性标示语(因为可及性标示语这一名称本身蕴含了其指称对象是一个有定实体)。抄袭的对象在(7b)中由代词"他"表达。由于"他"是一个中可及性标示语，所以其指称对象是篇章上文刚提及的一个实体，而不是本句的主语/主题。(7c)中使用的反身代词推翻了常规的异指解读，表示与句子的主语/主题同指。此句用于描述一种非常规的情景，即用于否认小王抄袭了别人的作业。

　　当一个小句中谓词的语义倾向于使主语名词短语与宾语名词短语中的领属代词异指时，领属代词的指称功能与用作动词或副动词宾语的代词相似，都倾向于指称篇章中一个刚被取代的主题或期待副主题，而不是当前主题。下面便是这样的一个实际例子：

(10)　a.　[二恍恍]照样请来了老丈人，

　　　b.　Ø 两眼不住地察看他的脸色。

（《种田全靠功夫深》）

在上例中,句(b)述谓结构"x 察看 y 的脸色"中谓词的语义通常要求 x 与 y 异指,因而句中用作宾语修饰语的代词"他"指称的不是本句的主题"二恍恍",而是篇章中的期待副主题,即句(a)中宾语位置上的"老丈人"(关于期待副主题的定义及宾语代词的理解,分别见本书第七章的 7.1.4 节和 7.3 节)。此类例子表明,虽然简单句中主语名词短语与宾语名词短语中的领属代词之间的同指或异指在很大程度上是由谓词的语义决定的,但是当两者之间异指时,领属代词的实际指称仍强烈地依赖篇章回指确认原则来确定。

9.3 包孕句中的回指

9.3.1 定式与非定式子句主语的回指

在包孕句中,子句与母句之间的关系在很大程度上取决于子句是定式(finite)小句还是非定式(non-finite)小句。由于定式小句具有可以单独使用的潜在能力而非定式小句则不可以,我们一般可以认为,母句与一个非定式子句之间的句法和语义关系要比与一个定式子句之间的关系紧密一些。

虽然汉语中的小句缺乏表达系统的时态和主谓一致关系的形态标记,但是一些研究者(如 C.-T. J. Huang 1982, 1984, 1989)认为,在汉语的助动词(AUX)或屈折成分(INFL 或 I)中也同样含有一些可以表示定式或非定式的成分。这些成分包括一些体(aspect)助词,如表达完成体的"了"、表达进行体的"着"和表达经历体的"过",以及某些情态动词,如"会"和"能"等。因此,一个小句是定式还是非定式的,可以根据"助动词语类中任何一个成分是否具有可以出现的潜在可能性"来判断(C.-T. J. Huang 1989:189;着重号原有)。

根据 C.-T. J. Huang 提出的上述确定汉语小句定式性的标准,M.-D. Li (1985, 1988)将汉语动词区分为以下四大类。

(11) 以定式或非定式小句作为补语的汉语动词类型

A 类动词:控制动词(control verb),如"企图""打算""计划""开始""准备""预备""允许""鼓励",这些动词以非定式小句作为其补语

（complement）。

B 类动词：小句融合动词（clause union verb），如"设法""努力""劝"
"逼""请""叫""让"，这些动词也以非定式小句作为其补语。此类动
词与 A 类动词的区别在于，这些动词通常与子句中的动词一起构成
一个单一的单位，可以带有一个修饰整个句子的体助词。

C 类动词：特殊格标记动词（exceptional case marking verb），如"想要"
"喜欢""渴望""讨厌"，这些动词也以非定式小句作为其补语。此类
动词与 A 类和 B 类动词的区别在于，它们对补语小句的主语指派特
殊的宾格。

D 类动词：如"说""认为""相信""同意""证实""希望""告诉"，这些动
词以定式小句作为其补语[6]。

上面每一类动词可以各举一例如下：

（12） a. 小李<u>允许</u>小王$_i$［Ø$_i$ 来］。

b. 小李$_i$ <u>努力</u>［Ø$_i$ 完成了工作］。

c. 小李<u>喜欢</u>［小王来］。

d. 小李$_i$ <u>说</u>［Ø$_{i/j}$ 来过了］。

总的来说，我们可以将 A 类与 B 类动词都视为控制动词。在管约理
论分析框架中，含有这些动词的（12a）和（12b）的非定式补语小句，其主语
零形代词是个大代语（PRO）。而含有 D 类动词的句（12d）的定式补语小
句，其主语零形代词是个小代语（pro）。

C.-T. J. Huang（1984，1989）提出了一条概化控制规则（generalized
control rule），试图用于统一解释受控大代语和小代语的理解，其简化形式
可以表述为"将空代名词与离其最近的名词性成分同标"（C.-T. J.
Huang 1991：58）。这条规则简单明了地解释了诸如（12a）和（12b）中真
正的受控零形代词的指称，因为这些零形代词的指称受到母句主语或宾
语的强制性控制：在（12a）中，零形代词与离其最近的名词短语"小王"
（即母句的宾语）同指；在（12b）中，零形代词与离其最近的名词短语"小
李"（即母句的主语）同指。

概化控制规则似乎也可以满意地解释汉语连动结构中的零形代词的
指称。连动结构介于并列结构和主从结构之间，Chao（1968：325）认为较
接近于主从结构。例如，在下面的一个例子中：

（13）聂郎$_i$照例把背兜背起Ø$_i$出去Ø$_i$割草。

（《"望娘滩"的故事》）

其中的两个零形代词都应该理解为与句子的主语/主题名词短语"二郎"同指，这一指称关系可以用概化控制规则来加以解释。

然而，根据 C.-T. J. Huang,（12d）中的零形代词并没有受到强制性的控制[7]。换言之，他的概化控制规则并不能完全解释 D 类动词的定式补语小句中小代语的指称。

从篇章回指理解的角度来说，含有"说"之类的 D 类动词的母句经常用于表示补语小句所表达的消息或观点的来源。因此，这些动词的主语有时不能满足本书第三章 3.3.6 节中所规定的主题性的篇章条件，从而不能成为篇章主题。只有当这些动词的主语本身是篇章描述的动作过程中的参与者时，它们才能成为篇章（中讨论的）主题。这通常意味着，它们必须在篇章的上文中提及。试比较下面一对引自本书报刊语料的实际例子：

（14）a. 来港六年半，许氏$_i$说自己$_i$好象只看过四部电影……

　　 b. 他$_i$说Ø$_i$最喜欢看成龙的功夫片。

　　 （《明报》1990.1.25）

（15）a. 本岛市长$_i$被立即送到医院抢救，

　　 b. 医生$_j$说他$_i$尚无生命危险。

　　 （《人民日报》1990.1.19）

根据本书第三章 3.3.5 节中规定的主题识别原则，（14a）和（14b）中动词"说"的主语"许氏"和"他"分别是这两个句子的主题，而且都符合主题性的篇章条件。因此，根据篇章回指确认原则，（14a）和（14b）中作为子句主语的两个高可及性标示语"自己"和"Ø"都可以理解为与两句的主题"许氏"和"他"同指。

例（15）在第三章 3.3.6 节中讨论过（见该章的例（24））。本书指出，虽然句（b）母句动词"说"的主语"医生"可以识别为母句的主题，但因为它不是一个篇章参与者，不能满足主题性的篇章条件，所以不能成为一个篇章主题。因此，当处理到句（b）子句主语位置上的高可及性标示语"他"的时候，期待主题仍然是句（a）中的"本岛市长"，而不是离其最近的名词短语"医生"（因为"医生"不是一个篇章主题，不能取代"本岛市长"成为篇章主题)。从而,根据篇章回指确认原则,句(b)中的"他"应该理解为与"本岛市长"同指,而不是与"医生"同指。

C. -T. J. Huang 从构型角度和 M. -D. Li 从动词分类角度对强制性和非强制性控制所作的区分,似乎都假定,在"说"之类或 D 类动词的补语小句中,主语小代语的指称可以用同样的方式来解读。他们都认为,由于这些小代语都受到母句主语非强制性的控制,所以可以与母句的主语同指,也可以异指。

而 Y. Huang 的语用回指理论则预测,在诸如下面(16a)之类句子中的零形代词,应该理解为"优先与母句主语同指"(1991:320;关于他作出这一预测的理由,见第八章 8.2.5 节的简要综述)。

但是,如果仔细检验"说"之类或 D 类动词中不同动词的篇章功能,我们会发现,在这些动词的定式补语小句中,其零形主语的首选指称理解在很大程度上取决于这些动词在篇章中的语义和语用功能。试比较如下一对例子:

(16) a. 小明$_i$ 说 $\emptyset_{i/j}$ 下个月结婚。
　　 b. 小明$_i$ 认为/相信 $\emptyset_{*i/j}$ 下个月结婚。

句(16a)中的动词"说"是一个表示消息来源的动词,而句(16b)中的动词"认为"或"相信"则是表示看法或观点来源的动词。一则可以是关于消息提供者本人的消息,特别是如果那则消息是关于由个人决定的私事,那么更有可能是关于本人的消息。因此,如果将句(16a)作为一句孤立的句子来考虑的话,那么因为除了"小明"之外,句中没有提到任何其他与这一结婚消息有关的人,所以我们自然会将句中补语小句主语位置上的零形代词优先理解为与母句主语"小明"同指。

而看法或观点则多用于表示对别人的行为或意图所作的一种判断,而不是对自己的行为或意图的判断[8]。因此,在上面的(16b)中,如果也将子句的零形主语理解为与母句主语"小明"同指的话,则会非常不自然。在母句动词为表示看法或观点来源的包孕句中,母句主语与子句主语之间的常规指称关系与简单句中主语与宾语的常规指称关系十分相似。在简单句中,除非另有标示(如使用反身代词),作为动词两主目的主语和宾语之间通常是异指,因为一个动词的动作对象通常是动作者之外的其他人。同样,在母句动词为表示看法或观点来源的包孕句中,除非另有标示,母句主语与子句主语之间也通常是异指,因为看法或观点通常是对别人的行为或意图所作的一种判断。

为了研究包孕句中不同 D 类母句动词对母句主语与子句主语之间的首选或常规指称模式的影响,本书对报刊语料中子句的主语是代词或零形代词的句内指称情况进行了分析。结果表明,如果母句动词是"说",那么子句主语绝大多数与母句主语同指;而如果母句动词是"认为"或"相信",那么子句主语绝大多数与母句主语异指。这一初步定量统计分析结果支持了本书的上述定性分析。详细统计结果见表 25[9]:

表 25：不同母句动词的不同首选指称类型

指称类型	母句动词		
	"说"	"认为"	"相信"
同指	**58 (81.7%)**	3（18.8%）	0（0%）
异指	13（18.3%）	**13（81.2%）**	**4（100%）**
小计	71（100%）	16（100%）	4（100%）

从表 25 中我们可以看出,当母句动词是表示消息来源的"说"时,81.7%的子句主语与它们的母句主语同指,其中的一个例子见前面的(14b),而只有18.3%的子句主语与它们的母句主语异指,其中的一个例子见前面的(15b)。显然,对于这样一个动词来说,句中表达的首选指称类型是同指。但是,当母句动词是表示看法或观点的来源时,句中表达的首选指称类型却恰好相反。表 25 显示,当母句动词为"认为"时,只有18.8%的子句主语与它们的母句主语同指,而有81.2%的子句主语与它们的母句主语异指。当母句动词为"相信"时,所有的子句主语都与它们的母句主语异指。动词"认为"的句内同指和异指以及动词"相信"的句内异指情况各举一例如下:

（17）同指:

商人ᵢ 认为他们ᵢ 已受够了。

（《明报》1990.4.17）

（18）异指:

a. 白宫没有一个人ᵢ 认为他ⱼ 会那样做。

（《信报》1990.3.10）

b. 黄美洁_i 相信她_j 是开心而流泪。

（《成报》1989.12.19）

例(17)是"认为"用于表达句内母句主语与子句主语同指的少数几个例子之一。在这样的句子中，我们似乎有理由认为，"他们"之所以与"商人"同指，是因为此句中的动词"认为"并非一个真正表示看法或观点的动词，而是一个表示感受的动词。所以在将此句译为英语时，可以将其译为下面的(19a)，也可以译为(19b)：

(19) a. Businessmen <u>think</u> that they have had enough.

b. Businessmen <u>feel</u> that they have had enough.

对于一个真正表示看法或观点的动词来说，如果说话者/作者的意图是使母句主语与子句主语同指，那么往往会在子句的主语位置上使用一个反身代词，而不是一个零形式代词或代词，或者将母句动词换成一个"自认为"之类的反身动词表达式，如见下面的两个例子。这与在简单句中，要使宾语与主语同指而使用反身代词是同样的道理。

(20) a. 她_i 不相信自己_i 可以同时拥有事业和家庭。

（《明报》1990.4.26）

b. 陈松龄自认为也没有诠释好周璇这个角色。

（《"中央"日报》1990.1.10）

从上面对实际篇章中的回指现象的分析和讨论中我们可以看到，要对包孕句中母句主语与子句主语之间的首选指称关系作出解释，我们至少需要对 C.-T. J. Huang 的"说"之类的动词或 M.-D. Li 的 D 类动词作进一步的细分，区别表示消息来源的动词和表示看法或观点来源的动词。同样，在这一问题上，虽然 Y. Huang 的语用解决方案总是可以求助于某些隐含的一般制约，来推翻由信息量原则而产生的母句主语与子句主语之间的同指隐含，但是由于他的研究主要局限于孤立句子中名词短语之间的指称关系，所以他也未能发现包孕句句内指称具有某些一般性的规律，即不同母句动词可以具有不同的首选指称类型。

9.3.2　反身代词的"长距约束"

汉语包孕句中，另一个经常讨论的问题是子句宾语位置上的反身代词"自己"的指称。在约束理论中，这是一个涉及所谓"长距约束"（long-distance binding)的问题,许多学者对此提出了各自不同的解决方案(如见 Battistella 1989; Battistella & Y. H. Xu 1990; C. -T. J. Huang & Tang 1991; L. J. Xu 1993, 1994; Pan 1994;胡建华 1998;胡建华、潘海华 2002)。例如,在下面的句子中:

(21)　小明ᵢ 说[爸爸ⱼ 看不起自己ᵢ/ⱼ]。

"自己"可以与子句主语"爸爸"同指,也可以与母句主语"小明"同指,或者说受"小明"的长距约束。而在下面的例(22)中:

(22)　小张说[小李知道[小王不喜欢自己]]。

据说有人作过测试,多数人认为,其中的"自己"只能与最内层子句的主语"小王"同指,或与最外层母句的主语"小张"同指,而不能与中间层的子句主语"小李"同指(见徐烈炯 1997:29)。这就是所谓的"最小句子效应"(minimal clause effect)和"最大句子效应"(maximal clause effect)。

但是,在下面的例(23)中,根据徐烈炯(同上)所说,在 1984 年第一届哈尔滨生成语法讨论会上,所有与会的中国人一致认为,受骗对象既不是那个"卖鱼的",也不是说话者"我",而是那位"老奶奶"。也就是说,此例是最小句子效应和最大句子效应的反例。

(23)　我想[老奶奶还不知道[卖鱼的骗了自己]]。

由于徐烈炯(1997)的目的不是专门研究反身代词,所以他在论文中没有解释为何最小句子效应和最大句子效应对例(22)似乎有效,而对例(23)无效,也没有解释为什么会产生最小句子效应和最大句子效应。

从篇章回指理解的角度来说,本书认为,作为一个高可及性标示语,首先"自己"的指称对象必须是一个篇章主题[10];其次,其首选指称对象应该是一个具有高可及性的主题,而且其指称受某些语义和语用因素的影响。

在上面的例(21)中,根据本书第三章中规定的主题定义和句中主题识别的原则,"小明"和"爸爸"分别是母句和子句的主题。因此,如果两者都符合主题性的篇章条件,即都是篇章主题的话,那么都可以成为句中"自己"的指称对象。同样,如果例(22)中的"小张""小李"和"小王"都是篇章主题,那么也都可以成为句中"自己"的指称对象。

在理解例(22)中"自己"的指称时,之所以会产生最小句子效应和最大句子效应,是因为在句中的三个潜在主题中,最内层子句的主题"小王"和最外层母句的主题"小张"可及性较高,因而成为"自己"的指称对象的可能性较大。根据第四章4.1.3节中讨论的影响指称对象可及性的四个主要因素中的间隔距离因素,"小王"在句中是离"自己"最近的一个主题,因而具有较高的可及性;而"小张"是全句的主题,如果在篇章理解过程中我们将例(22)作为一个单一的处理单位来处理,那么根据显著性因素,"小张"会因为是全句的主题而具有较高的显著性,因而也具有较高的可及性。

例(22)中的"自己"并非完全不能与中间层的子句主题"小李"同指。如果在说这句话的时候,在"说"的后面有一个停顿(在书面形式上通常表现为在"说"之后有一个逗号),或者将例(22)用于以下篇章上下文中,

(24) 小张说小李知道小王不喜欢自己(,却仍在追求小王)。

那么"自己"的首选指称对象可以是"小李"。这是因为,如果在例(22)的"说"之后有一个停顿,那么话语理解者在处理此句时,可以把"小张说"作为一个处理单位,将"小李知道小王不喜欢自己"作为另一个处理单位,而且通常会将小句"小张说"理解为是提供消息的来源。这样,"小李"在后一个处理单位中由于具有高显著性(因为是整个处理单位的主题)而可以成为"自己"的一个首选指称对象。而在例(24)中,整个句子表达的语义和语用意义基本上可以排除将母句主题"小张"作为"自己"的指称对象的可能性,因而我们通常会将"小李"理解为与"自己"同指。

同样,如果将例(23)作为一句孤立的句子来理解,那么我们一般会认为,"自己"指的是"老奶奶",而不是"卖鱼的"。这也是主要由语用因素决定的。因为人们通常会认为,鱼贩子有时会缺斤短两,或以次充好,以欺骗买鱼的人,而不是欺骗自己。而且,即使鱼贩子自己骗了自己,与鱼贩子没有特殊关系的老奶奶,也没有可能或必要去知道它。因而,一般会认为,例(23)意为"我想老奶奶受了卖鱼的骗却还不知道"。

不过,本书作者在(许余龙2000b)中指出,就句子的形式句法结构而言,并不能完全排除例(23)中的"自己"与最内层子句的主语/主题"卖鱼的"同指。也就是说,Chomsky的经典约束理论对分析汉语仍部分有效。例如,在如下的语境中,"自己"似乎可以与"卖鱼的"同指:

(25) (老奶奶认为卖鱼的骗了她,但是)我想老奶奶还不知道卖鱼的(其实

是)骗了自己。

　　然而,例(23)中的"自己"不能与最外层母句的主语"我"同指,却并非主要是由语境因素决定的,也与句子的形式句法结构无关,而是由"我想"在句中的功能决定的。在 Halliday(1985;另见胡壮麟等 1989,程琪龙1994)的功能语法体系中,句子(小句)结构中的成分可以从概念功能、人际功能和语篇功能三个方面来进行功能分析。

　　从人际功能的角度来说,当语言被用于人与人之间交换信息时,每一小句表达的信息是一个命题。人们可以对这一命题加以证实或否定,也可以对此怀疑、反驳、坚持、有条件地接受、修正或篡改等(Halliday 1985:70)。在包孕句中,句子的主要命题一般是由母句的命题表达的。然而在例(23)中,虽然"我想"在形式上是母句,但是全句表达的命题却不是"我想",而是"老奶奶还不知道卖鱼的骗了自己"。在英语中,这一点可以清楚地用附加疑问句尾(tag)的方式来验证。与例(23)翻译对应的英语句子可以是下面的(26a),也可以是(26b):

(26)　a.　I think the granny doesn't know that the fishmonger cheated her.

　　　　b.　I don't think the granny knows that the fishmonger cheated her.

如果要构成附加疑问句,所附加的句尾应是"does she",而不是"don't I"或"do I"(见下,星号表示该句不合语法)。

(27)　a.　I think the granny doesn't know that the fishmonger cheated her, does she?

　　　　b.　I don't think the granny knows that the fishmonger cheated her, does she?

　　　　c.　*I think the granny doesn't know that the fishmonger cheated her, don't I?

　　　　d.　*I don't think the granny knows that the fishmonger cheated her, do I?

　　Halliday 认为,"I think"(我想)的这一用法是语法隐喻(grammatical metaphor)中的一种人际隐喻(interpersonal metaphor),即说话者将自己对所观察到的事情的可能性,不是用小句中的一个情态成分(如情态副词probably(可能))来表达,而是单独用一个复杂句中的投射小句(projecting clause)来表达。隐喻变体中的投射小句"I think",相当于常规表达法(congruent mode)中的情态副词 probably(见 Halliday 1984; 1985: Chap.

10）。试比较下列两种表达法：

（28）常规表达法：Probably the granny doesn't know that the fishmonger cheated her.

隐喻变体1：I think the granny doesn't know that the fishmonger cheated her.

隐喻变体2：I don't think the granny knows that the fishmonger cheated her.

在隐喻变体2（=26b）中含有另外一个隐喻，即子句中的否定词被前移到母句中。从表面上来看，这似乎有些荒谬，因为所要否定的并不是"想"这一心理过程。但是，既然情态意义采用一个命题的形式来表达，否定一个命题也就自然可以接受了（Halliday 1985：333）。不过，虽然否定词从子句移到母句中，但在语义上，否定的仍是子句中的谓词 know。因而，若要构成附加疑问句，隐喻变体2后面应附加的句尾是"does she"，而不是"doesn't she"（见 Halliday 1985：332）。这进一步说明，隐喻变体1和2中的真正主语和谓词分别是 the granny 和 know，而不是 I 和 think。隐喻变体1（=26a）的人际功能可作如下分析（最后一个 that 小句与隐喻无关，因而分析从略）：

（29）

字面意义	I	think		the granny	doesn't	know	that the …
	α ⟶ 'β ⟶ 'γ						
	主语	定式成分	谓词	主语	定式成分	谓词	
	语气		剩余	语气		剩余	
隐喻意义	'Probably'			'the granny	doesn't	know	that the … '
				α ⟶ 'β			
	情态：可能性			主语	定式成分	谓词	
	语气					剩余	

也就是说，就其字面意义而言，（26a）含有三个小句，构成一个投射型包孕复杂句。其中的第二子句"that the … "（γ）受第一子句"the granny … "（β）支配，而β又受投射母句"I think"（α）的支配（β和γ左上角的单引号表示，β和γ是作为"观念"被投射的）。但就其隐喻意义来说，句

(26a)只含有两个小句,母句(α)是"the granny … ",其投射的子句(β)是"that the … "。虽然"I think"在形式上是一个小句,但其语义功能却大致相当于 probably,因而只是主句语气(mood)部分中一个表达可能性的情态(modality)成分。

句(26a)的字面和隐喻意义,在语篇功能分析中也能反映出来,其语篇功能可分析如下:

(30)

字面意义	I	think	the granny	doesn't know	that …
	主位	述位	主位	述位	
隐喻意义	人际(情态)		主题	述位	
	主位				

也就是说,就其隐喻意义而言,句(26a)所要表达的信息结构是:"the granny"是全句的主题性主位,而"I think"只是主位中一个表示情态意义的人际成分。

虽然一些学者认为,汉语中没有动词的定式成分(如见胡壮麟等1989:130),但由于语气中的主语、情态、归一度(polarity)等是构成一个命题的最基本要素(Halliday 1985:76),因而我们仍可认为,汉语小句中也有语气部分,由主语、情态、归一度等组成,另外或许还要加上语气词等。因此,上面的例(23)的人际功能似可作如下分析(同样,最后一个小句与隐喻无关,因而分析从略):

(31)

字面意义	我	想	老奶奶	还	不	知道	卖鱼的骗了自己
	α ————————→'β ————————————→'γ						
	主语	谓词	主语	附属语	归一度	谓词	
	语气	剩余	语气			剩余	
隐喻意义	'可能'		'老奶奶	还	不	知道	卖鱼的骗了自己'
	α ————————————————→'β						
	情态:可能性		主语	附属语	归一度	谓词	
	语气					剩余	

同样,其语篇功能可分析如下:

(32)

字面意义	我	想	老奶奶	还不知道	卖鱼的骗了自己
	主位	述位	主位	述位	
隐喻意义	人际(情态)	主题		述位	
	主位				

可见,汉语的句(23)与英语的句(26a)具有相似的人际与语篇功能,其中的"我想"与"I think"一样,是一种语法隐喻的用法,即采用小句的形式来表达情态的功能。既然"我想"在句(23)中的人际和语篇功能只是相当于一个情态动词,而不是用于表达一个命题,那么其中的"我"就不可能成为一个篇章主题,因而也就不可能成为"自己"的指称对象。

句(23)中"我想"的功能,与下列两句中带有"想"的小句完全不同。

(33) a. 我在想一个问题。

  b. 他想老奶奶还不知道卖鱼的骗了自己。

句(33a)表达的是一个命题,而"我想"在句(23)中并不表达一个命题。句(33b)的形式结构与句(23)完全相同,只是句(23)中的"我"在句(33b)中换成了"他"。但是,"他想"在句(33b)中表达的是一个命题,而不是一种情态意义。因此,句(33b)中的"自己"仍有可能与"他"同指。这进一步说明,句(23)中的"自己"不能与最外层结构中的"我"同指,与句子的形式结构无关,而是由于"我"不可能成为篇章主题。

Chomsky 的约束理论是以句子的形式结构分析为基础的。如果句(23)中的"自己"能否与"我"同指与句子的形式结构无关,那么从原则上来说,约束理论也就不适用于分析和解释这类句子中的同指或异指现象。徐烈炯(1997)提到的以形式结构分析为基础的其他一些处理方法,如通过移位来处理反身代词的长距离约束,或用先行语和反身代词之间的c-统领与被统领关系来处理,恐怕也解释不了句(23)中反身代词的指称问题。

L. J. Xu(1994)提出的采用题元等级来处理反身代词的方法也未必能准确而满意地解决这一问题。因为不同等级的题元与小句中的及物关系有关,题元分析与 Halliday 功能语法体系中表达概念功能的及物性分析有很大相似之处。而在句(23)的"我想"这一小句中,及物性关系分析对这一小句的语法隐喻功能并无多大的解释作用。胡建华、潘海华(2002)采用 NP 显著性计算的方法来解释汉语反身代词"自己"的指称。他们的显著性计算同样没有考虑到"我想"之类的小句表达的人际和篇章功能,而且他们赋予第一、第二人称 NP 比第三人称 NP 更高的显著性,结果会将句(23)中的"我"确定为"自己"的先行语,因而也不能正确解决像例(23)之类的句子中"自己"的指称问题。

9.3.3　"主谓谓语句"中反身代词的回指

汉语中另有一类特殊的包孕句,即汉语语法学界通常所说的"主谓谓语句",如见下例:

(34) 小明$_i$,爸爸$_j$看不起自己$_j$。

就其篇章功能结构而言,此句是个含有一个内嵌主述题结构的包孕句。整句的主述题结构可分析如下:

(35)

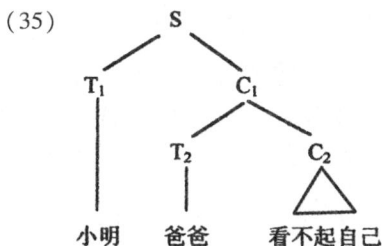

该结构含有两个主题。第一主题"小明"将另一主述题结构"爸爸看不起自己"作为述题;而第二主题"爸爸"将一个动词短语"看不起自己"作为述题。本书第三章 3.3.7 节中指出,在这样的包孕结构中,内嵌最里层一个主述题结构中的主题是无标记主题,因而也是整个句子结构中的主语。这个无标记主题/主语与该句中的动词短语发生直接关系,因而约束了句中反身代词"自己"的指称。因此,在上面的句(34)中,"自己"通常只能与"爸爸"同指,不能与"小明"同指。这也解释了只有句中的主语(即无标记主题)才能控制句中的反身化等语法过程的原因。

从上面的讨论中我们可以看到,包孕句中反身代词"自己"的指称,同样与指称对象的主题性与可及性密切相关。徐烈炯(1997)认为,Chen(1992)和 Y. L. Xu (1995)等功能学派的研究者所持的观点是,反身代词的指称对象实际上是主题。他对这一观点提出质疑,认为主题论对下面的例(36)(他的例(2))没有办法,因为"总不见得可以把主题的概念扩大到连例(2)中的'他'也算主题"。

(36) 为了自己的利益,谁也阻挡不了他。

本书认为,生成语法传统的研究者提出的这种质疑,主要是出于对功能学派研究方法的误解。这里至少存在两个问题:1)功能学派认为"自己"与主题同指,并不等于他们认为与自己同指的都是主题;2)该句是一句离开了语境后不太可能单独使用的句子。

在语言研究中,生成语法学者的典型做法是将自己作为语料提供者,运用自己的语言直觉,通过自我内省的方法,判断句子的合法性(Newmeyer 1983:48)。他们采用的这类语料通常称为"内省语料"。虽然他们在分析中有时也会采用语言实际使用中出现的句子,但往往不考虑其上下文。除此之外,语言学研究常用的另一类语料是实例语料,即从语言实际使用中搜集的语言材料(见许余龙 1992:52, 2002b:46—47)。功能学派的研究者主要采用后一种语料来观察和研究语言事实,并十分重视语境对句子结构与意义的影响,重视句子在语篇中的功能。比如,Halliday (1985)研究的重点虽然是句子的分析,但是却明确指出,这种研究是为实际语篇分析服务的。

在功能学派看来,上面例(36)中的"自己"确实可以理解为与"他"同指,但是"他"并不是全句的主题。而且,该句通常总是用于某一语境中,一般不会孤立使用。比如,很难想像,有人早上一觉醒来,第一句话会对别人说:"为了自己的利益,谁也阻挡不了他。"因为除非他是在说梦话,或在自言自语,否则听话者无从知道"他"指的是谁。听到这一句话,听话者一般会问:"你说的'他'是谁呀?"。功能派总是试图将句子放在语篇的上下文中来分析其结构与意义。因此本书认为,此句通常用于一个前面在谈论某个人的上下文语境中,句子主题承前省略。如果此句是两人见面所说的第一句话,那么通常在句子的前面另有一个明确表示句子主题的名词短语,比如:

(37) 阿贵这个人,为了自己的利益,谁也阻挡不了他。

这样听话者才能知道"他"是指谁。在这个句子中,"自己"的指称对象仍然是句子的主题"阿贵这个人"。"自己"之所以同时也与"他"同指,仅仅是因为"他"在句子中是一个与"阿贵这个人"同指的复指代词。

为了验证上述语感,本书作者(许余龙 2000b)用以下一份问卷,在1998—1999 年期间进行了一项小型调查:

(38) 调查问卷

Read the following two Chinese sentences, and answer the multiple-choice questions that follow by circling the letter corresponding to the most appropriate choice in each question according to your own understanding of the two sentences.

A. 为了自己的利益,谁也阻挡不了他。

1. To me, Sentence A is

　a. unacceptable.

　b. marginally acceptable.

　c. perfectly acceptable.

2. I think 自己 in Sentence A refers to

　a. 谁 in the sentence.

　b. 他 in the sentence.

　c. the speaker of the sentence.

B. 阿贵这个人,为了自己的利益,谁也阻挡不了他。

3. To me, Sentence B is

　a. unacceptable.

　b. marginally acceptable.

　c. perfectly acceptable.

4. I think 自己 in Sentence B refers to

　a. 谁 in the sentence.

　b. 他 in the sentence.

　c. 阿贵 in the sentence.

　d. the speaker of the sentence.

5. On the whole, I think

　a. Sentence A is more acceptable than Sentence B.

　b. Sentence B is more acceptable than Sentence A.

　c. There is no difference in acceptability between Sentences A and B.

调查对象是三组母语均为汉语的成年人。第一、第二组分别是香港理工大学中文及双语学系的中文及翻译学学士课程（BATC）的二年级学生（33 人）和语文及传意学学士课程（BALC）的一年级学生（31 人），第三组是上海外国语大学英语语言文学专业一年级硕士研究生（上外研，16人），共 80 人。表 26 总结了调查统计结果。

表 26：关于主题与"自己"指称的问卷调查结果

问题	选项	BATC		BALC		上外研		小计	
		人数	百分比	人数	百分比	人数	百分比	人数	百分比
1	a	15	45%	10	32%	4	25%	29	36%
	b	15	45%	19	61%	11	69%	45	56%
	c	3	9%	2	6%	1	6%	6	8%
2	a	0	0%	0	0%	3	19%	3	4%
	b	30	91%	28	90%	12	75%	70	88%
	c	3	9%	3	10%	2	13%	8	10%
3	a	6	18%	4	13%	0	0%	10	13%
	b	14	42%	8	26%	7	44%	29	36%
	c	13	39%	19	61%	9	56%	41	51%
4	a	0	0%	0	0%	0	0%	0	0%
	b	0	0%	0	0%	0	0%	0	0%
	c	33	100%	31	100%	16	100%	80	100%
	d	0	0%	0	0%	0	0%	0	0%
5	a	2	6%	2	6%	0	0%	4	5%
	b	25	76%	25	81%	14	88%	64	80%
	c	6	18%	4	13%	2	13%	12	15%

说明：有一人同时选了问题 2 中 a 和 b 两项，本书作者都统计了进去，因而问题 2"上外研"和"小计"两栏中 a、b、c 三项相加分别为 17 和 81，超过了总人数 16 和80。

这一结果表明，就可接受度而言，对于句（36），绝大多数（92%）认为不能接受或勉强可接受，只有极少数（8%）认为完全可以接受；而对于句（37），绝大多数（87%）认为完全可以接受或勉强可接受，只有少数（13%）认为不能接受。总的来说，大多数（80%）认为，句（37）比句（36）容易接受。

　　关于"自己"的指称问题,所有受调查者一致认为,在句(37)中,"自己"指的是"阿贵";而对句(36),选择却较为分散。从功能派的观点来看,句(37)中的"阿贵"正是句子的主题,而宾语"他"只是一个与主题同指的复指代词。由此可见,主题论能圆满解决例(37)中"自己"的指称问题;之所以对例(36)似乎没有办法,是由于这是一句孤立的、脱离上下文的句子,本身缺乏主题,不是功能派所要研究的对象。

　　实际上,据说早在20世纪60年代末和70年代初,北美的生成语法学派的学者在制订一些语法规则来解释句子的合语法性,或用实验的方法来请本族语使用者对句子作合语法性判断的时候,就有一条不成文的规则,那就是,那些用于检验的句子必须是可以单独使用的。具体来说,必须是一个人可以推开门,对屋里的人所说的第一句话(a sentence which can be used out of the blue)。因此我们在语言分析中,既要防止袁毓林(2003:62)所说的随意编造一些"离奇古怪的例句"来论证或证伪某一理论,也要防止从实际语料中取出一些句子作脱离语境的分析。

9.4　主从句中的回指

　　最简单的汉语主从句由一句主句和一句从句构成。从句可以位于主句之前,也可以位于主句之后,如见下面的例(39a)和(39b):

(39) a. 因为小王病了,他没有来。

　　　 b. 小王没来,因为他病了。

但主句之后的从句所表达的通常是对主句所陈述内容的一种事后补充(见 Chao 1968: 115),因而本节将不考虑这种情况,而是着重讨论汉语主从句中不同回指类型的使用及其理解。本书将指出,先行语的主题性和回指语表达的可及性同样是理解主从句之间回指的两个最重要的表层语言线索。本书还将讨论主题性与可及性是如何相互作用、共同影响回指模式的使用并使其得到期待的理解的。同时,由于回指的使用受很多因素的制约,讨论还将涉及其他一些句法、语义、语用和认知因素对回指理解的影响。

9.4.1　结构类型与首选指称模式假设

Chao（1968：113）认为,在汉语主从句中,西方语法传统通常分析为状语从句的成分,实际上还是以处理为全句的主语更为妥当一些[11],而主句可以处理为全句的谓语。由于就其语法意义来说,他实际上将"主语"和"谓语"分别用作"主题"和"述题"[12]（同上:69）,我们可以将他的这一观点理解为,汉语主从句中的从句可以看作是全句的主题,而主句是全句的述题。

在分析汉语主从句中的回指时,有必要进一步区分如下两类不同的主从句:在一类主从句中,从句直接充当全句的主题;而在另一类主从句中,从句是上一层次主述题结构的述题部分中的主题。根据上述 Chao 的分析原则,这一区别可以用例(40)中的两个例句来说明,其简化的主述题结构可以分别分析为(41a)和(41b)。

(40)　a.　由于港人喜欢冬天进补,令受保护及濒临绝种动物的非法入口数字不断上升。

（《成报》1989.12.12）

　　　b.　三人由于伤势过重,送院后终告不治。

（《明报》1990.4.19）

(41)　**a.**

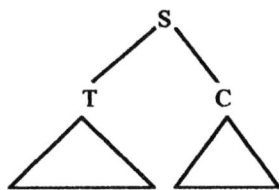

由于港人……, 令……。

b.

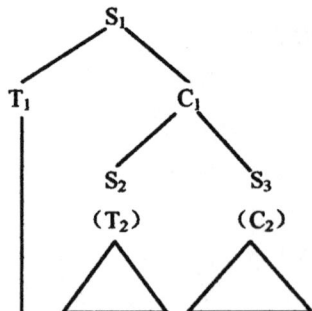

三人 由于……, 送院后……。

如(41a)所示,例(40a)中的"由于"从句直接受 S 统制,因此是全句的主题。在此例中,从句的主语名词短语"港人"并不是全句的主题,而只是从句的主题。例(40b)的结构则不同。从(41b)中我们可以看到,此例中的"由于"从句并不直接受 S_1 统制,而是受 S_1 下面的 C_1 统制。此句中受 S_1 直接统制的 T_1 是名词短语"三人",因此"三人"是全句的主题。

这两个句子的另一个结构区别是,(41a)中的述题(C)是一个动词短语,因而整个句子似乎分析为一个以主谓结构作主语的包孕句更为确切,尽管句中含有"由于"这样一个从属连词[13]。而在(41b)中,整句的述题(C_1)本身是一个主述题结构,其主题(T_2)和述题(C_2)是两个小句 S_2 和 S_3。因此这是一个真正的主从句。下面的讨论将不包括诸如(40a)之类的句子。

汉语主从句的另一个特殊之处是,从属连词可以位于主语名词短语之前,也可以位于主语名词短语之后。句中能否出现零形代词(∅),以及零形回指和代词回指出现的频率,在很大程度上取决于从属连词的位置。例如,黄正德(C. -T. J. Huang 1982:Section 5.4.2;黄正德 1983:150)在分析下面例(42)中的一组句子(他的例 126—129,表示不合语法的星号" * "原有)时认为,(a)(b)(d)中的 ∅ 是小代语。而根据小代语脱落参项(pro-drop parameter),小代语要求有一个最小的大主语 SUBJECT(即在结构上最近的主语或表达主谓一致的 AGR)来识别它,即与其同指,具有相同的下标。由于(42b)和(42a)中的"张三"c-统领和弱 c-统领(弱 c-统领定义为"A 弱 c-统领 B,当(且仅当)直接管辖 A 的节点 c-统领 B"[14])句中的"∅",因而这两个句子中的"∅"可以识别为"张三",这两个句子也因此是合乎语法的句子。而(42d)中的"张三"却不能弱 c-统领"∅",因为"∅"不受状语从句的最高节点的管辖,因而不能识别,这个句子也就不合语法了。如果(42d)中的"∅"换成代词"他"(见(42c)),那么句子就合乎语法了,因为词汇性代词不要求在句中有一个识别成分。

(42) a. 张三$_i$虽然没有空,∅$_i$还是来了。

　　 b. ∅$_i$虽然没有空,张三$_i$还是来了。

　　 c. 虽然张三$_i$没有空,他$_i$还是来了。

　　 d. * 虽然张三$_i$没有空,∅$_i$还是来了。

我们可以暂时不考虑(42b)中的情况。因为在篇章中,这类句子中的零形代词通常不仅与其后面主句中的主语同指,而且也与上文提到的某个名词短语同指。这类句子中主句的主语位置上的专有名词和有定描述语,与第七章7.5节中讨论的篇章中的专有名词和有定描述语一样,往往也是用于重新确认(另见 Bolinger 1979:298; C. I. Li 1985:32)。

　　句(42a)和(42d)的区别在于,从属连词"虽然"在前者中位于主语"张三"的后面,而在后者中位于"张三"的前面。(42d)中的"张三"显然是状语从句中的主语,根据第三章3.3.5节中表述的汉语句子主题识别原则,"张三"也是从句的主题。(42a)中的"张三"究竟是从句的主语还是全句的主语却不很清楚。Chao(1968:114)曾说过,主从句中的从属连词"可以出现在从句主语的后面"。由此看来,他认为(42a)中的"张三"是从句的主语。黄正德的上述句法结构分析似乎也是以此为依据的。本书则认为,(42a)中的"张三"是全句的主题,而不仅仅只是从句的主题。也就是说,句(42a)和(42d)具有以下(43a)和(43b)所示的不同主述题结构。

(43)　a.

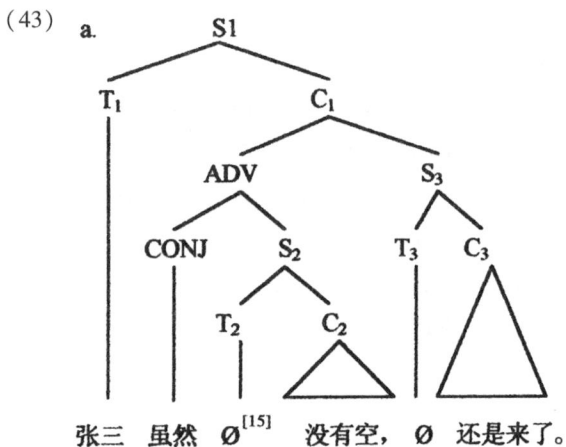

张三　虽然　∅[15]　没有空,　∅　还是来了。

b.

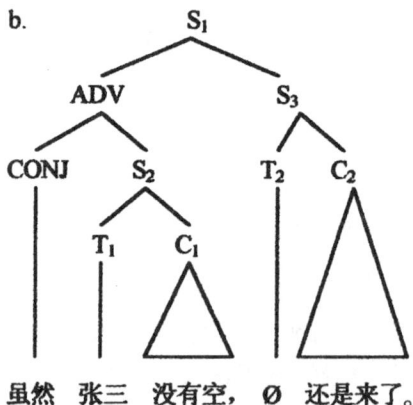

虽然　张三　没有空,　∅　还是来了。

如(43a)所示,(42a)中的"张三"是全句的主题(T_1),其述题(C_1)包含两个小句 S_2 和 S_3。而(43b)显示,(42d)中的"张三"只是状语从句 S_2 的主题,其述题(C_1)为"没有空"。我们有理由相信,如同句法结构中的主语一样,通常在句子的主述题结构中,占据显著结构位置的主题控制其结构范围内的回指,van Hoek(1997:Chap. 3)称之为回指理解的"参照点"(reference point)。由于(43a)中的"张三"是全句的主题,它控制了 T_2 和 T_3 位置上的两个"Ø"的指称。而(43b)中的"张三"只是 S_2 的主题,无法控制其结构范围之外的 T_2 上的"Ø"的指称。

即便在功能学派的研究中,如何确定汉语中的主题也似乎尚未有一个公认的准则。本书在第三章 3.3.4 节中指出,受早期一些功能主义研究的影响,许多研究者所采用的区分主语与主题的基本策略是,一个谓语动词前的名词短语只要与谓语构成"做"或"是"的关系,那么这个名词短语便可确认为主语;否则便是主题。其结果是,能确认为主题的小句成分,主要局限于那些与谓语动词只有含糊的"关于"关系的句首名词短语,或者是那些主题化了的名词短语。这一分析方法似乎仍有着广泛的影响。

例如,黄衍在运用 Levinson(1987a, 1991)的新格莱斯(neo-Gricean)语用学理论框架分析汉语回指现象的一篇论文中指出,下面(44a)中的零形代词"Ø"和(44b)中的代词"他"都与句子的主题"小华"同指,因为"小华"作为句子主题,是句中理解"Ø"和"他"的最显著相关的一个名词短语(Y. Huang 1991:325):

(44) a. 小华,小明一进屋,Ø 就把门关上了。

'Xiaohua$_1$, as soon as Xiaoming$_2$ enters the house, (he$_1$) closes the door.'

b. 小华,小明一进屋,他就把门关上了。

'Xiaohua$_1$, as soon as Xiaoming$_2$ enters the house, he$_1$ closes the door.'

本书完全同意他的分析。但是,在下面的例(45)中,他将句(a)中的"Ø"和句(b)中的"他"与"老李"之间最可能的同指关系,归因于句(a)和(b)中两小句之间密切的因果语义关系。他(同上:326)认为,根据 Levinson(1987b),这一语义关系"倾向于产生'与前一小句相同的施事/

受事'效应"。

(45) a. 老李因为病了,所以 Ø 不能来。

　　　'Because Li$_1$ is ill, (he$_1$) cannot come. '

　　b. 老李因为病了,所以他不能来。

　　　'Because Li$_1$ is ill, he$_1$ cannot come. '

　　或许他认为,(45a)和(45b)中的"老李"是主语,而不是主题,因为"老李"无论是与原因从句中的谓语"病了",还是与主句中的谓语"不能来",都构成"做"或"是"的关系。本书则认为,这两个句子中的"老李"仍是整个句子的主题,因而对确定(45a)中的"Ø"和(45b)中"他"的指称起到了关键的作用,其作用比他所说的"紧密的小句间语义联系"更为重要。假如这两句的结构改变为下面的(46a)和(46b),那么,正如下面英译中所暗示的,句中的"Ø"和"他"可以与"老李"同指,也可以与"老李"之外的人同指:

(46) a. 因为老李病了,所以 Ø 不能来。

　　　'Because Li$_1$ is ill, (he$_{1/2}$/she$_{1/2}$/I/we/they) cannot come. '

　　b. 因为老李病了,所以他不能来。

　　　'Because Li$_1$ is ill, (he$_{1/2}$) cannot come. '

这是因为,在(46a)和(46b)的句子结构中,虽然仍存在着与(45a)和(45b)中同样的"小句间紧密的语义联系",但是"老李"已不再是整个句子的主题,而只是原因小句的主题。因而,"'与前一小句相同的施事/受事'效应"在(46a)和(46b)中大大削弱了。由此可见,在汉语主从句回指的理解中,主题的影响通常要大于"小句间紧密的语义联系"。

　　确定了汉语主从句中主述题结构的分析方法之后,让我们回过头来考察像(43a)和(43b)一类主从句中的回指规律。如果我们观察具有这两类结构的主从句中主题位置上的名词短语之间的指称关系,那么可以区分如下四种可能具有的类型:1)它们之间同指,第一个名词短语在从属连词之后(简称 CA 型);2)它们之间同指,第一个名词短语在从属连词之前(简称 CB 型);3)它们之间异指,第一个名词短语在从属连词之后(简称 DA 型);4)它们之间异指,第一个名词短语在从属连词之前(简称 DB 型)。这四种指称关系类型的基本结构如下(其中,下标表示名词短语之间的同指或异指关系,NP 后的数字表示名词短语在句子中出现的先后线性次序。由于(43a)结构中从属连词后的"Ø"必须与"张三"同指,因而略去不作讨论。在下面的讨论中,NP2 将总是指主句中主题位置上的名词短语。):

(47) a. CA 型:CONJ NP1$_i$... , NP2$_i$...

b. CB 型:NP1$_i$ CONJ ... , NP2$_i$...

c. DA 型:CONJ NP1$_i$... , NP2$_j$...

d. DB 型:NP1$_i$ CONJ ... , NP2$_j$...

本书在上面的讨论中提到,当 NP1 位于从属连词之前的时候,它控制了 NP2 的指称。在此结构中,当 NP2 是一个零形代词,或是一个与 NP1 在人称、数、性等方面一致的代词时,NP2 强烈倾向于与 NP1 同指。因此,当需要表达同指时,CB 型结构将会是优先采用的结构。相反,如果需要表达的是异指,那么 DA 型结构将是最佳结构,因为在这一结构中,从句中的 NP1 在结构上不能控制主句中 NP2 的指称,不易于使人觉得它们之间会有同指关系。因此,我们可以将主从句间优先选用的指称模式表述为如下一个假设:

(48) 假设 1:在其他所有条件相同的情况下,如果希望表达主从句主题位置上的名词短语同指,那么 CB 型结构将是优先选用的结构;而如果希望表达它们之间异指,那么 DA 型结构将是优先选用的结构。

从上面的讨论中可以看到,主题性是与一个名词短语在句子(小句)篇章功能结构中的位置相关的一种属性,是与先行语相联系的一种表层语言标记手段。它在回指理解中的重要作用表现为:它将句中的(主要)主题标示为句中同现的回指语的优先选用的先行语。说话者可以采用这一标记手段来提示所希望表达的名词短语之间的指称关系,而听话者则可赖以理解期待的指称关系。

说话者用以提示所希望表达的指称关系的另一个手段是可及性,听话者同样也可将其用于理解期待的指称关系。可及性是与回指语相联系的一种表层语言标记手段。本书作者在(Y. L. Xu 1984:89)中曾指出,在一段主要关于某个指称对象的篇章中,指称对象的引入和描述常常采用如下的模式:

(49) 无定名词短语→(指示词+名词短语)→代词→Ø

也就是说,"不同的指称表达手段具有不同程度的标记性"。当一个指称对象第一次引进篇章时,说话者会用一个标记性程度高的指称词语来指称它,以便能准确无误地说明它是什么;而当这个指称对象已确立为篇章的谈论对象时,则会用标记性程度低的指称词语来指称它。从听话者的角度来说,一个标记性程度高的指称词语表明,其指称对象在篇章语境中不易找到;而一个标记性程度低的指称词语则暗示,其指称对象可以很容易找到。

篇章回指的这一特征在 Ariel (1990) 的可及性理论中得到了更为全面系统的阐述。第四章 4.2.3 节中提到,语言对指称词语作可及性编码时循如下三项原则:1) 信息量;2) 确定性;3) 简略度。因而,我们有理由相信,作为一个可及性标示语,零形代词比(第三人称)代词标示的可及性高,虽然 Ariel 将两者都列为高可及性标示语。这是因为零形代词比代词表达的信息量低,指称的确定性也低(一些代词有性和数的区别,至少可以利用这些区别来确定指称对象),而简略程度更高。

在篇章中,说话者选用什么形式的名词短语,即哪一类可及性标示语,主要是由作为先行语的名词短语的显著性以及先行语与回指语之间的篇章间隔距离决定的[16]。在其他条件相同的情况下,一个在句子的篇章功能结构或篇章的层次结构中占据较显著结构位置的名词短语所指称的实体具有较高的可及性,因为在篇章理解过程中,听话者对这样的实体较为重视,有较大的可能将其作为理解在该结构中其他名词短语的参照点。一个在篇章的线性结构上离回指语较近的名词短语所指称的实体也具有较高的可及性,因为在篇章理解过程中,当处理到回指语的时候,前面离它较近的名词短语刚处理过,其所指的实体很可能还留在短时记忆中。

就前面(47)中讨论的汉语主从句的四种指称类型来说,由于 CB 型结构中的 NP1 占据了比 NP2 显著的结构位置,而 CA 型结构中的 NP1 并没有这一结构上的显著性,所以在篇章理解过程中,当处理到 NP2 的时候,CB 型结构中 NP1 所指的实体要比 CA 型结构中 NP1 所指的实体可及性高。从而我们可以推测,在 CB 型结构的 NP2 位置上,使用一个表达较高可及性的标示语的可能性要比 CA 型结构中的 NP2 高。具体来说,CB 型结构中的 NP2 采用零形代词的可能性要比 CA 型结构中的 NP2 高。

从篇章线性结构来说,在上述所有四种指称类型中,如果 NP1 与 NP2 同指的话,先行语与回指语之间的篇章间隔距离可以用 NP1 与 NP2 之间相隔的词语数来衡量。虽然 NP1 离 NP2 的距离在 CA 型结构中要比在 CB 型结构中近,但是由于这一距离差别只是一个词(从属连词)的差别,所以我们可以认为,其影响要小于结构显著性,并在一定程度上被结构显著性撤销。这样,关于主从句间优先选用的指称模式的第二个假设可以表述为:

(50) 假设 2:在其他所有条件相同的情况下,零形回指将是 CB 型结构的常规回指形式,而在 CA 型结构中的使用频率相对较低。

9.4.2　假设验证

为了验证上述两个假设,本书作者对上面(47)中所列四种指称类型在报刊语料中的分布进行了统计分析(另见许余龙 2003b)。本书作者选择了四个典型的从属连词,即"因为""由于""虽然"和"尽管",进行调查。

首先,将这些词作为关键词,用搜索软件从语料库中将含有这些词的句子全部列出来。由于并非每个含有这些词的句子都是我们所要研究的主从句,所以下列四种类型的句子排除在统计分析之外:1)句中的这些词用作介词,如见下面的(51a);2)虽是主从句,但从句在主句之后,如见(51b);3)这些词引导的小句是全句的主语/主题,如见前面的(40a);4)句中的主句和从句都是 Chao(1968)所说的"次要"句子,即非主谓句,如见下面的(51c):

(51) a. 但是这名对象<u>由于</u>"某种原因"使得他的指纹未被存入现有的指纹档案之内,……

　　　(《"中央"日报》1989.12.5)

　　b. 他表示对香港前途乐观,<u>因为</u>香港地理位置好,中、英两国的政策都会好好利用香港。

　　　(《明报》1990.1.25)

　　c. 如果把台币换成英镑,<u>虽然</u>可多赚取年息百分之五的利息收入,但汇兑损失可能会更大。

　　　(《"中央"日报》1990.4.21)

270

然后,分别统计具有上述四种指称类型的句子数量。如果是同指,则另外统计了 NP2 为零形代词的 CA 和 CB 型句子的数量。由于在指称中最为明确的情况是指称对象为人,所以本书将含有人称指称的句子作了单独的统计。

本书在报刊语料中,共收集到了 687 句有关的句子,其中 160 句涉及人称指称。总体数据统计分析支持本书的两个假设。

先来看上述四种指称类型的分布。表 27 列出了四种指称类型在总体语料中的分布,表 28 列出了分布的统计分析。

表 27：四种指称类型在总体语料中的分布

从属连词	指称类型						总计
	同指			异指			
	CA 型	CB 型	小计	DA 型	DB 型	小计	
因为	1	29	30	26	0	26	56
由于	10	83	93	281	1	282	375
虽然	20	86	106	111	18	129	235
尽管	2	6	8	13	0	13	21
总计	33	204	237	431	19	450	687

表 28：四种指称类型在总体语料中的统计分析

从属连词位置		指称类型		总计
		同指	异指	
从属连词位置	NP1 在从属连词之后	CA 型 33 （13.9%）	DA 型 431 （95.8%）	464 （67.5%）
	NP1 在从属连词之前	CB 型 204 （86.1%）	DB 型 19 （4.2%）	223 （32.5%）
总计		237 （100.0%）	450 （100.0%）	687 （100.0%）

从表28中可以看到,在主从句主题位置上的名词短语同指的237例中,NP1在从属连词之前的CB型句子有204例,占86.1%;而在异指的450例中,NP1在从属连词之后的DA型句子有431例,占95.8%。这说明,在希望表达主从句主题位置上的名词短语同指时,CB型结构是优先选用的结构;而在希望表达异指时,DA型结构是优先选用的结构。这与假设1完全相符。本书作者将统计结果用SPSS 10.0 for windows数据分析软件进行了分析,结果列于表29。分析表明,上述差异具有非常显著的统计意义。

表29：四种指称类型在总体语料中的 x^2 分析结果

Chi-Square Tests					
	Value	df	Asymp. Sig. (2—sided)	Exact Sig. (2—sided)	Exact Sig. (1—sided)
Pearson Chi-Square	474.429 (b)	1	.000		
Continuity Correction(a)	470.703	1	.000		
Likelihood Ratio	517.269	1	.000		
Fisher's Exact Test				.000	.000
N of Valid Cases	687				
a. Computed only for a 2×2 table					
b. 0 cells (.0%) have expected count less than 5. The minimum expected count is 76.93.					

表30和表31分别列出了四种指称类型在含有人称指称的语料中的分布和统计分析。结果显示,在含有人称指称的主从句中,如果意在表达主从句主题位置上的名词短语同指,那么84.0%的句子采用CB型结构;而如果意在表达两者异指,那么85.4%的句子采用DA型结构。这一结果同样完全支持本书的假设1(数据分析结果从略)。

表 30：四种指称类型在含有人称指称的语料中的分布

从属连词	指称类型						总计
	同指			异指			
	CA 型	CB 型	小计	DA 型	DB 型	小计	
因为	1	20	21	4	0	4	25
由于	6	39	45	13	1	14	59
虽然	12	38	50	18	5	23	73
尽管	0	3	3	0	0	0	3
总计	19	100	119	35	6	41	160

表 31：四种指称类型在含有人称指称的语料中的统计分析

		指称类型		总计
		同指	异指	
从属连词位置	NP1 在从属连词之后	CA 型 19 （16.0%）	DA 型 35 （85.4%）	54 （33.75%）
	NP1 在从属连词之前	CB 型 100 （84.0%）	DB 型 6 （14.6%）	106 （66.25%）
总计		119 （100.0%）	41 （100.0%）	160 （100.0%）

　　再来看不同结构中零形回指的使用情况。表 32 列出了在表达同指时，零形回指分别在 CA 和 CB 型结构中所占的百分比。从表 32 的"总计"中可以看到，在总体语料中，91.2%具有 CB 型结构的句子使用了零形回指；而使用零形回指的 CA 型句子的比例只有 57.6%。同样，在所有含有人称指称的句子中，90.0%的 CB 型句子使用了零形回指；而使用零形回指的 CA 型句子只占 52.6%。这表明，零形回指是 CB 型句子的常规回指形式。这一结果支持本书的假设 2。

表 32：零形回指在 CA 和 CB 型结构中所占的百分比

从属连词	结构类型	在总体语料中			在含有人称指称的语料中		
		同指总次数	零形回指次数	百分比	同指总次数	零形回指次数	百分比
因为	CA	1	1	100.0	1	1	100.0
	CB	29	28	96.6	20	19	95.0
由于	CA	10	6	60.0	6	4	66.7
	CB	83	81	97.6	39	37	94.9
虽然	CA	20	10	50.0	12	5	41.7
	CB	86	71	82.6	38	31	81.6
尽管	CA	2	2	100.0	0	0	
	CB	6	6	100.0	3	3	100.0
总计	CA	33	19	57.6	19	10	52.6
	CB	204	186	91.2	100	90	90.0

注："百分比"是指"零形回指次数"在"同指总次数"中所占的百分比。

　　不过,这里必须回答,为什么零形回指在 CA 型句子中出现的频率也相当高,即:在总体语料中达 57.6%,在含有人称指称的语料中达 52.6%,都超过了 50%？本书认为,这主要是受两个因素的影响。一个是本书前面提到的先行语与回指语之间的篇章间隔距离。由于主句与从句构成一个主从复合句,NP1 与 NP2 之间的距离通常都较近。另一个是主句与它前面的从句之间密切的语义联系,这一联系往往会产生 Levinson（1987b）所说的"与前一小句相同的施事/受事"效应。这两个因素相结合,便会使零形回指的使用机会增大。

　　值得注意的是,C.-T. J. Huang（1982）的形式句法理论推断,CA 型句子采用零形回指是不合语法的,他本人的例子见前面的（42d）。然而,从表 32 中可以看到,在本书的总体语料中,有 19 个含有零形回指的 CA 型句子。当然,无生命代词在汉语中用得很少,因此在需要指称一个无生命的实体时,汉语中通常要么采用名词重复的方法,要么使用零形代词。因此,在 CA 型句子中用零形回指来指称一个无生命的实体,这应该是意料中的。比如,本书的语料显示,在含有从属连词"虽然"的句子中,有一半(10 个中有 5 个)的 CA 型句子采用零形回指来指称一个无生命实体，下面是其中的一个例子：

(52) 虽然美国经济ᵢ出现放缓现象，但 Øᵢ 不会到衰退阶段。
　　（《明报》1990.1.6）

　　但是，表 32 也显示，即使在指称对象是人的情况下，仍有 10 个含有零形回指的 CA 型句子，占所有用于人称指称的 CA 型句子的 52.6%。这说明，C.-T. J. Huang（1982）对于汉语主从句中零形代词分布的句法阐释并不符合汉语的实际使用情况，至少就汉语报刊语料来说是如此。下面便是其中的四个例子：

(53) a. 虽然美国民主党议员ᵢ最近曾批评布希的国防措施，但 Øᵢ 皆赞扬他的新裁军计划。
　　　（《"中央"日报》1990.2.2）
　　b. 虽然 B 仔ᵢ 才三个星期大，但 Øᵢ 已懂得凭气味分出爸爸与妈妈。
　　　（《明报》1990.3.3）
　　c. 虽然他ᵢ有份入围，但 Øᵢ 觉获奖机会甚微。
　　　（《明报》1990.3.29）
　　d. 虽然他ᵢ即使受伤，但 Øᵢ 却一直保持神智清醒。
　　　（《信报》1990.4.12）

　　（53a）中的 NP1 是一个有定描述语"美国民主党议员"，（53b）中的 NP1 是一个专有名词"B 仔"，而（53c）和（53d）中的 NP1 是一个代词"他"。在所有含有人称指称的 10 个 CA 型句子中，7 句（70%）句子中的 NP1 是代词。本书认为，这说明可及性具有累积性。也就是说，在其他条件相同的情况下，如果一句 CA 型句子中的 NP1 是一个代词，即一个高可及性标示语的话，那么说明其指称的实体已经具有较高的可及性，因而比一个低可及性标示语（如一个有定描述语）指称的实体更有可能在其后的篇章中被一个零形代词来指称。这也与本书前面（49）中所示的观察相符。在像 C.-T. J. Huang（1982）所采用的形式句法模式中，NP1 位置上的名词短语无论是一个代词还是一个有定描述语，对 NP2 位置上的零形代词的理解都没有影响。在这两种情况下，其理论都会预测，NP2 位置上的零形代词是不合法的。

　　从上面的讨论中我们可以看到，先行语表达的主题性和回指语表达的指称对象的可及性,在很大程度上决定了汉语主从句间优先选用的指称模式,可以解释绝大多数主从句中的回指现象。但同时也必须指出,与汉语简单句和包孕句中的不同动词类型可以影响句中表达的指称关系一样,不同类型的从属连词也会影响主从句间优先选用的指称模式和表达的指称关系。在对上述四个表达因果和转折关系的典型从属连词进行调查的同时,本书利用报刊语料,对三个用于表达假设关系的从属连词"如果""假如"和"除非"也进行了调查。表33、34和35分别列出了相关的调查数据统计结果。

表 33:在表达假设关系的主从句中四种指称类型的总体分布

从属连词	指称类型						总计
	同指			异指			
	CA 型	CB 型	小计	DA 型	DB 型	小计	
如果	22	23	45	100	3	103	148
假如	3	1	4	20	0	20	24
除非	4	2	6	7	1	8	14
总计	29	26	55	127	4	131	186
百分比	52.7	47.3	100	96.9	3.1	100	

注:"百分比"是指在"同指"或"异指"两种指称类型中,"CA 型"与"CB 型"或"DA 型"与"DB 型"结构类型分别在"小计"中所占的百分比。

表 34:在含有人称指称的表达假设关系的主从句中
四种指称类型的分布

从属连词	指称类型						总计
	同指			异指			
	CA 型	CB 型	小计	DA 型	DB 型	小计	
如果	18	14	32	14	1	15	47
假如	2	0	2	4	0	4	6
除非	2	1	3	1	0	1	4
总计	22	15	37	19	1	20	57
百分比	59.5	40.5	100	95.0	5.0	100	

注:"百分比"是指在"同指"或"异指"两种指称类型中,"CA 型"与"CB 型"或"DA 型"与"DB 型"结构类型分别在"小计"中所占的百分比。

表 35：表达假设关系的主从句中零形回指在 CA 和 CB 型
结构中所占的百分比

从属连词	结构类型	在总体语料中			在含有人称指称的语料中		
		同指总次数	零形回指次数	百分比	同指总次数	零形回指次数	百分比
如果	CA	22	16	72.7	18	13	72.2
	CB	23	18	78.3	14	13	92.9
假如	CA	3	2	66.7	2	2	100.0
	CB	1	1	100.0	0	0	
除非	CA	4	2	50.0	2	1	50.0
	CB	2	2	100.0	1	1	100.0
总计	CA	29	20	69.0	22	16	72.7
	CB	26	21	80.8	15	14	93.3

注："百分比"是指"零形回指次数"在"同指总次数"中所占的百分比。

　　如果将这两个调查结果作一比较,我们会发现,在表达异指时,两个调查的结果基本一致,即表达因果和转折关系以及表达假设关系的主从句都会优先选用 DA 型结构。表 28 和 31 显示,表达异指时,在总体语料和含有人称指称的语料中,分别有 95.8% 和 85.4% 的表达因果和转折关系的主从句采用 DA 型结构。表 33 和 34 显示,在表达假设关系时,采用 DA 型结构表达异指关系的主从句,分别在总体语料和含有人称指称的语料中占 96.9% 和 95.0%。两者没有实质性的差别。

　　但是如果我们观察这两类不同的主从句用于表达同指时的情况,那么会发现两者之间具有很大的差别。表 27 和 30 显示,"因为"主从句中的指称模式几乎完全符合本书在假设 1 中的预测:在总体语料中,96.7%(=29/30)表达同指的句子采用 CB 型结构;在含有人称指称的语料中,95.2%(=20/21)的句子采用 CB 型结构。达到这样高的预测准确率是非常不容易的,因为正如 Wong (1992)的研究显示,即便在指称关系似乎非常明确的句子中,母语为汉语的成年人对句中先行语的判断也并非完全一致的。她的实验中有如下一句句子:

(54) 小华打了小强两下,Ø 便急忙走开了。

此句第二小句中的零形代词似乎只能回指"小华",而不是"小强"。然而,只有94%(而不是100%)的受试在听完此句后认为,"小华"是零形代词的先行语。

这一结果或许是可以预料的,因为在语言实际使用和理解中,回指关系的解读并非总是唯一的,而只是一种倾向性的最佳理解。而且,语言实验和实际语篇分析所研究的都是语言实际使用,从而也会受到语言使用者的一些非语言能力因素的影响,如人的记忆局限性或注意力不集中等。因此,如果有90%以上的使用实例清楚地表明某一语言使用倾向,那么这一倾向几乎完全可以视为语言使用的一种规律。正如 Brown & Yule(1983:22)所指出,语篇分析所研究的是语言的规律性(regularity),而不是绝对的规则(rule)。他们说:"语篇分析研究者和实验心理学家一样,主要对达到显著几率水平的感性认识现象感兴趣。因此,语篇中的规律是在可确定的语篇环境中以显著几率出现的语言特征。"他们认为某一语言特征在某一语篇环境中"出现的几率并不需要高达90%才能确定为一条规律"。以他们的这一观点来衡量,表达同指时,汉语"因为"主从句采用 CB 型结构这一语言特征,完全可以视为汉语篇章中的一条规律。或者更概括地说,汉语篇章中的一条规律是,具有因果或转折关系的主从句在表达同指时采用 CB 型结构,而不是 CA 型结构。

但是,这条规律似乎不适用于表达假设关系的汉语主从句。表33 和34 显示,在表达同指时,在总的语料中,只有47.3%的假设主从句采用 CB 型结构;在含有人称指称的语料中,也只有40.5%的假设主从句采用 CB 型结构。也就是说,在这一篇章环境中,CB 型结构都没有达到50%,用得还不如 CA 型结构多,与本书中假设1所预测的完全相反。其中的原因可能主要有以下几个。

首先,汉语中的从属连词并不构成一个单一的词类,与英语中的连词相比,没有一个称得上真正的连词。或许正是出于这一原因,Chao(1968:108ff.)在讨论汉语中的主从复杂句时,常常将这些词称为"所谓的从属连词"(the so-called subordinate conjunction)或"似连词的词"(conjunction-like word)。而在 Li & Thompson (1981) 的语法体系中,根本就没有单独的连词这一词类。他们认为,这些词是"前连性可移动副词"(forward-linking movable adverb),用在复句的前一分句中,其作用是明确标示前后两个分句之间的语义联系。所谓"可移动",是指这类副词的句法位置可在主语之前,也可在主语和谓语之间,有别于典型的副词。本书在讨论中虽然用了"从属连词"这一术语,但也只是为了行文的方便。

其次,汉语中不同的从属连词有着不同的语法特征。例如,从表面上来看,"因为"和"由于"表达的语义十分相近,但在能否用于引导一个后置的从属小句方面却存在很大的差异。在本书的报刊语料中,共出现457句含有"因为"的句子,其中有289例(63.2%)"因为"用于引导一个后置从属小句,其中的一例见前面的(51b);而在语料中出现的498句含有"由于"的句子中,没有一例"由于"用于引导一个后置从属小句。

另一个可能的原因是欧洲语言,特别是英语,对汉语的影响,这种影响产生所谓的"欧化汉语"。就上述主从句中的四种指称模式而言,受英语影响的汉语使用者可能会倾向于将汉语从属连词按英语连词的用法习惯来使用。也就是说,他们会倾向于采用 CA 和 DA 型结构,将句中的从属连词总是置于 NP1 之前的从句句首位置上。如果这种"欧化"倾向确实影响汉语使用者对主从句中指称模式的选用的话,那么这种倾向应该影响到所有受调查的 7 个汉语从属连词;而且我们可以推测,这种倾向在中国香港使用的汉语中应该比在内地和台湾地区使用的汉语中表现得更为明显一些,因为英语长期以来在香港用作官方语言。本书对报刊语料的分析显示,就"虽然"的使用而言,这一倾向在香港报刊使用的汉语中确实要明显一些:香港报刊使用 CA 型结构表达同指的句子占全部表达同指句子的比例为内地和台湾地区报刊的两倍。然而,分析同时也显示,其他汉语从属连词的用法却并没有呈现明显的地区差异,或许是由于语料太小而并不足以得出有意义的结论。

至于表达假设关系的主从句多用 CA 型结构的具体原因,这似乎与表示假设的从句在全句中的功能有关。表示假设的"如果""假如"和"除非"等从属连词都可以,而且经常是用于引导一个虚拟条件从句。正是由于此类连词的这一语义特点,许多表达假设关系的主从句采用 CA 型结构。要理解这一点,先让我们来看下面的两个例子:

(55) a. 如果你错过了千家驹、陈新燊、黄瑞良在《信报》发表的文章,Ø 现在有机会收集细阅了!(一则广告的开头第一句)
(《信报》1989.12.21)

   b. 目前,如果市民有志死后捐肾,他们可以签署一份捐肾书,或者把意愿写在遗嘱上,……。

(《明报》1989. 12. 19)

在像(55a)之类的句子中,从句NP1位置上的名词短语是一个第一或第二人称代词。此类代词与第三人称代词不同,通常在篇章中并不是用于回指上文提到的某个人。严格来说,此类代词所指的实体并非有定的,而只是用于类指(generic reference),即泛指可能对某种产品或做某事感兴趣的一类人。在这类句子中,虚拟条件从句的主要功能实际上是引入一个可供讨论的话题。这类句子与前面例(51c)之类的句子没有多大实质性差别,两者中的条件从句都是用于引入一个话题(关于条件从句作为话题的讨论,见 Schiffrin 1992),只不过在后者中"你(们)"或"我们"是隐含的,而在前者中则是直接明确表达出来的。从语用上来说,正如 Carson (1987:576)的研究所示,此类句子"所讨论的是关于受话者的参与",其中的条件小句用于表达"实施某一言语行为的适切条件"(felicity condition)。在本书的报刊语料中,这样的句子大多出现在广告以及论述和辩论体文章中。

例(55b)之类的句子同样具有上述特点,只不过在此类句子中,从句NP1位置上是一个光杆名词,而不是一个第一或第二人称代词。我们可以同样认为,这些光杆名词在篇章中并非用作回指,其所指对象也并非有定的,而是用于泛指可能对做某事感兴趣或想做某事的一类人。整个条件从句的功能也是引入一个话题,大致相当于说,"如果你对这一话题感兴趣,那么可以读一下下面的这段文字"。这是条件从句的一个特殊功能。在本书的报刊语料中,大多数含有"如果""假如"和"除非"这三个从属连词并采用 CA 型结构的句子,其中的条件从句用于表达这一功能。

9.5　并列句中的回指

并列句由两个或两个以上的小句组成,每个小句可以独立成为一个完整的句子。因此,与包孕句中的母句与子句之间的关系以及主从句中的主句与从句之间的关系相比,并列句中各分句之间的关系从句法和语义上来说都是最弱的。但是,在不同的并列句中,分句之间的语义联系也有紧有松,因而我们可以提出如下一个理解并列句中各分句之间表达的回指关系的一般预测：并列句中各分句之间的语义联系越紧密，在与篇章回指确认原则共同决定句中的回指关系时，本章前面(1b)中所说的"语义一致性"因素所产生的影响越大。

实际上，从可及性理论的角度来说，(1b)中所说的"语义一致性"与第四章4.1.3节中讨论的影响指称对象可及性四因素之一的"一致性"在本质上是相同的。两者之间的主要区别在于：前者主要运用于同一句子的两个小句中，所产生的效应是，两个小句在语义上的联系越紧密，第一小句中表达的相关语义关系(如动作者与动作的关系)越有可能在第二小句中保持不变；后者可以运用于同一句子的两个小句中，也可以运用于同段内的两个句子或同一篇章的两个段落中，所产生的效应是，两个语言单位之间的联系越紧密，第一个语言单位中先行语表达的篇章实体对第二个语言单位中的回指语来说可及性越高。就并列句中的回指而言，前者产生 Levinson (1987b：115)所说的"与前一小句相同的施事/受事"效应；而后者则预测，两个小句之间的一致性越高，第一小句中提及的篇章实体对第二小句中的回指语来说可及性越高。两者的理论基础和解释力基本相同。让我们来看第七章中的一个例子：

(56) a. 老丈人存心教育他，

　　 b. Ø 就借给他一船谷子。

　　 (《种田全靠功夫深》)

从"语义一致性"的角度来说，上例中的(a)和(b)两个小句在语义上的联系非常紧密，产生后一小句"与前一小句相同的施事/受事"效应。因此(b)中的"Ø"和"他"分别指称(a)中的"老丈人"和"他"。而从可及性理论和篇章回指确认原则的角度来说，两小句之间的高度一致性使得句(a)的主题"老丈人"成为理解句(b)时的高可及性指称对象，即成为理解句(b)时的期待主题。因而，句(b)中的高可及性标示语"Ø"指称句(a)中的"老丈人"，而句(b)中的中可及性标示语"他"则指称句(a)中"他"表达的期待副主题。

在汉语中，并列句中各分句之间的密切语义联系，可以通过在句中增加一些表示前后动作紧接着发生的副词，如"便"和"就"，来清楚地表达出来。这些副词后面有时还可以进一步加上一些表示前后动作发生的间隔时间极短或几乎无间隔时间的副词，如"立即""马上""急忙"等。试比较下列两个例子,其中的(57a)与上面的例(54)相同。

(57) a. 小华打了小强两下,Ø 便急忙走开了。

　　 b. 小华打了小强两下,Ø 走开了。

在上面的两个并列句中,句(57a)含有明确表达句中两分句之间密切语义联系的副词"便"和"急忙",而句(57b)中则没有。用本书的篇章回指理解模式来分析,(57a)和(57b)两句中的"小华"都是第一小句的主题。在篇章理解过程中,当处理到第二小句的零形代词"Ø"时,"小华"这一篇章实体便成了理解第二小句的期待主题。(57a)和(57b)中的两个小句构成一个并列句,这一事实本身表明,两个小句之间有着密切的语义联系。因此,我们可以预测,两句中第二小句主语/主题位置上的零形代词所指称的应该是第一小句主语/主题位置上"小华"所表达的期待主题。并且,第二小句的主语/主题位置上通常会优先选用一个零形代词,而不是一个(有形)代词,来表达这种同指关系。也就是说,在这样的并列句中,如果作者希望表示两个分句的主题维持不变,那么所采用的常规回指模式是零形回指,而不是代词回指。

由于在(57a)中具有表示前后动作紧接着发生的副词,句中两小句之间的语义联系更为紧密,所以可以进一步预测,零形回指在(57a)之类的并列句中,会比在(57b)之类的没有此类副词的并列句中用得更多。

为了验证上述两个有关并列句中回指模式选用的具体预测,本书对民间故事语料中的上述两类并列句所采用的回指模式进行了统计分析。下面的表36列出了在本书分析的18篇民间故事中,并列句的分句之间采用的零形回指和代词回指的分布情况。

表 36：零形回指和代词回指在并列句中的分布

回指模式	出现的次数与百分比	
	在所有并列句中	在含有"便"和"就"的并列句中
零形回指	308（93.6%）	33（100%）
代词回指	21（6.4%）	0（0%）
总计	**329（100%）**	**33（100%）**

表36显示,当作者意在使并列句中两个分句的主语/主题位置上的

名词短语同指时,所采用的常规回指模式确实是零形回指,因为93.6%的回指关系是采用零形回指来表达的。这一结果也许在一定程度上受本书所分析的特定语料的影响,因为民间故事语料中的小句大多比较短,结构也比较简单。而在报刊语料中,零形回指出现的百分比可能会低一些,因为新闻报道体文章中的句子要相对长一些,结构也较复杂一些,从而并列句中相邻两分句主语/主题位置上的名词短语之间的间隔距离也要相对长一些,致使采用代词回指的机会可能会高一些。但是毫无疑问,表36的结果说明,至少在像民间故事这样的叙述体篇章中,零形回指是并列句的分句间采用的常规回指模式。

表36同时还显示,在含有表示前后动作紧接着发生的副词的并列句中,由于两分句之间的语义联系更为紧密,零形回指的使用率进一步提高:在我们有限的语料中,所有36例含有"便"和"就"的并列句全部采用零形回指来表达分句间的回指。而本书的语料分析显示,如果并列句中不含有"便"和"就",那么有时也有可能使用代词回指,如见下面两个例子:

(58) a. 木匠又累又饿,

    b. <u>他</u>坐下来,……

    (《百鸟床》)

(59) a. 明子还养着一只小黄鸟,

    b. <u>他</u>待小黄鸟就像亲兄弟一样疼爱。

    (《三根金头发》)

通过考察篇章回指确认原则与语义一致性因素之间的相互作用,我们可以作出的另一个关于并列句中两分句之间指称关系的预测是:如果两个分句之间具有较紧密的语义联系,那么第二分句主语/主题位置上的代词只能与第一分句主语/主题位置上的名词短语同指;而如果两分句之间的语义联系较为松散,那么在句中没有会对指称关系的理解造成影响的其他语义和语用因素的情况下,第二分句主语/主题位置上的代词也有可能选用第一分句的宾语作为其先行语,虽然第一分句的主语/主题仍是其首选先行语。试比较下面两个例子:

(60) a. 小华$_i$打了小强$_j$两下,他$_{i/*j/*k}$<u>便急忙走开了</u>。

    b. 小华$_i$打了小强$_j$两下,他$_{i/j/k}$<u>走开了</u>。

在(60a)中,由于含有副词"便"和"急忙",所以句中两分句之间的语义联系要比(60b)中两分句之间的联系更为紧密,从而在理解(60a)中的第二小句时,语义一致性这一因素产生一种强烈的"与前一小句相同的动作者与动作关系"的效应,迫使我们将第二小句主语/主题位置上的"他"表达的动作者理解为与第一小句主语/主题位置上"小华"表达的动作者同指;而在(60b)中,虽然"他"与"小华"之间的同指关系仍是首选的回指理解,但此句中的"他"也有可能理解为与第一小句的宾语"小强"同指,甚至与篇章上文提及的第三者同指,因为句中两分句之间的语义联系较弱。当然,在这种情况下,句中所表达的其他语义和语用信息会使我们倾向于作出某一特定的理解。例如,在下面的两句中:

(61) a. 小华$_i$打了小强$_j$两下,他$_{*i/j/*k}$没有<u>还手</u>。
　　 b. 小华$_i$打了小强$_j$两下,他$_{i/*j/k}$还感到不<u>解恨</u>。

(61a)中的代词"他"通常只能理解为与"小强"而不是与"小华"同指,因为语义和语用知识告诉我们,所谓"还手",是指被打的人作出的反击,其动作者只能是先前被打的那个人;而在(61b)中,代词"他"通常只能理解为与"小华"或另一个第三者同指,而不是与"小强"同指,因为语用知识告诉我们,打某个人,或者叫其他人打某个人,是向那个人报复和出气解恨的一种方法,被别人打则不是。

下面是并列句中所含的其他语义信息会影响指称理解的两个例子:

(62) a. 小华$_i$打了小强$_j$两下,他$_{i/*j}$还了<u>小明</u>两下。
　　 b. 小华$_i$打了小强$_j$两下,<u>而</u>他$_{*i/j}$<u>则</u>打了小明两下。

(62a)中的副词"还"表示前一动作的动作者又做了另外一个动作,因此"他"通常只能与"小华"同指,而不能与"小强"同指;(62b)中有一个表示转折的连词"而"和副词"则",表示对比,因此句中的"他"通常只能理解为与"小强"同指,而不是与"小华"同指。而且,(62a)中的"他"必须弱读,以示主题维持;而(62b)中的"他"则必须重读,以示主题转换。从可及性理论的角度来说,如果将语音因素也考虑进去的话,那么我们可以认为,主语/主题位置上的非重读代词是个高可及性标示语,而同一句法位置上的重读代词则是个中可及性标示语,所标示的可及性比非重读代词低。重读和非重读代词在可及性标示方面的这一差别是由第四章 4.2.3 节中讨论的可及性标示语的编码原则决定的。这进一步解释了为什么

（62a）中的非重读代词"他"与具有高可及性的期待主题"小华"同指，而（62b）中的重读代词"他"与可及性较低的期待副主题"小强"同指。

9.6 小结

本章讨论了本书提出的一套以主题性和可及性为理论基础的篇章回指确认原则在解释句内回指中的作用。研究表明，这一原则在结合考虑了句内回指所受到的其他句法、语义和语用制约因素之后，同样能够解释第八章中提及的一些主要的句法和语用理论所致力于解决的一些句内指称问题。而且，本书提出的理论模式和以篇章为本、以语料分析为基础的研究方法能够对以句子为基础的句法和语用研究很少涉及的汉语包孕句、主从句和并列句中的回指问题提供一些初步的回答，对自然篇章中一些惯用句内指称模式及其首选回指理解作出解释。

本章指出，在理解包孕句中母句主语与子句主语之间的指称关系时，有必要将 C.-T. J. Huang 的"说"之类的动词或 M.-D. Li 的 D 类动词进一步细分为两类：一类是表示消息来源的动词，另一类是表示看法或观点来源的动词。如果包孕句中的母句动词是一个表示消息来源的动词，那么子句主语位置上的代词或零形代词的首选理解是与母句主语同指；而如果母句动词是一个表示看法或观点来源的动词，那么子句主语的首选理解是与母句主语异指。在反身代词"自己"可以有长距约束的包孕句中，"自己"的指称对象首先必须是一个篇章主题，其次必须具有高可及性。

本章还指出，在汉语主从句中，采用什么样的指称模式在很大程度上取决于整个主从句是否有一个显著的主题。从句子的主述题结构上来说，一个位于从属连词之前的名词短语是整个主从句的一个显著主题，而一个位于从属连词之后的名词短语只是从句的主题。由此可以推断，在其他所有条件相同的情况下，如果意在表达主从句主题位置上的名词短语同指，那么 CB 型结构是首选结构，而且零形回指是 CB 型结构的常规回指模式；而如果意在表达异指，那么 DA 型结构是首选结构。本书的语料分析支持这一理论推断。

汉语并列句中指称模式的选用和理解则在很大程度上取决于分句之间的语义联系，这一联系在可及性理论中体现为分句之间在所表达的观点或叙述的事物等方面的一致性。当句中含有一些表示前后动作紧接着发生的副词时,分句之间的语义联系更加紧密,因而在这样的并列句中,几乎总是采用零形回指的方式来表达分句主题之间的回指关系。

注释:

[1] 这里所说的"简单句"与大多数语法著作(如黎锦熙、刘世儒1987;林裕文1987;张志公主编1981;黄伯荣、廖序东主编1991;胡裕树主编1995)所说的"单句"不完全相同,是指只含有一个小句(即一个主谓结构)的句子。而通常所说的"单句"可以包括下面所说的"包孕句"。

[2] 这里的"并列句"和"主从句"分别大致相当于通常所说的"联合复句"和"偏正复句",但又不完全相同。这是因为,"复句"是相对于"单句"而言的,是单句的复合;而"合成句"则是相对于"简单句"而言的,是简单句的合成。

[3] 必要时,可把包孕句中的包孕和被包孕(或称"内嵌")小句分别称为"母句"和"子句",以便与主从句中的主句和从句相区别;并将并列句中的各小句称为"分句"。

[4] 这里假定,光杆名词短语"铁匠"是指(篇章上文中提到的)某一个具体的人,因此将其视为一个有定描述语。当然,作为一个孤立的句子,句中的"铁匠"也可以指任何以铁匠作为职业的人,因而可以是类指(generic reference)。

[5] L. J. Xu & Langendoen (1985)据此提出了一个汉语主题结构的合式性条件(well-formedness condition),来解释(3b)之类的句子的不合语法性。该条件规定,在汉语主题结构中,述题中的一个成分或整个述题必须与主题有联系。

[6] 然而,C.-T. J. Huang (1989: 202)认为,这些动词的补语小句可以是定式的,也可以是非定式的。或许他的表述更为确切一些。本书在下面的讨论中,将只讨论此类动词以无可置疑的定式小句作为补语的情况。

[7] 其原因较为复杂。由于这不是本书所主要关注的,所以不在此展开。关于C.-T. J. Huang 自己的从构型(configuration)角度所作的解释,见 C.-T. J. Huang (1989: 202–204)。

[8] 当然,像这样的表述总是需要附加一条在语言功能研究中常用的防止误解说明,即"在其他条件都相等的情况下"。这是因为,正如屈承熹教授(个人交流)所指出,子句中表达的内容也有可能使听话者/读者倾向于作出同指的理解,如见下例:
　　(i) 小明$_i$认为/相信 Ø$_{i/j}$应该下个月结婚。
此句的子句中添加了一个情态动词"应该",因此在没有上下文的情况下,子句主语位置上的零形代词大多会被理解为与母句主语"小明"同指(当然也可以异指)。这是因为,情态动词"应该"表达某种责任或必要性,由于句中没有提到任何其他需要承担这一责任的人,因此此句便很容易被理解为表达小明对自己是否下个月应该结婚的一种判断。

［9］ 当然,当子句主语是专有名词或有定描述语时,本书的报刊语料中还有更多母句主语与子句主语异指的实例。由于这些低可及性标示语必须与其母句主语异指,所以这些实例并没有包括在表 25 的统计数据中。

［10］ 除非"自己"纯粹是一个受约变量。此时,其指称对象并不一定必须是一个篇章主题,例如:

> （i）任何人$_i$都不应该看不起自己$_i$。

［11］ 当然,这里仅指那些位于句首的状语从句。

［12］ 或者更确切地说,实际上是用作 Halliday 所说的"概念主位"和"述位"。

［13］ 一些研究者认为,这样的句子不合语法,理由是:"由于"是偏正复句中引导原因从句的连词,而原因从句只能充当句子的状语,不能作主语,因此这类句子存在着主句主语残缺的毛病。但是,这种句型在报刊上大量出现。关于对这类句子的试探性分析,见许余龙、陈瑞端（2002）。

［14］ 在黄正德（1983）中,c-command 译为"成分统制",为了本书术语统一起见,这里全部改为"c-统领"。

［15］ 许多研究者似乎认为,像（42a）这样的句子中,第一个小句的主题也是整个句子（即整个主题链）的主题,因此这里没有零形代词。本书在对民间故事语料的统计分析中,这些位置上的零形代词也没有统计进去,因为本书的研究重点是篇章回指,以免过多增加纯粹用于句内指称的零形代词。然而,就句内指称而言,似乎至少有三个理由可以将句（42a）分析为（43a）。首先,以这种方式分析可以更清楚显示 S_2 和 S_3 之间的结构对称。其次,只有以这种方法分析,句（42a）和（42d）之间的句子结构区别才能显现出来。最后,我们可以认为,甚至在像以下（ia）这样的简单句中,如果"张三"后有一个停顿,句中也可以出现一个用作复指的零形代词或词汇代词（见（ib）和（ic）),特别是用于需要将"张三"明确标记为主题的语境中。既然如此,在像（42a）这样的主从句中,我们或许也有理由认为,在从属连词后面可以有一个用作复指的零形代词。

> （i）a. 张三昨天去过图书馆。
>
> b. 张三$_i$（嘛）,昨天 Ø$_i$ 去过图书馆。
>
> c. 张三$_i$（嘛）,昨天他$_i$ 去过图书馆。

［16］ Ariel（1990：28-29）列出的另外两个因素是竞争度和一致性。但是正如她本人所指出（p. 28）,显著性较高的名词短语具有较高的成为先行语的竞争度,因此我们可以认为显著性这一因素涵盖了竞争度,因而可以不单独考虑竞争度这一因素。一致性则是指先行语是否与回指语同处于一个相同的认知心理框架/世界/观点/篇章片段或段落。在书面语篇章中,这一概念有时与篇章间隔距离相联系。而且本书这里讨论的是主从句中的回指现象,主句与从句之间都具有密切的语义联系,一致性因素的影响不大,因而在此也不单独考虑。

第十章

结　论

10.1　总结

　　篇章回指是篇章中两个指称词语(即回指语和先行语)之间的同指关系。从字面上来说,篇章回指理解的任务是为篇章中每一个回指语确定一个先行语;从篇章理解的认知心理过程来说,篇章回指确认所要解决的问题是,在篇章处理过程中每遇到一个回指语,都可以成功地从大脑的篇章心理表征中搜寻和提取出某个恰当的、篇章上文提及的实体,将其确定为回指语的指称对象。

　　本书的基本观点是,篇章中指称词语内在的形态和语义特征、句法功能以及篇章语义和语用功能,为篇章回指理解提供了最重要的基本信息,构成了回指理解的最重要的语言提示。其中,与先行语相联系并由先行语表达的信息是指称对象的主题性,与回指语相联系并由回指语表达的信息是指称对象的可及性。本书研究了如何根据篇章中提供的这两类语言提示,来理解汉语自然篇章中表达的回指关系,并提出了一个动态的、具有可操作性的、可验证的功能语用模式,用于阐释汉语篇章中第三人称回指的理解。

　　这一模式由两大基本要素构成。其一是一套建立在明确定义的概念(包括主题、副主题、期待主题、期待副主题、期待主题堆栈等)基础上的、具有可操作性的机制,用于识别、跟踪和更新那些在篇章处理的某一刻对回指理解最为相关的篇章实体,确定篇章中潜在先行语表达的不同篇章实体在此刻的主题性;其二是一个以指称词语的内在形式语义特征及其句法和篇章功能为基础的回指语分类体系,将回指语分为高可及性标示语、中可及性标示语和低可及性标示语三大类型,用于确定回指语表达的指称对象的可及性。

这两大要素之间的相互作用,便构成了本书提出的篇章回指确认原则的基本工作原理;篇章回指确认原则所作出的回指判断,也正是这两大要素相互作用的结果。根据这两大要素之间的相互作用,本书提出了如下的主要理论假设:在篇章理解的某一刻,1)篇章中使用的一个高可及性标示语提示,其指称对象是篇章的当前主题或期待主题;2)篇章中使用的一个中可及性标示语提示,其指称对象是篇章中刚被取代的主题(即主题堆栈中的第一期待主题)或期待副主题;3)篇章中使用的一个低可及性标示语提示,其指称对象是篇章中一个被取代已久的主题(即主题堆栈下层的一个期待主题),表示主题转换。

本书利用自建的民间故事语料数据库,并辅以报刊语料,对上述理论假设进行了验证。结果显示,本书提出的以表层语言提示为基础的篇章回指确认原则,可以满意地解释语料中出现的绝大多数指称词语表达的回指关系。而且,在加上语义和语用相容性核查之后,除了一例零形代词之外,所有指称词语的篇章回指都可以获得正确的确认。

本书还利用民间故事语料和报刊语料,讨论了本书提出的篇章回指确认原则在解释句内回指时的作用。研究表明,这一原则在结合考虑了句内回指所受到的其他句法、语义和语用制约因素之后,同样可以解释一些主要的句法和语用理论所致力于解决的一些句内指称问题。而且,本书的理论模式和以篇章为本、以语料分析为基础的研究方法能够对以句子为基础的句法和语用研究很少涉及的汉语包孕句、主从句和并列句中的一些回指问题提供初步的回答,对自然篇章中一些句内惯用指称模式及其首选回指理解作出解释。

本书提出的篇章回指理解模式是一个功能主义语言学模式,因为其立论基础是 Halliday 的宏观功能语法理论框架。具体来说,本书将Halliday 功能语法中实现篇章功能的两大语言要素(即小句内部结构和句间语义关系)视为篇章提供的可以作为回指理解依据的主要语言提示。小句内部结构,特别是小句的主述位结构,是明确识别小句主题的主要依据;而由篇章中使用的指称词语所建立的句间语义关系,不仅使篇章产生Halliday & Hasan(1976)所说的指称照应粘连和词汇粘连,而且也为读者提供了如何建立这种粘连关系的具体语言提示。在吸收运用了 Ariel(1990)提出的可及性理论的基础上,本书认为,指称词语不仅是篇章中的粘连项目,为篇章提供粘连,而且还标示了其指称对象的可及性,为读者在理解指称词语时,提示了从篇章心理表征中提取所指称实体的相对难易程度。然而与 Ariel 不同的是,本书指出,在将指称词语作为可及性标示语分类时,不能像 Ariel 那样仅仅根据指称词语内在的形式和语义特征,而且有必要考虑它们的句法和篇章功能。在研究了不同类型的可及性标示语及其在汉语中的编码后,本书认为:总的来说,汉语篇章中的零形代词、反身代词和单独使用的指示词是高可及性标示语;主语/主题位置上或主语/主题的修饰语位置上的代词和指示短语也是高可及性标示语,但其他句法位置上的代词和指示词语是中可及性标示语;专有名词和有定描述语则是低可及性标示语。

　　本书提出的篇章回指理解模式也是一个语用学模式。这是因为,语用学所研究的是"人们在说话或写作时影响他们选用语言形式的因素"(Crystal 1985:243),"语言使用及其与语言结构和话语环境之间的关系"(Akmajian et al. 1995:558),以及"说话者意在表达的意义"(Yule 1996:127)。综合上述三个定义,我们或许可以认为,语用学研究的是在特定的语境中语言形式的选用及其意在表达的意义。从研究的目的上来说,本书所研究的正是在特定的篇章环境中惯用的指称形式及其意在表达的回指关系;从研究方法上来说,本书中的篇章回指理解模式是在对民间故事语料中出现的所有篇章主题管理情况和回指实例进行了穷尽性篇章分析的基础上建立起来的。正如 Brown & Yule(1983:27)所指出:"篇章分析者必然是采用语用学的方法研究使用中的语言。"

　　具体来说,正如本书第二章中所指出,回指确认是一个以关联为导向的推理过程。根据语用学中的关联理论,本书假定,正是由于作者在使用一个特定的指称词语时,使读者产生一种期望,即在这一语境中所使用的这一指称词语与该词语意在表达的指称具有最佳关联性,所以读者在理解该指称词语时,能够保证以最小的认知努力来获取足够的语境效果。因而,本书提出的篇章回指确认原则的基本运作原理实际上是关联语用原则:如果篇章中遇到了一个高可及性标示语,那么读者在理解这一标示语时无需作出额外的努力,只要选择最为可及的当前主题或期待主题作为其指称对象,便可以获得足够的语境效果,即篇章回指得以确认;而如果遇到一个低可及性标示语,那么则有必要在期待主题堆栈中进行搜索,因为额外的努力可以提取一个可及性低的指称对象,获取额外的语境效果,比如从而知道篇章中发生了主题转换。当然,关联理论本身只是一个抽象的关于人类交际的一般认知推理理论，因此要将其运用于解释自然篇章中实际表达的回指关系，还需要用回指理解的语言学理论来加以充实。本书的研究便是以建立这样的一种理论为目标的。

同时，本书提出的篇章回指理解模式也是一个认知语言学的模式。戴浩一（1994：vii）在谈到功能主义时指出，各种不同的功能观点"可以大致归为三个层次的功能主义，即结构功能主义、语用功能主义，以及认知功能主义"。本书所说的"功能"以及所采用的功能主义观点和分析方法，跨越了所有这三个层次上的功能主义，其认知功能主义的倾向尤为突出。本书将篇章回指确认作为整个篇章处理认知过程中的一项任务来研究，所采用的两个核心概念，即主题性和可及性，也是从认知的角度定义的。而且，关联语用原则，这一篇章回指确认原则运作的理论基础，也是一项认知语用学的原则。

然而，从认知语言学的角度来说，本书提出的回指理解理论模式，与Ariel（1994：3）的"语言学的、认知的"回指阐释方法和van Hoek（1997）的以Langacker（1987，1991）的认知语法为框架的回指规约（anaphora constraint）理论相比，有较大的差别（关于对这两个认知回指理论的简介和评论，见许余龙2002a）。Gundel（1996：51）在评论Ariel的回指理解的可及性理论时指出，可及性理论主要只是致力于对指称词语进行可及性标示语方面的分类，而并未能解释听话者是如何得到说话者所期望的对指称词语的理解的。她得出结论认为，我们需要两类关于回指理解的理论：一类用于阐释语言表达式的形式是如何制约其可能的理解的；另一类是关于话语理解的更一般性的理论，用于阐释人们是如何在一组可能的理解中选择说话者所期望得到的理解的（转引自Jaszczolt 2001：15）。Ariel的回指理解可及性理论和van Hoek的回指规约理论主要属于第一类的理论，而本书提出的回指确认理论模式则是在第一类理论的基础上，致力于对第二类理论的探索。本书的研究重点是探讨篇章回指理解的机制及其运作过程，因而或许也可以称之为Lamb（1999）所说的一种"神经认知语言学"研究。

10.2 不足之处和进一步研究方向

篇章回指是一种复杂的语言现象,本书只是从篇章理解的角度,探讨了如何利用篇章本身提供的、易于作客观明确分析的表层语言提示,来解读篇章中表达的回指关系。毫无疑问,这种探讨是初步的,其结论也存在不少局限性。本书的局限性主要表现在研究语料、研究内容以及研究方法与目标这三大方面。

首先,本书只是对民间故事语料和报刊语料进行了分析,所得出的结论也主要是基于对这两类语料的研究。而且,由于这两类语料的特点不同,对这两类语料的分析也是不平衡的。对民间故事语料中的主题管理方式和规律,以及所出现的全部回指实例,本书作了穷尽性的分析;而对报刊语料,只是选取了相关的指称词语、句法结构类型和指称模式进行穷尽性分析。对篇章回指现象的研究,本书以民间故事语料分析为主、报刊语料分析为辅,因而在验证篇章回指确认原则对篇章回指的解释力后所得出的结论,主要仅适用于像民间故事这样的句子较短、结构较简单的汉语叙述体篇章。再加上本书所分析的民间故事语料本身很小,所以要检验这一篇章回指确认原则对解释其他汉语叙述体篇章中的回指现象是否有效,以及是否能将这一回指理论模式应用于解释其他语言中的回指现象,仍需作大量的实证研究(关于将这一模式应用于英语民间故事的研究,见 Zhou 2002)。至于这一篇章回指确认原则是否能适用于解释其他文体(如描述体、说明体、辩论体等)篇章中的回指现象,则更需要进一步研究。对篇章中句内回指现象的研究也是如此。

本书所分析的语料,以及由此而得出的结论的有效性,还局限于汉语书面篇章。口语(特别是会话)语篇中的回指使用和理解有着与书面篇章不同的特点,要更多地受到交际的目的、交际的内容、交际的结构、交际双方的相对社会地位与关系等一系列因素的影响。为了避免书面体与口语体的混杂,本书在分析民间故事语料时,一律将故事中出现的对话略去,不作分析。总的来说,本书提出的以主题性和可及性为基础的篇章回指理解模式,其基本原理同样也适用于分析口语语篇。但是,会话语篇中主题维持和转换由会话双方共同控制,而不是像书面篇章那样由作者一个人控制，因此要更为复杂，有其不同的特点与规律。而且，第三者如要理解会话语篇中所提及实体的可及性，需要同时推断这一实体在会话双方头脑的心理表征中的可及性，并且需要将会话双方心理表征中的可及性，与自己在理解语篇过程中建立起来的心理表征中的可及性进行核对，这样才能理解为什么在会话中会出现指称误解、指称词语误用和指称修正等现象，而不是像书面篇章那样，在篇章处理过程中，读者通常只需根据自己头脑中建立的篇章心理表征就能确定篇章实体的可及性。所以，要确定会话语篇中语篇实体的可及性也要更为复杂。

因此，要将本书提出的篇章回指理解模式运用于分析口语语篇，至少需要对口语语篇中语篇实体的主题性和指称对象的可及性及其语言编码另行研究和确定。显然，在这一领域还有许多研究可以做。口语和书面语篇在回指使用和理解方面的差异，以及不同语言之间的差异，也值得进一步探讨。这些方面的研究已经有 Fox（1984，1987）、Wilson & Zeitlyn（1995）、Downing（1996）、ScheGloff（1996）、Shokouhi（2000）、Botley & McEntry（1999）、Bard（2000）等。正是由于会话语篇中语篇实体的可及性在会话双方心理表征中有时会不一致，因而会产生会话语篇中的一种特殊回指现象，即指称误解、指称词语误用和指称修正。Geluykens（1994）和马文（2002，2003）等对这一现象进行了考察。

其次，本书只是研究了狭义的回指，即篇章中的两个名词短语指称同一实体这一现象。Reinhart（1999：20）指出，这是回指这一术语在理论语言学中最常用的用法。此类回指也是叙述体篇章中最常见、最典型的回指。但是在其他文体的篇章中出现的回指可能会具有不同的特点。下面是廖秋忠（1984）所举的一个过程描述体篇章中的回指例子（转引自宋柔1992：184）：

(1)（家常点心——广东点心猪肠粉的制作法）
　　在搪瓷茶盘或铝盘中擦遍生油，
　　将米浆（五两）倒入盆内，
　　　　Ø 撒上开洋、葱，
　　　　Ø 上笼放在沸水锅上用旺火蒸三分钟。
　　　　Ø 出笼冷却后倒在工作台上，
　　　　Ø 卷成条形，
　　　　Ø 用剪刀剪成段，

　　Ø 装在碗内，

　　Ø 撒上白芝麻，

　　Ø 加猪油、麻油、鲜酱油拌和即可。

　　Ø 形同猪肠，

　　Ø 吃口滑爽，

　　Ø 是广东夏令特色点心。

　　在此例中，第二小句中的"米浆"和其后 11 个小句中的"Ø"所指称的既是同一实体，但又不完全（或仅仅）是同一实体，因为在这个家常点心的制作过程中，米浆逐渐变成了猪肠粉，其语义属性不断丰富，以致最后改变。此类名词短语回指显然比我们所研究的要更为复杂，并有其自身的特点，需要进一步研究。

　　名词短语回指中还有一类特殊的回指，其特点是回指语在语篇中没有明确的显性先行语，其指称对象是上文某个词语中所蕴含的一个实体，如见下面的两个例子（引自 Garnham 2001：Chap. 8）：

　　(2) a. They had a feature on violent youngsters, attributing it to drink.

　　　　　（他们发表了一篇关于暴力青年的特写，将其归因于酗酒。）

　　　　b. John bled so much it soaked through his bandage and stained his shirt.

　　　　　（约翰流血很多，Ø渗透了绷带，染红了衬衣。）

　　　　c. When little Johnny threw up, was there any pencil-eraser in it?

　　　　　（小约翰尼呕吐时，Ø里面是否有橡皮擦?）

　　在句(a)中，代词 it（它）指的是 violence（暴力），但语篇上文并没有直接出现 violence 一词，只是在名词短语 violent youngsters（暴力青年）中含有 violent（暴力的）这一形容词。句(b)中的代词 it 指的是约翰伤口流出的血，同样，其先行语 blood（血）也没有在语篇上文中直接出现，而只是蕴含在动词 bled（流血，bleed 的过去时）的词义中，因为 bleed 的定义是"to lose blood"。在句(c)中，代词 it 指的是小约翰尼的呕吐物（vomit）。如果说在句(a)和(b)中，it 的先行语 violence 和 blood 与语篇前面出现的 violent 和 bled 在形态上还有联系的话，那么句(c)中 it 的先行语在语篇上文中连与其有形态联系的词语都没有，只有与其有语义联系的 threw up（呕吐，throw up 的过去时，vomit 的俗称）这一动词词组。Cornish（1996）将这些句子中出现的 violent youngsters、bled 和 threw up 之类的词语称为

"先行语的引发语"（antecedent trigger），因为它们引发了一个先行语，使听话者/读者在语篇处理过程中，可以在语篇的心理表征中建立一个语篇实体，作为回指语的指称对象。由于 Postal（1969）原先认为，代词不能指称一个词语中所包含的某一部分意义，这些词语又称为代词的"回指岛"（anaphoric island）[1]。

句子合语法性判断的实验表明（见 Garnham 2001：118），含有此类回指的句子的合语法性要比含有常规回指（即有明确先行语的回指）的句子低，判断所花的时间也要长一些。对如何理解此类回指的研究还很少（秦洪武（2001）将此类回指视为"深层回指"（deep anaphora）中的一种）。从语篇理解的角度来说，我们需要研究的问题是：回指语表达的指称意义是如何获得的？回指语所指称的"回指岛"中蕴含的某个实体是在处理"回指岛"词语时就在语篇的心理表征中建立起来的，还是在处理到回指语时才临时加进去的？汉语中有没有这类回指？如果有的话，其表现形式与英语有什么不同？

最后，本书的研究方法和目标是采用篇章分析的方法来研究回指，因而与语篇分析一样（见 Brown & Yule 1983：22），本书所研究的是语言的规律性（regularity），而不是绝对的规则（rule）。本书进一步假定，自然篇章的理解主要是采用线性处理（linear processing）的模式进行的，因而本书研究的重点主要局限于篇章中对回指理解产生重大影响的局部表层语言提示，而且主要是指称词语的形式和语义特征及其句法和篇章功能[2]。本书的目标是提出一个篇章回指理解机制，该机制能尽可能主要根据这些局部表层语言提示，在线（online）实时（real-time）地处理自然篇章中遇到的指称词语，确定它们表达的回指关系，而这种回指理解方式是我们在实际篇章阅读中所通常采用的方式。而且，由于这种回指理解方式主要依赖的是容易作客观明确分析的局部表层语言提示，因而也较容易编写为计算机程序，用于研究自然汉语篇章的机器理解和机器翻译。

正是由于如此，对于如何理解篇章或其中某一部分的层级结构（hierarchical structure），以及如何将与回指理解相关的层级结构信息结合到上述以线性处理为主的篇章回指理解机制中去，本书未作进一步探讨。正如本书在第七章 7.1.4 节中所指出，要理解像例（19h）中宾语位置上的零形代词之类的指称词语，篇章（片段）的层级语义结构信息可以起到重要作用。虽然一些现有的理论和研究框架，如 Mann & Thompson（1988）

的"言辞结构理论"（Rhetorical Structure Theory）和 Shen（1988）的"X-杠
故事语法"（X-bar Story Grammar），可以用于分析篇章层级结构，Chen
（1986）也已经采用言辞结构理论对汉语叙述体语篇中的指称现象进行了
研究，但是他的研究主要是从语篇产生的角度出发的，因此如何将此类研
究成果结合到一个从语篇理解的角度出发、具有可操作性、可验证的动态
回指确认模式中去，仍需要进一步研究。

本书采用的线性处理模式，也使书中提出的回指确认原则主要局限
于解释那些 Kantor（1977）所说的"体谅读者的"（considerate）篇章（即清
楚明白、遵循 Grice（1975）的方式准则的篇章）中的回指现象。对于此类
篇章中表达的回指，本书的目标是可以实现在线实时处理，即可以做到句
子处理完，句中回指语的指称就能确定。但有些篇章似乎并不那么"体谅
读者"，如见下面一篇报刊特写文章中的开头三段：

（3）　　　　　彭德怀施计斩劝降客——创建中央苏区秘闻
　　　　　　　　　　蒋介石委任"宣抚使"
　　　第二次对红军的"围剿"又遭惨败，蒋介石仍不甘心。他一方面加紧
　　组织对红军的第三次"围剿"，一方面在政治上对红军内部分化瓦解。一
　　九三一年六月，他在南昌设立"宣抚使署"，委派黄汉湘为"宣抚使"。国
　　民党各大报都登载了这一消息。
　　　蒋介石要"宣抚"谁呢？当然是红军第三军军长黄公略。
　　　（a）原来，黄公略生于湖南湘乡一个富豪之家。（b）黄汉湘为其堂叔
　　父，是一位政客。（c）他有个同父异母的兄长叫黄梅庄，比黄公略大廿多
　　岁。（d）黄公略的母亲原为黄家丫环，后升为妾，黄梅庄仗着自己是正
　　出，常虐待黄公略。（e）黄公略对这位兄长毫无感情。
　　　（香港《文汇报》1993.9.1 第六版特稿）

在这一篇章片段中，根据本书的篇章回指确认原则，第三段句（c）主语/主
题位置上的代词"他"是个高可及性标示语，其指称对象应该是此段句（b）
主语/主题位置上的名词短语"黄汉湘"表达的那个篇章实体，因为处理完
句（b）后，"黄汉湘"成为理解句（c）的期待主题。读者在第一次读这篇文
章时，读到这里往往也是这样理解的。但是在读完后面的（d）和（e）两句
之后发现，句（c）中的"他"指的应该是"黄公略"，而不是"黄汉湘"。

显然，本书提出的篇章回指确认规则（a-ii）不能正确解释上例句（c）
中代词"他"的指称。值得注意的是，此句中的"他"同时也 c-统领该句中

的"黄公略"。根据约束原则 C,句(c)中的"黄公略"不能与"他"同标,否则会违反约束原则 C,使该句成为一句不合语法的句子。换言之,根据约束理论,句(c)中的"他"也不能指称"黄公略"。根据本书的研究,如果作者"体谅读者"的话,他应该在句(c)的主语/主题位置上用一个专有名词或有定描述语,才能明确地向读者提示,他在此处意在表达主题转换。因此我们认为,在"体谅读者"的篇章中,句(c)中的"他"和"黄公略"应位置互换。这样,在处理这个篇章片段时,我们就可以在线实时理解每个回指语表达的指称,而不必在读了后两句之后,再回过头来重新理解代词"他"的指称。同时,互换位置后,"他"也不再 c-统领"黄公略",从而可以与"黄公略"同指,句(c)也将成为一句合乎语法的句子。

为了检验上述对"体谅读者"和"不体谅读者"篇章的区分是否符合汉语使用者的一般语感,本书作者利用例(3)设计了如下的一份问卷,进行了一项小型调查:

(4) 调查问卷

A 卷

读完下列一段文字后,请马上完成下面的选择题:

> 蒋介石要'宣抚'谁呢? 当然是红军第三军军长黄公略。
>
> 原来,黄公略生于湖南湘乡一个富豪之家。黄汉湘为其堂叔父,是一位政客。他有个同父异母的兄长叫黄梅庄,比黄公略大廿多岁。黄公略的母亲原为黄家丫环,后升为妾,黄梅庄仗着自己是正出,常虐待黄公略。黄公略对这位兄长毫无感情。

选择题:(请圈出所选项前的字母)

根据这段文字的内容,我认为文章中带下划线的"他"是指

A. 蒋介石

B. 黄公略

C. 黄汉湘

D. 黄梅庄

B 卷

读完下列一段文字后,请马上完成下面的选择题:

> 蒋介石要'宣抚'谁呢? 当然是红军第三军军长黄公略。
>
> 原来,黄公略生于湖南湘乡一个富豪之家。黄汉湘为其堂叔父,是一位政客。他有个同父异母的兄长叫黄梅庄,比黄公略大廿多岁。……

选择题:(请圈出所选项前的字母)

根据这段文字的内容,我认为文章中带下划线的"他"是指

A. 蒋介石

B. 黄公略

C. 黄汉湘

D. 黄梅庄

问卷中的 A 卷与 B 卷的区别仅在于,B 卷中不含例(3)中最后的(d)和(e)两句。调查的目的是检验受调查者在读完 A 卷或 B 卷中的两段文字后,对代词"他"的指称理解是否有差别。

　　参加调查的是 2003 年夏参加上海外国语大学英语硕士研究生课程班学习的江苏大学外语学院和沙洲工学院基础部的 39 名青年教师。受调查者分为两组,分别独立完成 A 卷和 B 卷。在发下问卷前,调查者告诉受调查者,问卷的目的是想用一个实际例子来说明如何搜集实验内省语料,或称"实验语料"(experimental data;见 Newmeyer 1983:48,许余龙 2002b:47),而不是计成绩的测验,因此他们不必在问卷上写下自己的姓名。并告诉他们,由于他们都是以汉语为母语的本族语使用者,完全具有判断汉语句子的合语法性和篇章中代词的指称对象的语言能力,所以在读完那段文字后,不必仔细思考,只要根据自己的语言直觉,圈出选择题中自己认为最合适、最有可能的选项即可。下面的表 37 汇总了问卷调查的结果。

表 37:关于代词理解的问卷调查结果

选项	A 卷		B 卷	
	人数	百分比	人数	百分比
A	0	0%	0	0%
B	15	78.9%	5	25.0%
C	4	21.1%	14	70.0%
D	0	0%	1	5.0%
小计	19	100%	20	100%

　　表 37 的统计结果表明,如果没有例(3)中的最后两句,那么大部分母语为汉语的人(70%)会将句(c)中的"他"理解为与"黄汉湘"同指,与本

书提出的篇章回指确认原则所作出的判断一致;但是增加了最后两句后,大部分受调查者(78.9%)将"他"理解为与"黄公略"同指,与整段文字表达的语义相一致。这大致说明,如果以在线实时的方式来处理篇章的话,大部分母语为汉语的人在读到句(c)时,会将"他"理解为与"黄汉湘"同指。至于为什么会有小部分受调查者(25%)在读完句(c)后会将"他"理解为与"黄公略"同指,那可能是因为他们在理解"他"时,利用了这一篇章片段总的层级语义结构信息。问卷中含有例(3)的第二段,此段明确向读者表示,下文谈论的重点将是"黄公略",也就是说,"黄公略"将是下一段的宏观段落主题。将"他"理解为"黄公略"的那一小部分受调查者可能认为,"他"应该与宏观结构(macro-structure)中的段落主题同指,而不是与局部(local)期待主题同指。

例(3)句(c)中的代词"他"是个"不体谅读者的"用法,这是因为在理解这个代词时,读者通常不能根据局部语言提示,而需要关于该篇章片段的层级语义结构信息才能正确确定其指称,并需要利用下文表达的信息作语义一致性核查[3]。在更为"体谅读者的"篇章中,虽然篇章的宏观段落主题可以向读者提示代词的指称,但是由于语言总是会有一定程度的冗余性(redundancy),作者完全可以在篇章中进一步提供合适的局部语言提示,以便读者能迅速准确地理解作者意在表达的回指关系。因而,作为系统研究汉语篇章回指理解的第一步,有必要将研究对象局限于"体谅读者的"篇章,重点探讨那些易于作客观分析的、对此类篇章中的回指理解起主要作用的局部表层语言提示。随着篇章分析理论的发展和研究手段的丰富与提高,可以进一步研究影响篇章回指理解的各种形式、结构、语义和语用因素,以及这些因素之间的相互作用,提出一个更为全面完善的篇章回指理解模式。

本书的研究目标与人工智能研究中的篇章回指的机器理解,特别是Carter(1987)的"浅层处理回指确认系统"(Shallow Processing Anaphor Resolver,简称SPAR)研究,具有不少相似之处。这也正如本书在前面所说,本研究或许也可以称为是一种神经认知语言学的研究。但是,本书作者毕竟不是人工智能研究者,本书只是从语言学的角度,探讨了局部表层语言提示在回指理解中的作用。对篇章回指确认原则的验证,也只是采用了篇章分析的方法,并没有以此编写出一套计算机程序,真正检验其运作的成功率。真正的神经认知语言学研究,应该是语言学和人工智能研究者合作进行的研究。可以预言,随着计算机技术的日臻完善和智能化需求的越来越高,这一领域的研究将具有广阔的发展前景。

篇章回指是一种非常复杂的语言现象,而人们在实际交际过程中却大多能相互理解,一些语言学家认为,这"简直是不可思议的"(Fretheim & Gundel 1996:7;转引自 Jaszczolt 2001:18)。毫无疑问,要更深入全面地理解这一复杂的、"不可思议的"语言现象,还有更多的理论探索、实证分析和应用研究有待我们去完成。

注释:

[1] 根据 Garnham (2001:110),Postal (1969) 的论据是,在像下面的一类句子中:

  (i) *Max is an orphan and deeply misses <u>them</u>.

    (马克斯是个孤儿,深深怀念<u>他们</u>。)

虽然 orphan(孤儿)的定义可以是"a child that has lost its parents"(一个失去了父母的孩子),但是句中的代词 them(他们)不能指称 orphan 定义中所含的"his parents"(他的父母)。因此他认为,在句子生成过程中需要规定一条"回指岛"限制条件,以便将此类不合语法的句子有效地过滤掉。

[2] 此外,还有其他一些局部表层语言提示,如宋柔(1992:187)提到的动词和句型,其中包括不同动词和句型对小句间回指的不同约束作用,动词的时、体、时间参照系以及名词的有定与无定等因素对小句间回指的影响。这些局部表层语言提示主要影响句内小句之间的回指,有些在本书第七和第九章中提到,有些则没有。下面是引自宋柔(1992)的一个例子。

  (i) a. 他$_i$添了个孙子$_j$,<u>Ø</u>$_i$脸上有条皱纹。

     b. 他$_i$添了个孙子$_j$,<u>Ø</u>$_i$脸上多了条皱纹。

(a)中的存现句"脸上有条皱纹"是描述一般状态,因而用于描述前一个存现句"他添了个孙子"引入的篇章实体"孙子";而(b)中的完成体"脸上多了条皱纹"是说明状态变化的完成,因而只能说明"他"添了孙子后的状态。

显然,要将这些局部表层语言提示有机地融入到本书的篇章回指确认原则中去,或者另外建立一个处理此类局部表层语言提示的具有可操作性的系统,以便与篇章回指确认原则协同运作,共同处理篇章中的回指确认问题,仍需要做大量的研究。

[3] 有小部分(21.8%)受调查者在读完 A 卷中的一段文字后,仍将"他"理解为"黄汉湘"。这一事实表明,至少在快速阅读中,读者采用的是在线实时的篇章处理方式,甚至不屑于检查他们的理解与后面的文意是否在语义上一致。

语料来源

主要语料

I. 《中国民间故事选》第一、第二集,北京:人民文学出版社,1980 第二版。所选 18 篇民间故事包括:

   1.《金马驹和火龙衣》

   2.《元宝》

   3.《二郎捉太阳的故事》

   4.《"望娘滩"的故事》

   5.《找姑鸟》

   6.《石榴》

   7.《三根金头发》

   8.《红泉的故事》

   9.《宫女图》

  10.《种田全靠功夫深》

  11.《传家宝》

  12.《一块黑铁的故事》

  13.《鲁班学艺》

  14.《八哥》

  15.《枣核》

  16.《张郎赛宝》

  17.《百鸟床》

  18.《鲤鱼姑娘》

II. 报刊语料中的 5 份报纸:

   1.《成报》,中国香港

   2.《明报》,中国香港

   3.《信报》,中国香港

   4.《"中央"日报》,中国台湾

   5.《人民日报》,中国内地

辅助语料

巴金,《家》,北京:人民文学出版社,1981 第三版。

刘鹗,《老残游记》,北京:人民文学出版社,1957。

吴敬梓,《儒林外史》,北京:人民文学出版社,1977。

参考文献

Akmajian, A., Demers, R. A. & Harnish, R. M. 1995. *Linguistics: An Introduction to Language and Communication*, 4th ed. Cambridge, Ma.: MIT Press.

Aoun, J. 1985. *A Grammar of Anaphor*. Cambridge, Ma.: MIT Press.

Ariel, M. 1985. Givenness marking, doctoral dissertation, Tel-Aviv University.

Ariel, M. 1988. Referring and accessibility. *Journal of Linguistics*, 24:65-87.

Ariel, M. 1990. *Accessing Noun-Phrase Antecedents*. London: Routledge.

Ariel, M. 1991. The function of accessibility in a theory of grammar. *Journal of Pragmatics*, 16:443-463.

Ariel, M. 1994. Interpreting anaphoric expressions: A cognitive versus a pragmatic approach. *Journal of Linguistics*, 30:3-42.

Bach, E. & Partee, B. H. 1980. Anaphora and semantic structure. In J. Kreiman & A. E. Ojeda (eds.), *Papers from the Parasession on Pronouns and Anaphora*. Chicago: Chicago Linguistic Society, 1-28.

Bard, E. G. 2000. Controlling the intelligibility of referring expressions in dialogue. *Journal of Memory and Language*, 42:1-22.

Battistella, E. 1989. Chinese reflexivization: A movement to INFL approach. *Linguistics*, 27:987-1012.

Battistella, E. & Xu, Y. H. 1990. Remarks on the reflexive in Chinese. *Linguistics*, 28: 2, 205-240.

Bolinger, D. 1979. Pronouns in discourse. In T. Givón (ed.), 289-309.

Bosch, P. 1983. *Agreement and Anaphora: A Study of the Role of Pronouns in Syntax and Discourse*. London: Academic Press.

Botley, S. & McEntry, T. 1999. Discourse anaphora: The need for synthesis. In S. Botley & T. McEntry (eds.), *Corpus-Based and Computational Approaches to Discourse Anaphora*. Amsterdam: John Benjamins.

Broadbent, D. E. 1973. *In Defence of Empirical Psychology*. London: Methuen.

Brown, G. & Yule, G. 1983. *Discourse Analysis*. Cambridge: Cambridge University Press.

Butler, C. S. 1985. *Systemic Linguistics: Theory and Applications*. London: Batsford.

Cantrall, W. R. 1974. *Viewpoint, Reflexives, and the Nature of Noun Phrases*. The Hague: Mouton.

Carson, J. 1987. Processing connectives and the pragmatics of discourse. In J. Verschueren & M. Bertuccelli-Papi (eds.), 567-580.

Carston, R. 1988. Language and cognition. In F. J. Newmeyer (ed.), Vol. Ⅲ, 38–68.

Carter, D. 1987. *Interpreting Anaphora in Natural Language Texts*. Chichester: Ellis Horwood.

Chafe, W. L. 1976. Givenness, contrastiveness, definiteness, subjects, topics and point of view. In C. N. Li (ed.), 25–56.

Chafe, W. L. 1994. *Discourse, Consciousness and Time*. Chicago: University of Chicago Press.

Chang, R. C. -J. 1977. *Co-verbs in Spoken Chinese*. Taipei: Cheng Chung Book Company.

Chao, Y. R. 1968. *A Grammar of Spoken Chinese*. Berkeley: University of California Press.

Chen, P. 1984. A discourse analysis of third person zero anaphora in Chinese, Bloomington: Indiana Linguistics Club.

Chen, P. 1986. Referent introducing and tracking in Chinese narratives, doctoral dissertation, UCLA.

Chen, P. 1992. The reflexive *ziji* in Chinese: Functional vs. formalist approaches. In T. Lee (ed.), *Research on Chinese Linguistics in Hong Kong*. Hong Kong: The Linguistic Society of Hong Kong, 1–36.

Chomsky, N. 1981. *Lectures on Government and Binding*. Dordrecht: Foris.

Chomsky, N. 1982. *Some Concepts and Consequences of the Theory of Government and Binding*. Cambridge, Ma: MIT Press.

Chomsky, N. 1986a. *Knowledge of Language: Its Nature, Origin, and Use*. New York: Paeger.

Chomsky, N. 1986b. *Barriers*. Cambridge, Ma.: MIT Press.

Chu, C. C. 1983. Definiteness, presupposition, topic and focus in Mandarin Chinese. In T. -C. Tang et al. (eds.), *Studies in Chinese Syntax and Semantics*. Taipei: Student Book Co., 7–29.

Chu, C. C. 1987. *Historical Syntax — Theory and Application to Chinese*. Taipei: The Crane Publishing Co.

Chu, C. C. 1998. *A Discourse Grammar of Mandarin Chinese*. New York: Peter Lang.

Cole, P. & Morgan, J. (eds.) 1975. *Syntax and Semantics Vol. 3: Speech Acts*. New York: Academic Press.

Cole, P. & Sun, L. -M. 1994. Head movement and long-distance reflexives. *Linguistic Inquiry*, 25:355–406.

Comrie, B. 1989. Some general properties of reference-tracking systems. In D. Arnold et al. (eds.), *Essays on Grammatical Theory and Universal Grammar*. Oxford: Clarendon Press, 37–51.

Cornish, F. 1986. *Anaphoric Relations in English and French: A Discourse Perspective*.

London: Croom Helm.

Cornish, F. 1996. "Antecedentless" anaphors: Deixis, anaphora, or what? *Journal of Linguistics*, 32:19–41.

Cowper, E. A. 1992. *A Concise Introduction to Syntactic Theory: The Government-Binding Approach*. Chicago: The University of Chicago Press.

Crystal, D. 1985. *A Dictionary of Linguistics and Phonology*, 2nd ed. Oxford: Blackwell.

Crystal, D. 1997. *A Dictionary of Linguistics and Phonology*, 4th ed. Oxford: Blackwell.

Davison, A. 1984. Syntactic markedness and the definition of sentence topic. *Language*, 60:4, 797–846.

De Beaugrande, R. & Dressler, W. U. 1981. *Introduction to Text Linguistics*. London: Longman.

Downing, P. A. 1996. Proper names as a referring option in English conversation. In B. A. Fox (ed.), *Studies in Anaphora*. Amsterdam: John Benjamins.

Epstein, S. D. 1991. *Traces and Their Antecedents*. New York: Oxford University Press.

Farmer, A. K. & Harnish, R. M. 1987. Communicative reference with pronouns. In J. Verschueren & M. Bertuccelli-Papi (eds.), 547–565.

Fauconnier, G. 1985. *Mental Spaces*. Cambridge, Ma.: MIT Press.

Flynn, S. 1987. *A Parameter-Setting Model of L2 Acquisition: Experimental Studies in Anaphora*. Dordrecht: D. Reidel Publishing Company.

Foley, W. & van Valin, R. D. 1984. *Functional Syntax and Universal Grammar*. Cambridge: Cambridge University Press.

Fox, B. A. 1984. Discourse structure and anaphora in written and conversational English, doctoral dissertation, UCLA.

Fox, B. A. 1987. *Discourse Structure and Anaphora: Written and Conversational English*. Cambridge: Cambridge University Press.

Frank, A. & Kamp, H. 1997. On context dependence in modal constructions, *Proceedings of SALT 7*, March 21–23 1997, Stanford University.

Freidin, R. (ed.) 1991. *Principles and Parameters in Comparative Grammar*. Cambridge, Ma.: MIT Press.

Fretheim, T. & Gundel, J. K. 1996. Introduction. In T. Fretheim & J. Gundel (eds.), 7–12.

Fretheim, T. & Gundel, J. K. (eds.) 1996. *Reference and Referent Accessibility*. Amsterdam: John Benjamins.

Garnham, A. 2001. *Mental Models and the Interpretation of Anaphora*. Hove, East Sussex: Psychology Press.

Geluykens, R. 1994. *The Pragmatics of Discourse Anaphora in English: Evidence from*

Conversational Repair. New York: Mouton de Gruyter.

Geurts, B. 1995. Presupposing, doctoral dissertation, Osnabrück University.

Givón, T. 1983a. Topic continuity in spoken English. In T. Givón (ed.) 1983, 343–364.

Givón, T. 1983b. Topic continuity in discourse: An introduction. In T. Givón (ed.) 1983, 1–42.

Givón, T. 1990. *Syntax: A Functional-Typological Introduction*, Vol. Ⅱ. Amsterdam: John Benjamins.

Givón, T. 1992. The grammar of referential coherence as mental processing instructions. *Linguistics*, 30:5–55.

Givón, T. (ed.) 1979. *Syntax and Semantics, Vol. 12: Discourse and Syntax*. New York: Academic Press.

Givón, T. (ed.) 1983. *Topic Continuity in Discourse: Quantitative Cross-Linguistic Studies*. Amsterdam: John Benjamins.

Goldberg, A. 1995. *Constructions*. Chicago: University of Chicago Press.

Grice, P. 1975. Logic and conversation. In P. Cole and J. Morgan (eds.), 41–58.

Grundy, P. 1995. *Doing Pragmatics*. London: Edward Arnold.

Gundel, J. K. 1985. Shared knowledge and topicality. *Journal of Pragmatics*, 9:1, 83–97.

Gundel, J. K. 1988. Universals of topic-comment structure. In M. Hammond et al. (eds.), 209–239.

Gundel, J. K. 1996. Relevance theory meets the Givenness Hierarchy: An account of inferrables. In T. Fretheim & J. K. Gundel (eds.), 141–153.

Gundel, J. K., Houlihan, K. & Sanders, G. 1988. On the function of marked and unmarked terms. In M. Hammond et al. (eds.), 285–301.

Haegeman, L. 1991. *Introduction to Government and Binding Theory*. Oxford: Basil Blackwell.

Haiman, J. & Thompson, S. A. (eds.) 1988. *Clause Combining in Grammar and Discourse*. Amsterdam: John Benjamins.

Halliday, M. A. K. 1967. Notes on transitivity and theme in English: Part 2. *Journal of Linguistics*, 3, 199–244.

Halliday, M. A. K. 1970. Language structure and language function. In J. Lyons (ed.), *New Horizons in Linguistics*. Harmondsworth: Penguin Books, 140–165.

Halliday, M. A. K. 1973. *Explorations in the Functions of Language*. London: Edward Arnold.

Halliday, M. A. K. 1977. Text as semantic choice in social contexts. In T. A. van Dijk & J. S. Petöfi (eds.), *Grammars and Descriptions*. Berlin: Walter de Gruyter, 176–225.

Halliday, M. A. K. 1985. *An Introduction to Functional Grammar*. London: Edward

306

Arnold.

Halliday, M. A. K. 1994. *An Introduction to Functional Grammar*, 2nd ed. London: Edward Arnold.

Halliday, M. A. K. & Hasan, R. 1976. *Cohesion in English*. London: Longman.

Hammond, M., Moravcsik, E. A. & Wirth, J. (eds.), 1988. *Studies in Syntactic Typology*. Amsterdam: John Benjamins.

Haviland, S. & Clark, H. H. 1974. What's new? Acquiring new information as a process in comprehension. *Journal of Verbal Learning and Verbal Behavior*, 13: 512–521.

Hellan, L. 1991. Containment and connectedness anaphors. In Koster and Reuland (eds.), 27–48.

Hendriks, H. & Dekker, P. 1996. Links without locations: Information packaging and non-monotone anaphora. In P. Dekker & M. Stokhof (eds.), *Proceedings of the 10th Amsterdam Colloquium*. Amsterdam: ILLC.

Hockett, C. F. 1958. *A Course in Modern Linguistics*. New York: Macmillan.

Horn, G. M. 1988. *Essentials of Functional Grammar: A Structure-Neutral Theory of Movement, Control, and Anaphora*. Berlin: Mouton de Gruyter.

Horn, L. R. 1984. Toward a new taxonomy for pragmatic inference: Q-based and R-based implicature. In D. Schiffrin (ed.), 11–42.

Horn, L. R. 1988. Pragmatic theory. In F. J. Newmeyer (ed.), Vol. I, 113–145.

Huang, C. -T. J. 1982. Logical relations in Chinese and the theory of grammar, doctoral dissertation, MIT.

Huang, C. -T. J. 1984. On the distribution and reference of empty pronouns. *Linguistic Inquiry*, 15:4, 531–574.

Huang, C. -T. J. 1987. Existential sentences in Chinese and (in)definiteness. In E. J. Reuland & A. G. B. ter Meulen (eds.), *The Representation of (In)definiteness*. Cambridge, Ma.: MIT Press, 226–253.

Huang, C. -T. J. 1989. Pro-drop in Chinese: A generalized control theory. In O. Jaeggli & K. J. Safir (eds.), 185–214.

Huang, C. -T. J. 1991. Remarks on the status of the null object. In R. Freidin (ed.), 56–76.

Huang, C. -T. J. & Tang, C. -C. J. 1991. The local nature of the long-distance reflexive in Chinese. In J. Koster & E. Reuland (eds.), 263–282.

Huang, Y. 1991. A neo-Gricean pragmatic theory of anaphora. *Journal of Linguistics*, 27:2, 301–335.

Huang, Y. 1994. *The Syntax and Pragmatics of Anaphora: A Study with Special Reference to Chinese*. Cambridge: Cambridge University Press.

Jackendoff, R. 1972. *Semantic Interpretation in Generative Grammar*. Cambridge, Ma.: MIT Press.

Jackendoff, R. 1990. *Semantic Structures*. Cambridge, Ma.: MIT Press.

Jackendoff, R. 1997. *The Architecture of Language Faculty*. Cambridge, Ma.: MIT Press.

Jaeggli, O. & Safir, K. J. (eds.) 1989. *The Null Subject Parameter*. Dordrecht: Kluwer Academic Publishers.

Jaszczolt, K. M. 2001. Referring expressions: A unified approach. *Journal of Foreign Languages*, 2:1-22.

Johnson-Laird, P. N. 1983. *Mental Models: Towards a Cognitive Science of Language, Inference, and Consciousness*. Cambridge: Cambridge University Press.

Kantor, R. N. 1977. The management and comprehension of discourse connection by pronouns in English, doctoral dissertation, The Ohio State University.

Keenan, E. L. & Comrie, B. 1977. Noun phrase accessibility and universal grammar. *Linguistic Inquiry*, 8, 63-99.

Keenan, E. O. & Schieffelin, B. 1976. Topic as a discourse notion: A study of topic in the conversations of children and adults. In C. Li (ed.), 335-384.

Kempson, R. M. 1984. Pragmatics, anaphora, and logical form. In D. Schiffrin (ed.), 1-10.

Kempson, R. M. 1988. Grammar and conversational principles. In F. J. Newmeyer (ed.), Vol. 2, 139-163.

Kibble, R. 1994. Dynamics of epistemic modality and anaphora. In Bunt, Muskens & Rentier (eds.), *Proceedings of the International Workshop on Computational Semantics*, ITK, Tilburg University, The Netherlands.

Koster, J. & Reuland, E. (eds.) 1991. *Long-Distance Anaphora*. Cambridge: Cambridge University Press.

Krahmer, E. & van Deemter, K. 1998. On the interpretation of anaphoric noun phrases: Towards a full understanding of partial matches. *Journal of Semantics*, 15:3-4, 355-392.

Krahmer, E. & Piwek, P. 2000. Varieties of anaphora: Introduction. In E. Krahmer & P. Piwek (eds.), *Varieties of Anaphora, Reader ESSLLI 2000*, Birmingham, 1-15.

Krahmer, E. & Swerts, M. 1999. Contrastive accent in dialogue: Towards a presuppositional analysis (extended abstract). In B. Geurts, M. Krifka, & R. van der Sandt (eds.), Proceedings of the ESSLLI Workshop on Focus and Presupposition in Multi-Speaker Dialogue, August 9-14, 1999, Utrecht, The Netherlands, 13-17.

Kronrod, A. & Engel, O. 2001. Accessibility theory and referring expressions in newspaper headlines. *Journal of Pragmatics*, 33:683-699.

Kubler, C. C. 1985. *A Study of Europeanized Grammar in Modern Written Chinese*. Taipei: Student Book Co.

Kuno, S. 1972. Functional sentence perspective: A case study from Japanese and English. *Linguistic Inquiry*, 3:269-320.

Kuno, S. 1987. *Functional Syntax: Anaphora, Discourse, and Empathy*. Chicago: University of Chicago Press.

Lakoff, G. & Johnson, M. 1980. *Metaphors We Live By*. Chicago: The University of Chicago Press.

Lamb, S. M. 1999. *Pathways of the Brain: The Neurocognitive Basis of Language*. Amsterdam: John Benjamins.

Lambrecht, K. 1988. Presentational cleft constructions in spoken French. In J. Haiman & S. A. Thompson (eds.), *Clause Combining in Grammar and Discourse*. Amsterdam: John Benjamins, 135-179.

Lambrecht, K. 1994. *Information Structure and Sentence Form: Topic, Focus, and the Mental Representations of Discourse Referents*. Cambridge: Cambridge University Press.

Langacker, R. W. 1969. Pronominalisation and the chain of command. In D. A. Reibel & S. A. Schane (eds.), 160-186.

Langacker, R. W. 1987. *Foundations of Cognitive Grammar, Vol. 1: Theoretical Prerequisites*. Stanford: Stanford University Press.

Langacker, R. W. 1991. *Foundations of Cognitive Grammar, Vol. 2: Descriptive Application*. Stanford: Stanford University Press.

Langacker, R. W. 2001. Discourse in cognitive grammar. *Cognitive Linguistics*, 12: 143-188.

Lasnik, H. 1989. *Essays on Anaphora*. Dordrecht: Kluwer Academic Publishers.

Lasnik, H. 1991. On the necessity of binding conditions. In R. Freidin (ed.), 7-28.

Lees, R. B. & Klima, E. S. 1963. Rules for English Pronominalisation. *Language*, 39: 17-28.

Levinson, S. C. 1983. *Pragmatics*. Cambridge: Cambridge University Press.

Levinson, S. C. 1987a. Pragmatics and the grammar of anaphora: A partial pragmatic reduction of Binding and Control phenomena. *Journal of Linguistics*, 23:379-434.

Levinson, S. C. 1987b. Minimization and conversational inference. In J. Verschueren & M. Bertuccelli-Papi (eds.), 61-129.

Levinson, S. C. 1991. Pragmatic reduction of the Binding Conditions revisited. *Journal of Linguistics*, 27:1, 107-161.

Li, C. I. 1985. Participant anaphora in Mandarin Chinese, doctoral dissertation, University of Florida.

Li, C. N. (ed.) 1976. *Subject and Topic*. New York: Academic Press.

Li, C. N. & Thompson, S. A. 1975. The semantic function of word order: A case study in Mandarin. In C. N. Li (ed.), *Word Order and Word Order Change*. Austin: University of Texas Press, 163-195.

Li, C. N. & Thompson, S. A. 1976. Subject and topic: A new typology of language. In C. N. Li (ed.), 457–490.

Li, C. N. & Thompson, S. A. 1979. Third-person pronouns and zero-anaphora in Chinese discourse. In T. Givón (ed.), 311–335.

Li, C. N. & Thompson, S. A. 1981. *Mandarin Chinese: A Functional Reference Grammar*. Berkeley: University of California Press.

Li, M. -D. 1985. Reduction and anaphoric relations in Chinese, doctoral dissertation, University of California, San Diego.

Li, M. -D. 1988. *Anaphoric Structures of Chinese*. Taipei: Student Book Co.

Lust, B. (ed.) 1986. *Studies in the Acquisition of Anaphora, Vol. I: Defining the Constraints*. Dordrecht: D. Reidel Publishing Company.

Lust, B. (ed.) 1987. *Studies in the Acquisition of Anaphora, Vol. II: Applying the Constraints*. Dordrecht: D. Reidel Publishing Company.

Lyons, J. 1977. *Semantics, Vols. 1 & 2*. Cambridge: Cambridge University Press.

Malt, B. C. 1983. Anaphora and discourse structure, doctoral dissertation, Stanford University.

Mann, W. C. & Thompson, S. A. 1988. Rhetorical structure theory: Towards a functional theory of text organization. *Text*, 8(3):243–281.

Marslen-Wilson, W., Levy, E. & Tyler, L. K. 1982. Producing interpretable discourse: The establishment and maintenance of reference. In R. J. Jarvella & W. Klein (eds.), *Speech, Place, and Action: Studies in Deixis and Related Topics*. Chichester: John Wiley & Sons Ltd., 339–378.

Matthews, P. H. 1997. *Concise Dictionary of Linguistics*. Oxford: Oxford University Press.

Napoli, D. J. 1989. *Predication Theory: A Case Study for Indexing Theory*. Cambridge: Cambridge University Press.

Newmeyer, F. J. 1983. *Grammatical Theory: Its Limits and Its Possibilities*. Chicago: The University of Chicago Press.

Newmeyer, F. J. (ed.) 1988. *Linguistics: The Cambridge Survey*. Cambridge: Cambridge University Press.

Norman, D., Rumelhart, D. E. & the LNR Research Group. 1975. *Explorations in Cognition*. San Francisco: Freeman.

Okurowski, M. E. 1986. Textual cohesion in modern standard Chinese, doctoral dissertation, Georgetown University.

Pan, H. H. 1994. Locality, self-ascription, discourse prominence, and Mandarin reflexives, doctoral dissertation, The University of Texas at Austin.

Partee, B. 1973. Some structural analogies between tenses and pronouns in English. *The Journal of Philosophy*, 70:601–609.

Partee, B. 1984. Nominal and temporal anaphora. *Linguistics and Philosophy*, 7:243–

286.

Peeters, B. 2001. Does cognitive linguistics live up to its name? In R. Dirven, et al. (eds.), *Language and Ideology, Vol. 1: Cognitive Theoretical Approaches* (*Current Issues in Linguistic Theory*, 204). Amsterdam: John Benjamins, 83–106.

Piwek, P. 1997. Accent interpretation, anaphora resolution and implicature derivation. In P. Dekker, M. Stokhof & Y. Venema (eds.), *The Proceedings of the 11ᵗʰ Amsterdam Colloquium*, University of Amsterdam, ILLC/Department of Philosophy, 55–60.

Piwek, P. 1998. Logic, information and conversation, doctoral dissertation, Eindhoven University of Technology.

Piwek, P. L. A. & Cremers, A. H. M. 1996. Dutch and English demonstratives: A comparison. *Language Sciences*, 18:3–4, 835–851.

Postal, P. 1969. Anaphoric islands. *Chicago Linguistics Society*, 5:205–239.

Prince, E. F. 1981. Toward a taxonomy of given-new information. In P. Cole (ed.), *Radical Pragmatics*. New York: Academic Press, 223–255.

Quirk, R., Greenbaum, S., Leech, G. & Svartvik, J. 1985. *A Comprehensive Grammar of the English Language*. London: Longman.

Reibel, D. A. & Schane, S. A. (eds.) 1969. *Modern Studies in English*. New Jersey: Prentice Hall.

Reinhart, T. 1982. *Pragmatics and Linguistics: An Analysis of Sentence Topics*. Bloomington: Indiana University Linguistics Club.

Reinhart, T. 1983. *Anaphora and Semantic Interpretation*. London: Croom Helm.

Reinhart, T. 1986. Center and periphery in the grammar of anaphora. In B. Lust (ed.), 123–150.

Reinhart, T. 1999. Anaphora. In Keil, W. (ed.) *The MIT Encyclopedia of the Cognitive Sciences*. Cambridge, Ma.: MIT Press, 20–22.

Reinhart, T. & Reuland, E. 1991. Anaphors and logophors: An argument structure perspective. In J. Koster & E. Reuland (eds.), 283–321.

Reuland, E. & Koster J. 1991. Long-distance anaphora: An overview. In J. Koster & E. Reuland (eds.), 1–25.

Ross, J. R. 1969. The cyclical nature of English pronominalisation. In D. A. Reibel & S. A. Schane (eds.), 187–200.

Ross, J. R. 1982. Pronoun deleting processes in German, paper presented at the annual meeting of the Linguistic Society of America, San Diego, California.

Sag, I. A. 1979. On the nonunity of anaphora. *Linguistic Inquiry*, 10:152–164.

Schegloff, E. A. 1996. Practices for referring to persons in talk-in-interaction: a partial sketch of a systematics. In B. A. Fox (ed.), *Studies in Anaphora*. Amsterdam: John Benjamins, 437–485.

Schiffrin, D. 1988. Sociolinguistic approaches to discourse: Topic and reference in narrative. In K. Ferrera et al. (eds.), *Linguistic Change and Contact*. Austin: Department of Linguistics, University of Texas, 1–17.

Schiffrin, D. 1992. Conditionals as topics in discourse. *Linguistics*, 30:165–197.

Schiffrin, D. (ed.) 1984. *Meaning, Form, and Use in Context: Linguistic Applications (GURT'84)*. Washington D. C.: Georgetown University Press.

Schlobinski, P. & Schütze-Coburn, S. 1992. On the topic of topic and topic continuity. *Linguistics*, 30:89–121.

Shen, Y. 1988. Schema theory and the processing of narrative texts: The X-bar story grammar and the notion of discourse topic. *Journal of Pragmatics*, 12:639–676.

Shi, D. X. 1989. Topic chain as a syntactic category in Chinese. *Journal of Chinese Linguistics*, 17:223–261.

Shokouhi, H. 2000. Conversational strategies using full NP anaphors. In S. Botley & A. M. McEntry (eds.), *Corpus-based and Computational Approaches to Discourse Anaphora*. Amsterdam: John Benjamins, 95–106.

Sidner, C. L. 1983. Focusing in the comprehension of definite anaphora. In M. Brady & R. C. Berwick (eds.), *Computational Models of Discourse*. Cambridge, Ma.: MIT Press, 267–330.

Sperber, D. & Wilson, D. 1986. *Relevance: Communication and Cognition*. Oxford: Basil Blackwell.

Stenning, K. 1978. Anaphora as an approach to pragmatics. In J. Bresnan, M. Halle & G. Miller (eds.), *Linguistic Theory and Psychological Reality*. Cambridge, Ma.: MIT Press, 162–200.

Sun, C. -F. & Givón, T. 1985. On the so-called SOV word order in Mandarin Chinese: A quantitative text study and its implications. *Language*, 61:2, 329–351.

Szwedek, A. 1990. What is topic? A contrastivist's view. In J. Fisiak (ed.), *Further Insights into Contrastive Analysis*. Amsterdam: John Benjamins, 499–506.

Taglicht, J. 1984. *Message and Focus: On Focus and Scope in English*. London: Longman.

Tai, J. H-Y. 1978. Anaphora constraints in Mandarin Chinese narrative discourse. In J. Hinds (ed.) *Anaphora in Discourse*. Edmonton, Canada: Linguistic Research, Inc., 279–338.

Tang, C. -C. J. 1989. Chinese reflexives. *Natural Language and Linguistic Theory*, 7: 93–121.

Tao, L. 1993. Zero anaphora in Chinese: Cognitive strategies in discourse processing, doctoral dissertation, University of Colorado, Boulder, Colorado.

Tao, L. 1996. Topic discontinuity and zero anaphora in Chinese discourse. In B. Fox (ed.) *Studies in Anaphora*. Amsterdam: John Benjamins, 487–513.

Thráinsson, H. 1991. Long-distance reflexives and the typology of NPs. In J. Koster & E. Reuland (eds.), 49–76.

Tsao, F. -F. 1979. *A Functional Study of Topic in Chinese: The First Step Towards Discourse Analysis*. Taipei: Student Book Co.

Tsao, F. -F. 1987. A topic-comment approach to the *ba* construction. *Journal of Chinese Linguistics*, 15:1, 1-54.

Tsao, F. -F. 1990. *Sentence and Clause Structure in Chinese: A Functional Perspective*. Taipei: Student Book Co.

Van Deemter, K. 1992. Towards a generalization of anaphora. *Journal of Semantics*, 9: 27-51.

Van der Sandt, R. 1992. Presupposition projection as anaphora resolution. *Journal of Semantics*, 9, 333-377.

Van Dijk, T. A. 1980. *Macrostructures: An Interdisciplinary Study of Global Structures in Discourse, Interaction, and Cognition*. Hillsdale, NJ: Lawrence Erlbaum Associates.

Van Dijk, T. A. 1981. *Studies in the Pragmatics of Discourse*. The Hague: Mouton.

Van Hoek, K. 1997. *Anaphora and Conceptual Structure*. Chicago: The University of Chicago Press.

Van Hoek, K. 1999. Cognitive Linguistics. In Keil, W. (ed.), *The MIT Encyclopedia of the Cognitive Sciences*. Cambridge, Ma.: MIT Press, 134-135.

Van Leusen, N. 1997. The role of inference in the Resolution of Corrections, CLAUS-Report 93, Saarbrücken.

Van Valin, R. D. & Lapolla, R. J. 1997. *Syntax: Structure, Meaning and Function*. Cambridge: Cambridge University Press.

Vasconcellos, M. 1992. The theme as message onset: Its structure and characteristics. *Linguistics*, 30:147-163.

Venneman, T. 1975. Topic, sentence accent, and ellipsis: A proposal for their formal treatment. In E. L. Keenan (ed.), *Formal Semantics of Natural Language*. Cambridge: Cambridge University Press, 313-328.

Verschueren, J. & Bertuccelli-Papi, M. (eds.) 1987. *The Pragmatic Perspective*. Amsterdam: John Benjamins.

Von Bremen, K. 1984. Anaphors: Reference, binding and domains. *Linguistic Analysis*, 14:2-3, 191-229.

Wald, B. 1983. Referents and topic within and across discourse units: Observations from current vernacular English. In F. Klein-Andreu (ed.), *Discourse Perspectives on Syntax*. New York: Academic Press, 91-116.

Wasow, T. 1979. *Anaphora in Generative Grammar*. Ghent: E. Story, Scientia.

Webber, B. L. 1981. Discourse model synthesis: Preliminaries to reference. In A. K. Joshi, B. L. Webber & I. A. Sag eds., *Elements of Discourse Understanding*. Cambridge: Cambridge University Press, 283-299.

Westergaard, M. R. 1986. *Definite NP Anaphora: A Pragmatic Approach*. Oslo:

Norwegian University Press.

Wilson, A. J. & Zeitlyn, D. 1995. The distribution of person-referring expressions in natural conversation. *Research on Language and Social Interaction*, 28:1, 61-92.

Wong, C. H. 1992. Cantonese-speaking children's understanding of anaphora. In T. Lee (ed.), *Research on Chinese Linguistics in Hong Kong*. Hong Kong: The Linguistic Society of Hong Kong, 101-160.

Wu, G. 1992. A necessary condition for topics in Chinese, paper presented at the First International Conference on Chinese Linguistics, Singapore.

Xu, L. J. 1986. Free empty category. *Linguistic Inquiry*, 17:75-93.

Xu, L. J. 1993. The long-distance binding of *ziji*. *Journal of Chinese linguistics*, 21: 123-141.

Xu, L. J. 1994. The antecedent of *ziji*. *Journal of Chinese Linguistics*, 22:115-137.

Xu, L. J. & Langendoen, D. T. 1985. Topic structures in Chinese. *Language*, 61:1-27.

Xu, Y. L. 1984. Reference as a cohesive tie in Chinese and English narrative discourse: a contrastive study, MA thesis, The Chinese University of Hong Kong.

Xu, Y. L. 1987. A study of referential function of demonstratives in Chinese discourse. *Journal of Chinese Linguistics*, 15:1, 132-151.

Xu, Y. L. 1995. Resolving third-person anaphora in Chinese texts: Towards a functional-pragmatic model, doctoral dissertation, The Hong Kong Polytechnic University.

Xu, Y. L. 2001. Inter-clausal NP Anaphora in Complex Sentences of Written Chinese Texts. In 吴友富主编《语言与文化研究》. 上海:上海外语教育出版社,5-34.

Yule, G. 1979. Pragmatically-controlled anaphora. *Lingua*, 49:127-135.

Yule, G. 1981. New, current and displaced entity reference. *Lingua*, 55:1, 41-52.

Yule, G. 1982. Interpreting anaphora without identifying reference. *Journal of Semantics*, 1:4, 315-322.

Yule, G. 1996. *The Study of Language*, 2nd ed. Cambridge: Cambridge University Press.

Zhou, P. 2002. Third-person anaphora resolution in English texts: An empirical study by employing the functional-pragmatic model, doctoral dissertation, Shanghai International Studies University.

Zribi-Hertz, A. 1989. Anaphor binding and narrative point of view: English reflexive pronouns in sentence and discourse. *Language*, 65:4, 695-727.

程　工,1994,生成语法对汉语"自己"一词的研究,《国外语言学》第 1 期,42-50 页。

程　工,1999,《语言共性论》,上海:上海外语教育出版社。

程琪龙,1994,《系统功能语法导论》,汕头:汕头大学出版社。

戴浩一,1994,导言,载戴浩一、薛凤生主编《功能主义与汉语语法》,北京:北京语言学院出版社,i-vii 页。

戴浩一,2002,概念结构与非自主性语法:汉语语法概念系统初探,《当代语言学》第 1 期,1–12 页。

丁　任,1993/1996,谈谈英汉主语的差别,载李瑞华主编 1995《英汉语言文化对比研究》,388–401 页。

丁声树等,1961,《现代汉语语法讲话》,北京:商务印书馆。

范　晓,1996,《三个平面的语法观》,北京:北京语言文化大学出版社。

傅承德,2000,《自然语言理解的方法与策略》,郑州:河南人民出版社。

高彦梅,2002,指称的层次,《外国语》第 3 期,51–56 页。

何自然、冉永平,1998,关联理论——认知语用学基础,《现代外语》第 3 期,92–107 页。

胡建华,1998,汉语长距离反身代词化的句法研究,《当代语言学》第 3 期,33–40 页。

胡建华、潘海华,2002,NP 显著性的计算与汉语反身代词“自己”的指称,《当代语言学》第 1 期,46–60 页。

胡裕树主编,1995,《现代汉语》第 5 版,上海:上海教育出版社。

胡裕树、范　晓,1985/1996,试论语法研究的三个平面,载范晓 1996,1–17 页。

胡壮麟,1994,《语篇的衔接与连贯》,上海:上海外语教育出版社。

胡壮麟、朱永生、张德禄,1989,《系统功能语法概论》,长沙:湖南教育出版社。

黄伯荣、廖序东主编,1991,《现代汉语》(增订版),北京:高等教育出版社。

黄正德,1983,《汉语生成语法——汉语中的逻辑关系及语法理论》,宁春岩、侯方、张达三译,黑龙江大学科研处出版。

金积令,1991/1996,英汉语主题结构的对比研究,载李瑞华主编 1995《英汉语言文化对比研究》,304–318 页。

金哲等主编,1994,《新学科辞海》,成都:四川人民出版社。

姜望琪,2001,也谈新格莱斯照应理论,《外语教学与研究》第 1 期,29–36 页。

克里斯特尔编,2000,《现代语言学词典》(沈家煊译),北京:商务印书馆。

黎锦熙、刘世儒,1954,《中国语法教材》,北京:五十年代出版社。

黎锦熙、刘世儒,1987,《联合词组和联合复句》,上海:上海教育出版社。

李瑞华主编,1996,《英汉语言文化对比研究》,上海:上海外语教育出版社。

廖秋忠,1984,现代汉语中动词支配成分的省略,《中国语文》第 4 期,241–247 页。

廖秋忠,1986,现代汉语篇章中指同的表达,《中国语文》第 2 期,88–96 页。

林裕文,1987,《偏正复句》,上海:上海教育出版社。

马　文,2002,会话照应修正的认知可及性分析,《解放军外国语学院学报》第 6 期,5–8 页。

马　文,2003,会话照应修正的语用原则,《外语教学》第 2 期,40–43 页。

秦洪武,2001,第三人称代词在深层回指中的应用分析,《当代语言学》第 1 期,55–64 页。

屈承熹,1993,《历史语法学理论与汉语历史语法》,朱文俊译,北京:北京语言学院出版社。

石毓智,2002,论汉语的结构意义和词汇标记之关系——有定和无定范畴对汉语句法结构的影响,《当代语言学》第 1 期,25–37 页。

沈家煊,1998,英汉对比语法三题,刘重德主编《英汉语比较与翻译》,青岛:青岛出版社,100–111 页。

束定芳,2002,《语言能力的结构》述评,《当代语言学》第 1 期,61-71 页。

宋　柔,1992,一种主语承前省略现象的分析兼谈汉语叙述文处理,载陈肇雄主编《机器翻译研究进展》,北京:电子工业出版社,182-188。

涂纪亮,2002,西方语言哲学研究的现状与前景,载杨自俭主编《英汉语比较与翻译4》。上海:上海外语教育出版社,20-34 页。

王　力,1959,《中国现代语法》下册,香港:中华书局。

王文斌,2000,中国高级英语学习者对英语反身代词的习得,《外语教学与研究》第 4 期,274-289 页。

王　寅,2002,体验哲学与认知语言学对语言成因的解释,第二届全国认知语言学研讨会论文,苏州大学,2002,10 月 25-27 日。

吴竞存、梁伯枢,1992,《现代汉语句法结构与分析》,北京:语文出版社。

伍雅清,1999,《英汉前指现象对比》评介,《外语与翻译》第 4 期,50-52 页。

熊学亮,1999,《英汉前指现象对比》,上海:复旦大学出版社。

徐烈炯,1997,语言学理论与语言事实,《现代外语》第 3 期,27-32 页。

徐烈炯、刘丹青,1998,《话题的结构与功能》,上海:上海教育出版社。

许余龙,1984,评 Li, C. N. & Thompson, S. A.（1981）*Mandarin Chinese: A Functional Reference Grammar*,《中 英 语 文 教 学》（*Language Learning and Communication*, John Wiley & Sons 出版）第 3 期,75-82 页。

许余龙,1989a,"把"字句新析——《从主题—评论的观点看"把"字句》一文评介,《国外语言学》第 1 期,32-38 页。

许余龙,1989b,英汉远近称指示词的对译问题,《外国语》第 4 期,33-40 页。

许余龙,1992,《对比语言学概论》,上海:上海外语教育出版社。

许余龙,1996,汉英篇章中句子主题的识别,《外国语》第 6 期,3-9 页。

许余龙,2000a,英汉指称词语表达的可及性,《外语教学与研究》第 5 期,321-328 页。

许余龙,2000b,也谈语言学理论与语言事实,《外国语》第 3 期,2-9 页。

许余龙,2002a,语篇回指的认知语言学探索,《外国语》第 1 期,28-37 页。

许余龙,2002b,《对比语言学》,上海:上海外语教育出版社。

许余龙,2003a,语篇回指的认知语言学研究与验证,《外国语》第 2 期,17-24 页。

许余龙,2003b,汉语主从句间的回指问题,《当代语言学》第 2 期,97-107 页。

许余龙、陈瑞端,2002,连词乎,介词乎,抑或副词?——试析"由于"的一种特殊用法兼谈"两张皮"问题,载杨自俭主编《英汉语比较与翻译4》,上海:上海外语教育出版社,108-122 页。

袁毓林,2003,《话题的结构与功能》评述,《当代语言学》第 1 期,54-63 页。

张志公主编,1981,《现代汉语》,北京:人民教育出版社。

张中行,1987,《非主谓句》,上海:上海教育出版社。

汉英术语对照与索引

322

英汉术语对照与索引